我们一起解决问题

如何稳健地积累财富

长期价值投资

十点

著

人民邮电出版社

北京

图书在版编目（ＣＩＰ）数据

长期价值投资：如何稳健地积累财富 / 十点著. --
北京：人民邮电出版社，2023.1（2023.1重印）
　ISBN 978-7-115-60218-3

　Ⅰ．①长… Ⅱ．①十… Ⅲ．①投资－通俗读物 Ⅳ.
①F830.5-49

中国版本图书馆CIP数据核字(2022)第186657号

内 容 提 要

　　本书从分析国内散户投资者的特点和状态入手，指出价值投资的原
则和方法是散户规避风险、弥补劣势、稳定获利的有力工具。作者用大
众可以理解的语言来解释和分析普通投资者的共性问题，摒弃晦涩的
术语和难懂的公式，深入浅出地说明为何做价值投资，同时，详细阐述
了如何用价值投资的原则，在国内资本市场中寻找价值股，并用实战案
例的方式，介绍了价值投资的具体操作方法。最后，作者还指出了散户
学习价值投资过程中容易出现的一些误区，以及应该坚持遵循的一些基
本原则，力求让缺乏金融投资知识基础的大众投资者也能轻松了解价值
投资。

　　本书适合初学价值投资的普通投资者参考阅读。

◆　　著　　十　点
　　　责任编辑　王飞龙
　　　责任印制　彭志环
◆人民邮电出版社出版发行　　北京市丰台区成寿寺路 11 号
　　邮编 100164　　电子邮件 315@ptpress.com.cn
　　网址 https://www.ptpress.com.cn
　　天津千鹤文化传播有限公司印刷
◆开本：880×1230　1/32
　　印张：10.5　　　　　　　　　　2023 年 1 月第 1 版
　　字数：280 千字　　　　　　　　2023 年 1 月天津第 2 次印刷

定　价：69.80 元
读者服务热线：（010）81055656　印装质量热线：（010）81055316
反盗版热线：（010）81055315
广告经营许可证：京东市监广登字 20170147 号

最好的故事依然还在明天

我很喜欢十点的文字，一个很重要的原因是我自己写不出来这些内容。我写东西比较循规蹈矩，从自己这头写向读者那头，写完之后，读者常常还没看出个所以然，这让我毫无快感。

十点则不同。他的写作主题常常是有感而发、信手拈来，他码字时也很轻松自在。他能迅速跳到读者的视角开始写作，不会让读者产生疏离感，甚至让读者有一种拉家常式的亲近感。这样的文字，他写得惬意，读者看着也欢喜，天天追着看。

十点多年笔耕不辍，靠的就是一个"诚"字。

那些劝人不要沉溺短线炒股的警示，那些让人避开理财陷阱的呐喊，那些教人长期投资的诤言，都是他在利他心理驱动下的苦口婆心的劝诫。即使他的文字有一些主观导向，有一些远景展望，又有何不妥呢？要知道，在弱肉强食的股市里，能够躬身入局，真正为弱势群体振臂高呼的人，实在太少了。

作为十点多年分享内容的精华采撷，作为他在基金、股票投资，创业领域和生活方面持续学习和迭代的一个缩影，这套书终于呈现在大家面前了。

虽然这套书洋洋洒洒几十万言，但是结构却简洁清晰：理念上围绕"投资理财都是为了美好生活"，万变不离本质；方法上从"如何远离亏损"到"怎样赚高确定性的钱"，再到"追求长期复利"，层层递进；工具上从基金聊到价值股，从定投聊到长期持有。

这套书诚意满满，在投资实例和经验心得的分享与畅聊之下，是十点对生活智慧和人生意义的思考。书中的见解和建议不仅希望将部分"非理性"的投资者推向"理性"，还希望进一步将他们从"理性"推向"非理性"。

前一个"非理性"是指我们的原始基因，即贪婪、恐惧等本能反应让大多数人不适合做投资，我们一定要克服这些本能；后一个"非理性"是指我们用"理性"赚到可持续的收益后，一定要记得活得"任性一点"去改善生活，不要过分算计。毕竟财富最大化并非目的，生活过得美好舒心才是最终目标。

在把生活过得美好舒心这个方面，十点堪称楷模。而他对美好生活的分享，也催生了美好的关系和事业。其中，在电商的一片"红海"中，十点硬生生地开拓出了"闯货"购物平台，这是他最重要的"作品"。

"闯货"在商业之外、利益之上的构想让人心驰神往。就在本书即将付梓之际，大家还讨论了是否可以效仿以色列"基布兹"模式，构建一个解决员工生活、居住、教育和家庭等方方面面需求的命运共同体。

"闯货"购物平台的愿景如下：让所有相关方——客户、员工和供应商——都过上美好生活。十点像巴菲特一样，依然跳着踢踏舞做着"世界上最有趣的工作"，并坚信最好的故事依然还在明天。感恩这个时代，感谢十点兄的分享，我受益匪浅，希望你们也一样。

芒叔，十点的朋友

— 推荐序二 —
股海茫茫觅灯塔

十点君邀请我为其新书写序，对于投资我是门外汉，怎堪此任？但我为其诚意感动，却之不恭，只好从命。

在 2022 年 2 月 25 日，A 股市场迎来了一个历史性的时刻。当天，中国证券登记结算有限责任公司发布消息称，A 股投资者开户数量已达 2 亿。这是一个天文数字，是世界上除了中国之外的任何一个国家都难以想象的数字。据悉，虽然有近半数股民属于重复开户，但是真正在股市交易的投资者仍大约有 8000 万人。

可以说，每一位股民都是怀着美好的憧憬踏入股市的，他们希望通过投资增加收入，跑赢通货膨胀，甚至实现财务自由。然而，"七亏二平一盈"的股市"定律"导致 70% 的股民是常年亏损的。股市如海洋，看似平静的海面下实则暗流汹涌，充斥着种种套路。这片海洋时不时会出现一场台风，导致狂风暴雨、巨浪滔滔，许多股民辛苦积攒的血汗钱被骤然吞没，最终只能扼腕痛惜，望洋兴叹。

我就曾是这 70% 的亏损大军中的一员，俗称"小散"，又名"韭菜"。

在 2011 年，我自学了一些 K 线之类的知识，初涉股市。因对投资一窍不通，我主要通过看股评、听消息和追热点来炒股。在我眼中，所有的股票基本就是不同的代码而已，哪些公司是垃圾公司，哪些股票有投资价值，我懵然不懂。而股票总爱和我玩"躲猫猫"，我刚买进，它就"跌跌不休"，直到我忍受不了煎熬"割肉"了，它就开始上涨。经历了 2015 年上半年的大牛市，我好不容易把过去亏损的本金追了回来，但是经过接踵而来的史诗级大雪崩，千股跌停、千股停牌，国家出手救市后的千股涨停，再到 2016 年初熔断制的千股再跌停，我已是亏损累累、屡战屡败、心灰意冷。

茫茫股海，云谲波诡，我苦苦寻觅，希望有高明的老师为我指点迷津。

改变，发生在 2018 年的春天。

朋友推荐给我一篇十点君的文章，内容是关于价值股分析的。我读之后，欲罢不能。十点君从十个方面对一只价值股详加分析，文字内容有理有据，令人信服。

从那以后，我开始密切关注十点君的公众号。十点君陆续分析了 A 股多家优质公司，这些文章让我茅塞顿开：投资，就是沙里淘金，就是要寻找有雄厚实力、宽阔的护城河且十年、百年不倒闭的公司长期持有。价值投资，才是股市投资的正道。而追涨杀跌、跟风盯盘和炒概念的投机取巧，结局必然是亏损，不仅会影响投资者的工作，还损害了投资者的健康和家庭和睦。

十点君的公众号名为"拾个点"，它在周一至周五每天上午十点更新推文。文章的主题大多是向粉丝传授基金定投、价值投资之道，偶尔也谈谈创业和生活。作者苦口婆心、不厌其烦地告诫粉丝：如何远离亏损，怎样才能赚钱。真诚之心令人感动。

在 2018 年，A 股市场持续下跌，泥沙俱下，最优质的公司也跌到了买得起、值得买的点位。我选取了几只十点推荐的价值股，坚定地持有它们，它们跌得越多，我买的数量越多。在年底进行盘点时，虽然我仍是亏损，但那几只价值股的成绩竟然跑赢了上证指数、深证成指和创业板指数，证券公司的经理表扬我"打败了 80% 的投资者"。我从心底里感激十点君，是他无私的帮助，引导无数不懂投资的"韭菜"们走上了价值投资的坦途。

在茫茫股海，十点君如同一座灯塔。当股市行情大好时，他会一再发出警示，让大家规避行业泡沫即将破裂的巨大风险；当瘟疫、战争这些可怕的"黑天鹅"来袭，股市哀鸿遍野、资金踩踏出逃时，十点君会挺身而出，向粉丝们大声疾呼：双倍或四倍定投指数基金！果然，在每次非理性的持续暴跌后，市场必然迎来一波大反弹。正因如此，十点君赢得了众多粉丝的信任，他是一个有大情怀的人。

与许多堆砌术语、故作高深的财经文章写手迥异，十点君在写关于投资的文章时，深入浅出，循循善诱，文章如同他本人，真诚而朴实，通俗易懂的语句中蕴含着深刻的投资理念和人生道理。

现在，凝结十点君多年心血的文章即将结集出版，我深信，定有更多的读者从中受益。

是为序。

雷敏功，十点的粉丝

—— 自 序 ——

近 10 年我看了很多好书，真的很感慨，感谢前人为我们写了这么多好作品，让我们这些后人得到如此多的智慧。在投资方面和经营企业方面，我都是前人智慧的受益者。

首先是投资方面，因为这些好书，让我从短线交易的泥潭里脱离出来，拥抱了价值投资，不但赚到更多更稳定的收益，而且还有了更幸福的投资体验。

做短线交易的时候，我每天不免会受累于当日股价的波动，心情总是会受到影响。而现在，我买入了自己理解的好公司，"不管风吹浪打，胜似闲庭信步"，这种感觉真的很美妙。

长期来看，价值投资还可以让我获得额外的收益。因为不用每天盯盘和复盘，我有了大量时间可以用在阅读上。这样的转变一开始可能只为了有更好的投资收益，但我慢慢地发现，自己的思维广度和深度都发生了质的飞跃。

近 3 年，我最大的变化就是依照从书中学习的知识，从 0 开始打造了一个年销售额近 10 亿元的新型电商平台——闯货，而且它每年还在以百分之几百的速度成长。我大胆地预言一下，20

年后，与闯货类似的模式可能会成为中国电商行业的主流。

短短几年时间，从0开始，我们用从前人书本上悟到的智慧，打造了一个300多人的团队，构建了一个没有任何营销套路的电商平台。可以说，闯货的诞生与发展，都是由前人的智慧推动的。

在我自己的新书即将出版之际，我要特别感谢几位作者和他们的作品，感谢他们赋予我智慧。

第一要感谢《基业长青》的作者吉姆·柯林斯，阅读他的这本书，让我们拥有了非凡的企业文化。

第二要感谢稻盛和夫先生和他的作品《阿米巴经营》，这本书让我们拥有了出色的财务管理和独特的成本核算机制。如果没有《阿米巴经营》，也许我早已被淹没在烦琐的"签字"审批中。正因为采用了阿米巴经营模式，我这个管理着300多人团队和每年数亿元采购额的企业"掌舵者"，才能够从年头到年尾没有签过一个字，而我们的账务体系依然井然有序，阿米巴经营模式真的很了不起。

第三要感谢里德·哈斯廷斯和他的作品《不拘一格》，这本书让我们构建了坦诚的企业核心价值观，由此才有了今天如此清明、快乐、高效的企业文化。同时，《不拘一格》中提出的人才密度理念帮我们聚拢了如此多的优秀同事。

第四要感谢黄铁鹰老师和他的作品《海底捞你学不会》，这本书教会了我们如何做服务，由此才有了今天闯货的优质服务理念框架。当然，也要感谢张勇的无私分享，让我们学到海底捞的精髓。

这些好书都真真切切地帮助了我们，如果没有这 4 本书，一定没有我今天的成就。我在深深地感受到阅读的重要性的同时，也深深地认识到提供优质好书的重要性。除了好书和它们的作者之外，成就我自己这 3 本书的还有出版社老师们的辛勤付出，只有出版过书才能真真实实地感受到这些"幕后英雄"的重要性。我这次出版的 3 本书如果没有出版社编辑们的辛勤工作，就没有出版的可能。由于书中的内容都是我历年即兴发挥写在"拾个点"公众号上的文章，表达比较口语化，可能还有错别字，标点符号也不是很标准，离正式出版物的差距比较大。对文稿中种种问题的修正，工作量非常巨大，感谢人民邮电出版社的编辑老师们逐字逐句的"批改"——就像老师在帮我批改作业，这才有了今天这 3 本正式出版的书。

基于对前人智慧的感激和传承，我决定把自己这么多年学习和总结的内容整理成书，虽然不是什么高深的"智慧"，但确确实实是适合普通人改变现状的好建议。**我自己从一个身无分文的农村孩子成长到一个拥有数百人团队的管理者，依靠的就是我在这 3 本书里和盘托出的好建议。**我的父母都是文盲，家底一穷二白，我靠降分录取考取了一个最普通的专科学校（因为报考这个学校的人少、招不满才降分）。我这样一个普通人的命运扭转很好地印证了一句话：人只要有理想，经过长时间的不断学习和努力，理想都会实现。这是我近 20 年来最深的体会。同理，还可以套用马云的一句话："我能成功，中国 80% 的人都会成功。"这句话用在我自己身上，可以再夸张一点："我能成功，中国 99%的人都会成功。"

　　今天的我拥有出色的团队、稳定的公司、幸福的家庭、自由的时间、自主的工作等99%的人梦寐以求的东西——也许还有1%的人不屑于这些，那么除了这1%的人之外，你们都可以读一读我的"好建议"——《指数基金定投》《长期价值投资》《慢慢变富》。

　　最后，感谢我的妻子十点嫂，虽然她的年纪不大，看上去还不到30岁，但是60岁、70岁的"拾个点"粉丝都这么称呼她。因为我在文章中经常提到她，当时我比较随意地为她取了"十点嫂"这个昵称，如今大家也已经习惯了这个称呼，甚至已经忘记了她的年龄，十点嫂的名字就这样很神秘地在"拾个点"的粉丝中流传，但是她的智慧却是真真实实地存在的。十点嫂拥有非凡的胸怀，我今天的格局完全是她赋予的。每到关键时刻，她总能给予我最好的建议。可以说，没有她就没有我的今天，借此机会，我想要再次表达我对她的感激之情——可能她还不一定高兴，因为她最怕受人关注！

　　另外，要特别提一下我那一对同一天生日的小公主——注意，是同一天生日，不是同一天出生。由于老二的预产期与老大的生日只相差5天，我跟十点嫂商量了一下，决定让老二提前5天出生，这才有了每年姐妹俩一起过生日的欢乐时光！当初，我的想法也很简单，希望姐姐（妹妹）自己过生日的时候，也能想到妹妹（姐姐）的生日，永远不会忘记互相祝福。我这个老爸出版的这3本书，也算给她们留下了一点成长的心得，但愿她们俩喜欢看。我还要感谢我的父母，虽然他们一字不识，但是他们赋予了我最宝贵的品质——诚实。可以说是诚实给予了我今天的一切，哪怕是写公众号"拾个点"——在有些人为了吸引流量而各显神通的时候，"拾个点"的诚实风格赢得了几十万名忠实粉丝。

如果你喜欢这3本书的内容和风格，欢迎来公众号"拾个点"找我，我依然会坚持周一到周五每天更新一篇2000字左右的文章，这件事情我已经坚持了整整7年。讲到这里，我不得不感谢我高中的语文老师，他在高一就布置了一个"变态"的作业，每天要求我们写一篇作文，高中3年，全班只有我一个人坚持下来了，没想到这在二十多年后成就了3本书的诞生。这再一次印证了那句话：今天的努力都是为将来的成就架桥铺路。

希望我的书也能成为构筑你未来成就的"砖块"！

── 目 录 ──

——引 言——
价值投资者的品性与思维

50多年前，华尔街有个叱咤风云的人物

早在50多年前，华尔街有个叱咤风云的人物，此人就是大名鼎鼎的蔡至勇，也被称为杰拉德·蔡。巅峰时，蔡至勇的影响力在华尔街是首位，不比今天的巴菲特的影响小，而当时的巴菲特可以说还是一个"小角色"。1965年，蔡至勇管理的基金规模是10亿美元，而巴菲特当时管理的资金总额是3700万美元，只是蔡至勇的一个零头。

业绩方面，巴菲特也远不如蔡至勇：在1958年到1965年近7年的时间里，蔡至勇的富达资本基金始终保持着高速增长，无一年亏损。这期间，富达资本基金原始投资者的投资翻了27倍！这是一个令人瞠目结舌的数字！对比之下，巴菲特在1958年至

1965 年期间，累计投资回报率为 251%，虽然远超道琼斯指数的增长率，但比起蔡至勇的业绩还远远不如。

所以当初只要提到"蔡至勇"三个字，基金就可以大卖。当时的社会名流都去认购他的基金产品。后来的华尔街著名"晚辈"彼得·林奇在《战胜华尔街》这本书里讲过一件事：

"连我的母亲，一个只有少量积蓄的寡妇，也被这阵基金狂热影响，在一个做兼职基金推销员的学校老师的劝说下，购买了富达资本基金（蔡至勇管理的基金）。让她感兴趣的是，这只基金是一位华人管理的，她相信东方人的头脑非常聪明，这位华人就是杰拉德·蔡。他和管理富达趋势基金的内德·约翰逊，并称为那个时代基金经理中的绝代双骄。"

我在这里再介绍下蔡至勇的生平。他 1929 年出生于上海，毕业于圣约翰中学。父亲是福特汽车公司的上海地区经理，母亲则是当时上海证券交易所的一位女交易员。蔡至勇走向华尔街，显然是受到了他母亲的影响。而且，在蔡至勇鏖战华尔街的风云岁月里，母亲也始终是他的坚强后盾。

就是这样一位炙手可热的人物，在晚年时，为了一个订婚戒指和 55 岁的未婚妻打官司，官司还没打完，他本人于 2008 年 7 月 9 日去世，官司也不了了之（大家有没有发现：蔡至勇出生在 1929 年经济危机时期，离世在 2008 年金融危机时期，一生注定跌宕起伏）。他最终拥有多少财产，没有官方统计的数字，应该不会太多，否则不会为了要回一个戒指和未婚妻打官司。而 2008 年，巴菲特的个人资产已经高达 400 亿美元，而且还在急速膨胀。他们二人之间到底存在什么样的差别，使得一个健康长寿，资产节节攀高；另一个却 79 岁就"早逝"，资产也未见大的增长！其实，他们之间的差距不是出身，也不是原始资本，更不是运气，而是选择了不同的路。

巴菲特选择的是长期价值投资，蔡至勇选择的是短线投机，而且是一个成功的投机家。在 1959 年、1960 年、1961 年这三年，蔡至勇的基金收益率都超过了 50%，同期的道琼斯指数涨幅分别为 20%、–6.2%、22.4%；巴菲特同期的投资业绩分别为 25.9%、22.8%、45.9%，远远落后于蔡至勇。

蔡至勇的基金在 1962 年出现了亏损，但是他持续买入，重仓买入抄底，并且还真成功了，年底延续基金业绩超 50% 的神话。这在当年绝对算是狠狠回报了巴菲特一个耳光，虽然那时候的蔡至勇并不认识巴菲特这种小角色。

在 1963 年至 1965 年，蔡至勇继续延续这个神话，很快成为了华尔街的传奇人物，成为广泛传颂的"来自东方的金融魔术师"。只要蔡至勇染指的股票，立刻就能受到追捧。"杰拉德·蔡正在买入……"，让华尔街的老人们想起了"杰西·利弗莫尔正在买入……"，这种疯狂和号召力，即使在当今的 A 股市场上也没人能比。

1965 年，蔡至勇眼看自己无法接班老约翰逊来掌舵富达资本公司，便把股权卖了，然后离开了富达资本基金。凭借自己在华尔街的名气，他很快成立了自己的基金——曼哈顿基金，并于 1966 年 2 月 15 日正式运行。首期一下子募集到 2.47 亿美元，每年收取 0.5% 的管理费，蔡至勇可以年入 120 多万美元。1966 年的 120 万美元是一笔巨款，相当于现在的 1000 万美元。

资金如潮水般涌入曼哈顿基金，到 1968 年，其总资产高达

5 亿美元。但是业绩没有了往日的风采，1968 年出现了 6.9% 的
亏损，1969 年亏损 36.8%，1970 年亏损 28.8%，到 1974 年，基
金客户的整体亏损超过了 70%。相当于如果在 1966 年投资了
100 万美元到蔡至勇的曼哈顿基金，8 年后，就只剩下 30 万美元
了。而同期 1966 年至 1974 年，巴菲特的业绩分别是：20.4%、
35.9%、58.8%、6.8%、12%、16.4%、21.7%、4.7%、5.5%。
1969 年，巴菲特解散合伙人基金，他之后的业绩由伯克希尔哈撒
韦公司的业绩来代替，全部为正收益，无一年亏损。而那时的巴
菲特依然默默无闻，并不起眼。如果这 8 年你将 100 万美元投资
了巴菲特的基金，到 1974 年时你会拥有多少资产呢？见表 1。

表 1　投资巴菲特的基金的收益情况（1966—1974 年）

资产规模单位：美元

年份	1966	1967	1968	1969	1970	1971	1972	1973	1974
收益率	20.40%	35.90%	58.80%	6.80%	12%	16.40%	21.70%	4.70%	5.50%
资产规模	1 204 000	1 636 236	2 598 343	2 775 030	3 108 034	3 617 751	4 402 803	4 609 735	4 863 270

　　1966 年，同样的 100 万美元投到两个风格完全不一样的基金
中，8 年的时间，巴菲特的无名小卒基金把这 100 万美元变成了
1974 年的 486 万美元，而蔡至勇这个明星基金经理却把 100 万美
元变成了 30 万美元，二者相差了 16 倍之多。难怪 50 年后，巴
菲特和蔡至勇的个人资产相差几百倍、几千倍。

　　还有一个关键信息就是，同样是做基金，蔡至勇始终是在
"投机"，而且每次都能如愿，也算是一个奇迹。他最先是把自己
的曼哈顿基金打包卖给了一家保险公司，自己成功套现。而他给

客户买入的这些股票，45 只里面有半数以上亏损大于 90%，这和大家追热点、买概念股是一样的。蔡至勇早年的业绩就是靠短线博弈做出来的，快进快出，追热点，遇到美股 10 年大牛市，所以侥幸赚得几年高收益。当然他自己因为出售了基金公司，所以也赚到了 2700 万美元，那是在 1973 年，蔡至勇那时 44 岁，比巴菲特大 1 岁。而巴菲特那时候的身价已经追上了蔡至勇，在1969 年解散合伙人基金时，巴菲特的个人资产也达到了 2650 万美元。但是他们两个人有一个本质的区别：巴菲特是靠帮客户赚钱获益的，而蔡至勇是靠出售客户的信任获益的。几十年后，他们两个人之间的差距越拉越大，虽然蔡至勇起点很高，但还是被巴菲特"长期的复利"打败了。

我下面再给大家讲讲巴菲特是如何善待客户的信任的。

1969 年，巴菲特准备解散合伙人基金，当时基金总资产大约 1亿美元，有现金 5600 万美元和三只标出合理估值的股票，他将可供选择的方案全部列出，让基金持有人优先选择，可以选择全现金、全股票或二者都来一点，最后剩下的才是巴菲特的。虽然巴菲特希望持有人选择现金，但是他还是坦诚地告诉大家："我的个人看法是，多元零售企业和伯克希尔哈撒韦股票的内在价值在未来几年会有大幅的增长，我认为这两类股票都可以长期持有。"

巴菲特说的当然是真心话，如果在当年选择了伯克希尔哈撒韦的股票，那么到 2020 年差不多涨了 1 万倍。当时的股价是 38美元，而 2020 年是 35 万美元。当时选择拿现金离开的人，巴菲特还给他们提供了专业的理财建议，向大家介绍了当时靠谱的合伙基金，可以说是负责到底。这让我想起来之前广州一个客户想要把 700 万元全部投到芒叔的基金里，芒叔很真诚地给他推荐了几只国内顶尖的私募基金，希望客户合理配置资产。芒叔不是不敢接，而是站在客户的角度，帮他合理配置优秀的基金，同时也可以做客观的对比，以确定自己最坚定的选择是什么，这样才能更安心地赚到能够赚到的钱。还有一个客户，把家里的房产、存款、理财等全部家底情况都发给了芒叔，芒叔给予了他整个资产的合理配置方案，芒叔说这也是我们为客户提供的服务的一部分，不仅仅是管理客户委托给我们的资产。

就因为巴菲特如此珍惜客户对他的信任，所以才有了伯克希尔哈撒韦公司的辉煌，才有了今天的"股神"巴菲特，他"神"的不仅仅是赚钱的能力，更是人品。

路选对了，少折腾也能让你活得更久。截至 2020 年，只比巴菲特大一岁的蔡至勇离世已经 12 年，在这 12 年里，巴菲特又赚了 500 亿美元。投资真的是一个长跑，最后拼的是寿命，当然过程中的快乐也很重要，价值投资就是同时具备过程快乐和结局美好的两个条件，这还不值得你坚持吗？

精选留言

文武：

我看好的一只股票跌得很厉害，十点觉得这是机会，还是它内部有什么大雷要爆？

十点：

跌的时候总是各种怀疑，涨的时候总是各种理由买入，心里没底就是没有能力赚这个钱，应该老老实实做定投，如果定投也心里没底，那就干脆离开股市。靠运气赚的钱，迟早都会还回去，过程还挺痛苦，不划算。

尹先生：

79 岁也不算早逝了吧，不过跟巴菲特确实没得比。

十点：

美国在 20 世纪中期，大部分人寿命都已经超过 80 岁，这种富人还不到 80 岁就离世是算早逝的。老洛克菲勒 1937 年过世，享年都 98 岁了。

晴天：

十点老师，真诚地希望你能回答我一个问题，最近认识一个朋友，他让我跟他投资股票，说是用什么凯利公式法计算买卖点，我不信任这些，但是我想知道，什么是凯利公式法。

十点：

你等他自己发财了再动手也不迟，好好工作，努力赚现实的钱！

成功的投资者最需要具备的特质

一个人要想在投资上取得成功，最需要具备的特质是什么？

是专业的金融知识吗？不是，金融专业科班出身的人投资业绩不见得好，而很多知名的投资者却是半路出家的，所学专业和投资业绩基本不太相关。比如查理·芒格是法学院毕业的，最早是一名律师；国内著名的基金经理但斌大学学的是与体育相关的专业，一开始在河南开封一家化肥厂当维修工，阴差阳错才走上投资的道路；中国"股神"林园学的是临床医学专业，毕业以后几经辗转，在深圳博物馆谋了一份工作稳定下来，和股票投资也是毫无关联。

是很高的智商吗？也不是，很多智商高的人也会在投资中遭遇失败。长期资本管理公司是由一群数学家、计算机专家及两名诺贝尔经济学奖获得者管理的对冲基金，可以说拥有一群极其聪明的人和复杂的算法模型。但是它在1998年的债券投资中惨败，几周之内就损失了20多亿美元，瞬间倒闭。"近代物理学之父"牛顿足够聪明，但他的投资业绩却很糟糕。他在1720年买了当时最热门的南海公司的股票，这只股票一路上涨，他觉得涨得已经很高了，就清仓离场，净赚了7000英镑，回报率达到100%。但是南海公司的股票还在继续暴涨，一个月后，牛顿又被市场情绪感染，以高得多的价格买回了这只股票，结果南海泡沫破灭，他反而赔了20 000英镑。从此以后，他都不许任何人再在他面前提起"南海"二字。

其实要想在投资上取得成功，个人应该具备的特质只有两个，一个是性格，另一个是思维方式。我下面主要谈一谈思维方式。

投资成功的一个重要标准就是战胜市场。但是整个股票市场的聪明人太多了，要想战胜市场，就得比这些聪明人做得更好，这就要求你必须有一种与众不同的思维方式。霍华德·马克斯在《投资最重要的事》里把这种思维方式称作第二层次思维。他认为第一层次思维简单肤浅，人人都能做到，只是寻找简单的准则及答案，大部分人看法相同；而第二层次思维深邃、复杂而又迂回，能认识到投资的复杂性，与大部分人不同。这个很好理解，如果你的观点和绝大多数人都相同，那么就无法战胜市场，因为这些人的全体就是市场本身。当大家都意识到某只股票值得投资，纷纷买入时，它的价格自然就会被推高，也就不再值得投资。所以，要想在众多竞争者中领先，就必须依靠正确的但又是非共识性的分析。简单来说，第二层次思维就是一种与众不同并且更好的思维，也可以说是一种逆向投资思维。

例如，看到一家优秀的公司，第一层次思维的人会想："这是一家好公司，我们应该买它的股票。"第二层次思维的人则会想："这是一家好公司，但是因为人人都看好，它的价格过高了，也就不值得投资了。"看到经济数据低迷，第一层次思维的人会想："增长乏力，经济遇冷，前景不佳，赶紧清仓。"第二层次思维的人则想："前景糟糕透顶，身边所有人都在恐慌性地抛售，此时应该买进。"

由此可见，第一层次思维的人只对事物的联系进行简单的推理。看到利好消息，人们就认为会涨，就要买入；遇到利空消息，人们就认为会跌，就卖出。而第二层次思维是多维度的，这类人除了看到事物的表面联系，还会考虑很多因素，例如："未来可能出现的结果在什么范围？我认为会出现什么结果？人们的共识是什么？我的预期和人们的共识有多大差异？价格中所反映的共识心理是过于乐观还是过于悲观？如果大众的看法正确，股票价格会怎么变化？如果我的观点正确，股票价格又会怎么变化？"就好像下棋一样，普通人下棋只能看一两步，而高手则能够往后推演十几步甚至几十步，把可能遇到哪些情况、应该怎么应对都提前想好了。

著名的逆向投资大师约翰·邓普顿很小时就受父亲的影响，逐渐具备了第二层次思维。他家住在小镇广场旁边，从二楼窗户一眼就能看到县法院。20世纪20年代末，恰逢经济大萧条，很多农场主因为投资失败被迫拍卖农场。每次在法院拍卖农场的时候，邓普顿的父亲就在二楼密切关注。每当没有出价者的时候，他父亲就会赶紧下楼到广场出价，在这种情况下他父亲能以极其低廉的价格买到农场。那些参与拍卖的人看到的仅仅是农场位置不好、土地贫瘠等因素，所以不愿出价。而邓普顿的父亲却看到了，虽然这个农场的条件不是很好，但是因为没有人出价，如果你是唯一的出价者，就能以超乎想象的低价买到农场，同样能够大赚一笔。

类似农场无人问津的情况，在股票市场也一再上演。邓普顿在后来的投资中采用和他父亲一样的逆向投资的理念，取得了巨大的成功。人们经常问邓普顿："什么时候前景最乐观？"但是邓普顿总是说："这个问题问错了，应该问，何时前景最黯淡？"言下之意就是，当大家都觉得前景黯淡的时候，才是真正的机会。

再比如贵州茅台在2012年、2013年先后遭遇了一系列行业利空事件，很多投资者都觉得贵州茅台要下跌，纷纷抛售，股价从150元跌到70多元。而但斌却认为这些对贵州茅台只有短期的影响，贵州茅台有很宽的护城河，只要中国的酒文化不改变，贵州茅台就有持续增长的动力，而市场的恐慌反而给了他"捡便宜货"的机会。所以他非但没有卖出贵州茅台，反而越跌越买。看看现在贵州茅台超过千元的股价，可见他当时的这种逆向决策是多么明智。

再说回股市因为疫情而恐慌暴跌的事。在 2020 年初，很多人在过年休市期间，看到疫情越来越严重的趋势，又看到港股、美股等相关市场的暴跌，再加上一些专业媒体、财经大咖对恐慌情绪的渲染，自然而然地得出了 A 股将陷入比较长时间低迷的结论。但是，如果利用第二层次思维，思考得更深一点，就会得出不一样的结论。同历史相比，当时 A 股整体本来就处于被低估的水平，而这次疫情虽然短期对不少企业带来很大影响，但是长期来看并不会影响真正优秀企业的价值。疫情过去以后，茅台酒照样会供不应求，服务照样还是招商银行好，而那些实力不强、财务不稳的企业会在这次疫情中被淘汰掉，这对龙头企业来说反而是利好。

再看宏观经济，很多人觉得疫情会使中国经济雪上加霜，从而拖累股市。疫情确实对 2020 年上半年的中国经济带来了很大影响。不过在疫情严重影响经济的情况下，国家一定会出台更加宽松的财政和货币政策，以刺激经济发展，这反而是一种利好。所以这次股市的恐慌性暴跌非但不是坏事，反而是继续加仓或上车的好机会，应该果断买入。

相反的案例也有，我们经常可以看到有的上市公司公布利好消息，但是股价却不涨反跌，俗称"见光死"。因为市场对这个利好消息已经酝酿了很长时间，利好预期早就反映在前期股价的大幅上涨上了。当利好消息公布的时候，如果刚刚达到预期或低于预期，股价就缺乏进一步上涨的动力，前期的获利盘就会借利好消息公布的时候离场。而你如果只用第一层次思维来思考问题，看到利好消息就不假思索地买入，那么只会成为"接盘侠"。

需要注意的是，仅仅做到与大众的投资相反是不够的，我们千万不要为了逆向而逆向。回顾一下第二层次思维的定义——一种与众不同并且更好的思维，你就会发现仅仅强调与众不同是失之偏颇的，还应该更好、更准确地思考问题。所以你必须保证自己在投资的时候，不仅知道你的想法和大众相反，还知道自己的分析逻辑是否站得住脚、大众的看法错在哪里、市场是不是有过度反应的情绪。只有这样才能提高分析的准确率，也有助于克服从众的强大心理压力，坚持自己的观点。

现实中，大部分人都不具备第二层次的思维，他们甚至都不知道有这样一种思维方式。从某种意义上来说，这未尝不是一件好事，因为正是这些人的大量存在，才使得具备第二层次思维的人在市场中更具优势。如果你能率先了解这一点，并有意识地训练自己按这种方式思考，就能在市场的众多竞争者中占得先机，获得超额收益。

关于对第二层次思维的深入解释，以及如何正确理解价值和价格的关系，做出正确的投资决策，我们可以在霍华德·马克斯的《投资最重要的事》中找到答案。

无论怎样做判断，我们都不能只看一段时间，短期内的准确率波动很大，长期看只要大部分准确就有参考价值。在投资市场，我们不能谋求100%的准确率，哪怕是价值投资，也一样可能会踩雷，我们要做的不是追求完美的估值和风控，而是要准备好预案，确保万一出现"黑天鹅"事件，我们不会毁灭。甚至出现"黑天鹅"事件后，我们还能从中受益，这才是我们追求的方向。有一个流行的词叫"反脆弱"，尼古拉斯·塔勒布也出版过一本名叫

《反脆弱》的书，建议大家看一看。这本书教了我们很多提升自己反脆弱能力的方法，这些方法不仅可以用在投资上，在生活中也可以广泛应用。学会了这些方法，你人生的色彩会不一样。

除了《反脆弱》之外，我认为《黑天鹅》也是做投资的人必看的书之一，这两本书都是塔勒布的作品。我常常告诫大家要首先保证本金的安全，避免追涨杀跌或者利用杠杆进行一些高风险的投资。这些机会表面上看起来很诱人，收益率很高，但是一旦遭遇"黑天鹅"事件，出现泡沫破灭、形势逆转的话，将导致投资者血本无归。所谓"黑天鹅"事件就是指那些稀有的、很难事前预测的但是又有极大冲击性的事件，它来源于一个历史事件：17世纪前，欧洲人只见过白色的天鹅，于是就认为天下所有的天鹅都是白色的，不存在黑天鹅，而直到后来他们在澳大利亚发现了黑色的天鹅，才彻底颠覆了自己的认知。历史上发生过很多"黑天鹅"事件，都对人类的历史产生了深远的影响，比如第二次世界大战、911恐怖袭击、英国脱欧等。当然在投资领域也有很多，比如1997年的东南亚金融危机、2008年的次贷危机等，这些事件都给投资者带来了巨额的亏损。正是因为这些"黑天鹅"事件很难预测，同时又会带来灾难性的后果，所以我们很有必要搞清楚它背后的机制及如何应对，从而尽可能降低自身的风险，确保安全。

我建议大家投向价值投资的怀抱，拿出大量本来用来盯盘的时间，用在工作和生活上，这样不但你的工作会越干越好，生活也会越来越丰富。通过大量阅读，慢慢你会发现，自己的能力圈越来越大了，自己的思考越来越深了。原来的你很努力，但是方向错了，所以努力了 10 年甚至 20 年还是亏钱。现在大家把盯盘的时间用于读书、工作、做美食、养花等，真正让自己和家人享受生活，因为我们的生活真的不仅仅只有股票！只有好好体验生活才能更好地理解公司的生意模式，因为所有的生意都是为生活服务的。这就像创业一样，如果一个创业者天天盯着钱，那么他一定做不成功，即使侥幸成功了，也不会快乐！投资也一样，大家如果每天盯牢股价，只会既痛苦又赚不到钱。离市场太近，功利性太强，往往就会失去理智，而对手盘就是利用大家这种失去理智的心理赚钱的。

精选留言

森林之王：

这周本来想按照十点老师对大盘的判断来买股指期货的，结果运气不好，出现了几次失误，不过我相信这是暂时的。《反脆弱》我看过，写得很好，值得投资者阅读。

十点：

股指期货风险太大，一般是用于机构对冲风险的，别试图通过单边做股指期货赚钱，概率跟中奖差不多！

归途：

我已经买了《黑天鹅》这本书了，准备开始看了；《反脆弱》这本书差不多看完了，看完就看《黑天鹅》，学习才是唯一的出路。

十点：

书中自有黄金屋！

第一章

为何做价值投资

散户都是怎么亏钱的

很多朋友炒股这么多年，其实一直都不知道自己为什么一直都是亏钱的，在这里我用一些实际的案例和数据来分析一下散户亏钱的原因，也希望大家可以慢慢转变自己的投资理念，慢慢转向价值投资！

先给大家看一张图（见图 1-1）。

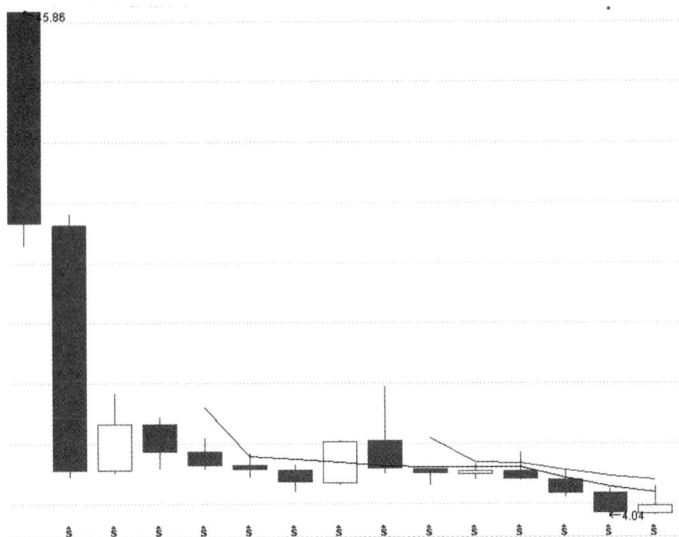

图 1-1　中国石油 14 年的年线走势图（2007—2021 年）

这张图是中国石油 14 年的年线走势图，而且还是复权后的走势图，也就是说，把中国石油历年的分红都算进去了，它的走势还是"一江春水向东流"。**从 2007 年上市的 45.86 元跌到了 2021 年的 4.04 元，整整跌去了将近 90%**。中国石油是亚洲最赚钱的石油公司，但是如果你在 2007 年它刚上市时就买入，并且长期持有，则是一件非常悲剧的事情，14 年负收益 90%。也就是说，如果在 2007 年买 10 万元中国石油的股票，持有 14 年后，你只剩下 1 万元了，加上通货膨胀的因素，几乎血本无归了。公司也没倒闭，而且经营也很好，到底是什么原因出现如此悲惨的结局？答案很简单：买得太贵了！所以如果买得太贵了，买入好公司也不是价值投资。

我们再看图 1-2，中国石油的港股年线图，2001 年在香港上市时，正好赶上纳斯达克股市不好，全球股市哀鸿遍野，港股也不例外，所以中国石油尽管以 1.1 港元的价格很便宜上市，但是股价在上市后的 2 年中还是一直徘徊在 2 港元以下。直到 2003 年香港又发生了非典疫情，香港股市雪上加霜，中国石油的股价也跌到谷底。巴菲特远在美国的小城奥马哈，惊喜地看到了一些吸引人的数据。从发现到决定大幅买入中国石油，巴菲特一直都未到访过中国，更未见过中国石油的高管，只因为公开的那些数据便决定买入。2003 年 4 月 9 日至 24 日的 15 天内，巴菲特以低于 1.7 港元 / 股的价格买了 8.5 亿股中国石油 H 股，后面又持续买入，到当年 4 月底，巴菲特差不多买了 23.5 亿股，占中国石油总股本的 1.33%。能够如此大规模地买入得益于大家对当时的中国石油前景的绝望，拼命地抛售"烫手"的股票。就像芒叔 2020

年买港股新城悦服务一样，当时新城地产董事长出事，整个市场都在大量抛售与新城地产相关公司的股票。也就是对手盘在犯错时，你就可以赚钱了，之后短短几个月，股价翻番，证明了芒叔的判断是正确的。

图 1-2　中国石油的港股年线图

巴菲特在 2007 年 7 月至 10 月期间，以 11 ～ 15 港元连续卖出中国石油，4.8 亿美元的本金卖出了 40 多亿美元。税前投资收益约为 35 亿多美元，不包括分红的总投资收益率为 7.3 倍，年均复合投资收益率约为 52.6%，同期恒生指数的收益率分别为 2.7 倍和 22.2%。另外，在这 5 年里，伯克希尔哈撒韦公司共收到中国石油税后分红约 2.4 亿美元。2007 年 11 月 1 日，中国石油 H 股在创出 20.25 港元的最高价后就一路下跌。

我总结了一下，同样的公司，巴菲特 4 年赚 7 倍，散户 14 年亏 90%，原因如下。

巴菲特 2003 年买入中国石油时的数据：

1. 市净率为 0.9 倍；

2. 净资产收益率为 24%；

3. 市盈率为 4 倍；

4. 市值 370 亿美元；

5. 2003 年国际原油价格为 25 美元 / 桶。

散户 2007 年买入中国石油时的数据：

1. 市净率为 3.5 倍；

2. 净资产收益率为 8%；

3. 市盈率为 17 倍；

4. 市值近 10 000 亿美元（当时苹果公司市值 470 亿美元）；

5. 2007 年国际原油价格为 86 美元 / 桶。

对比以上数据，我们可以很清楚地看到为什么一个大赚，一个大亏了！而这些数据都是公开的，谁都可以看到，如果能真正认识到公司本身的价值，知道花多少钱买值得，那么散户们就不会在 2007 年中国石油上市的时候买入了，也不会被深套 14 年，财富还缩水 90%，希望这个例子对大家有所启发。在资本市场，机会是等待出来的，而不是抓住每一天的交易，如果你抓错了，14 年都白干，甚至还要倒贴钱！

减少操作就可以赢过 90% 的人

看了中国石油的案例后，大家再去回忆一下自己进入股市后所有的操作，有没有发现一个问题？那就是操作 10 次，回头去看，可能 9 次是错误的。如果再给你一次机会，你肯定选择宁可不操作，甚至很多人都宁可没有进入过股市。这就是我这本书要讲的长期持股的人比频繁操作的人赚得多的根本原因，其实如果做到几年只操作一次，90% 的人不会亏钱。巴菲特讲过一个很有名的典故：假如你人生的机会像打孔机一样，只能打 20 个孔，打一个少一个，20 个打完，一辈子就没机会了。这样你每一次作打孔决策时一定会慎重再慎重，更不会乱打！

同样的道理，如果股市规定每个人一辈子只能做 20 次股票交易，那么你就不会轻易交易了。说实话，股市要真有这个规定，我们大部分散户都能赚钱。然而股市不会这样规定，券商反而还鼓励你多交易，这样他们才能多赚手续费。所以千万不要把上班辛辛苦苦赚来的钱都贡献给券商了。当然，这不是主要的，主要的关键点是：我们无法判断股票的短期走势，但是我们不难看懂股票的长期走势。最简单的市盈率、市净率这些指标大家都会看，如果贵州茅台跌到 20 倍市盈率，大家都知道便宜了。其次就是看月 K 线、年线，去看现在比之前是不是便宜了，只要以相对便宜的价格买入，长期持有，未来一定会赚钱。甚至很多好公司，在历史上任何时候买入，只要持有 3 ~ 5 年都会赚钱。

有些人可能会说一些因为"暴雷"而退市的极端案例。但我想说的是，喝水还有可能会呛死人，难道就不喝水了吗？其实要避开这些问题公司并不难，起码被坑的概率还是很低的。我们只要看历史数据，公司在一二十年中一直稳定经营、利润丰厚，一般被坑的概率会降到1%以下。原来你做短线，成功的概率是千分之一，现在赚钱的概率变成了99%，你说哪个靠谱？说白了，我们选择白马股，5年后倒闭的概率极低。而没有稳定历史经营业绩的公司，很难判断后市，因为我们普通人无法看懂生意本身。就算看懂也是一知半解，无法理解透彻，市场一波动就会立马割肉。这也是国家规定为创业板设置投资门槛的主要原因，目的还是为了保护大家。同时，我3年前帮大家分析价值股就是为了挑出白马股中的好公司，我通过从十大方面评测来提高大家的效率，降低踩雷风险。当然，很遗憾，我们也踩了一个财务造假的"康美药业"，这一点确实也是我能力不足。

自从踩到康美药业后，我也反省了自己，虽然概率不到3%（30多只股票选错了一只），但是踩到了就是100%，有些粉丝亏钱了，我心里也比较难受。也是由于这个原因，我后来极力推荐大家买永远不会踩雷的"指数基金"这个好"公司"，只要在相对低位买入，或者长期定投，就只剩下赚钱多少的问题。我也发现多数普通人即使这几年买到了我们分析过的有几倍涨幅的价值股，他的总账户也未必有指数基金赚得多，毕竟价值股还要花费大量精力去参与交易和分析。所以我得出的结论是：99%的人只适合买指数基金，并且对于指数基金，普通人也不适合一次性买入，只适合定投，不用择时，每月发了工资就买，无论市场涨跌，然后长期持有。

如果你是一次性买入，真正市场处于买点的时候，整个股市很萧条，表面看起来风险是很大的。受环境影响，由于自己的认知不足，很多人会退缩，或者只买一点点，结果涨起来了又去追，赚了一点又很快抛掉，最后也赚不到大钱。只有放弃择时，定期不定额地投入才是最好的价值投资方法。所以这几年，特别是2019年、2020年股市处于低位时，我提醒大家双倍、四倍定投，2021年市场过热，我又在提醒一次性投入比较多的人可以分批卖出了。这样大家可以少花精力，甚至不花一点点精力，安心持有，靠时间、靠强制储蓄，适当增值，降低预期，让自己的心态变得非常好，钱也不少赚，生活也变得很开心，对未来也充满希望！

总结一下：只要做到少操作，最好不操作，你就已经赢过90%的人，如果再能选一个好的公司或好的指数，那么你就是人生赢家。

精选留言

玩物上志：

其实，99%的人不适合做股票。

十点：

你说得没错，很多人连买价值股都不适合，大部分人买卖价值股也是跑不赢指数的，而且还要花费大量精力，如果随便买概念股，一定亏钱。99%的人只适合定投指数基金，其他都不适合。这话听进去了，股市不会再让你亏钱。

张晓川：

老师，有一部分 5 ~ 10 年不用的钱，想问一下股票或者基金有什么风险低、不用操作的投资方向？

十点：

有投资 5 ~ 10 年的准备，选择就非常多了，建议以基金为主，而且要买宽基指数基金，分批买，像定投一样，在市场高位，更要多分几批。

我再次提醒：炒股的错误方法

有个粉丝曾给我后台留言：

××股票（价值股）日线空、周线空、月线空、季线空、年线空。

我再次跟大家强调一下：价值投资者不要看任何技术分析的内容，这些内容只有误导的作用，没有正面作用。

更何况，真正的短线高手也不是靠这些技术分析工具赚钱的，比如 KDJ、MACD 等貌似很厉害、很专业的东西，大多是忽悠人的把戏。事后看都有道理，是真正的事后诸葛亮。我也算做了十多年短线的人，身边也不乏短线高手的朋友，之前跟大家说过的从 1 万元做到 5000 万元的 W，从 5 万元做到 5 亿元的 H，都是与我关系很紧密的朋友，他们是怎么赚钱的我非常清楚。其中H还手把手教过我，我坐在他身边操作了3个月，结果他赚钱，我亏钱，因为短线真的需要天赋和盘感，并不是方法，成功概率非常低。真的短线高手的方法就是逆向思维，看透交易背后的人性。比如，H的短线交易模型（见图1-3）的核心是：大家都觉得很危险的时候就是最安全的时刻。

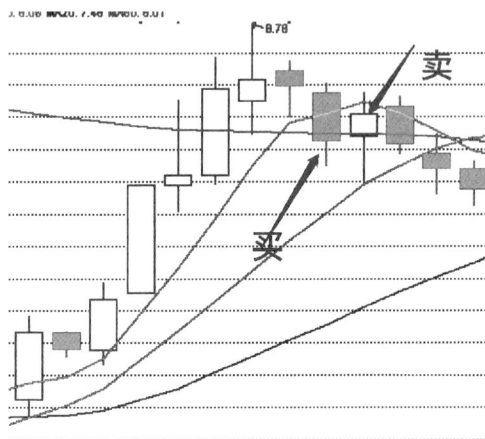

图1-3　H的买卖点

股价暴涨后开始出现阴线，大多数人都开始害怕了，H会在第二根阴线附近分批买入，然后在股票开始上涨的时候分批卖出。一次操作只赚一点点，这里面只要有一点点贪婪和害怕就会亏损。需要交易者在骨子里具有反人性的思维，如果为了卖高一分钱孜孜不倦地委托、撤销，早就亏惨了。我从未看到他用什么MACD，都是随机应变，完全凭盘感操作，这也是我坐他边上也来不及跟上的原因。有时候他喊我卖出的时候，股价已经下来，他赚钱，我已经亏钱。这个方法你们现在也不用去研究了，已经失效，H这几年自己都亏得很厉害，因为市场环境变了。

我自认为盘感还不错，这点很多粉丝应该也认同，给大家解读了那么多年的大盘，并且身边有"短线高手"指导，十多年来做短线交易也就勉强跑赢指数，遇到大熊市也还是亏钱，关键做得非常累，时间精力也投入非常多。直到遇见芒叔，了解了真正的价值投资，我才发现那就是我想要的投资模式和投资生活。当年跟着H的时候，感觉他每天赚几百万元也不是那么快乐，碰到大盘下跌的时候还非常郁闷。而这几年我做价值投资，不但快乐和轻松，还能多赚钱。我有大把空闲时间，不但把花园打理得很好，公众号文章也写得多了，还有时间每天回复大家的留言。

我写"拾个点"公众号这个事情非常有意义，这几年帮助太多迷失中的散户朋友走上了正确的投资道路，他们的工作、生活和家庭都发生了根本性的改变。我自己也是，才两年多时间，硬生生打造出了一个全新的购物平台——闯货，拥有两三百多人的团队，解决我们几十万粉丝的购物难问题，提升了大家的生活品质、节约了大家的很多精力和金钱，这个事情意义非凡。让几百名年轻人看到了希望和梦想，特别是我们招聘的全身瘫痪的残疾人员工，她们因为闯货而变得可以像我们普通人一样追逐创业的梦想，每每想到这些，我特别自豪！

同时，我们也会帮助有一定财富积累的朋友加速财富的增长，这几年我们也基本完成了预期目标。十点的价值投资从千万元级别成长到了几亿元的规模，年化收益率超过了40%，当然时间还短，说服力还不够。我们最早的核心员工，在这么多年的正确理财观指引下，强制储蓄＋芒叔打理，2020年有些员工在不花任何投资精力的情况下，投资收益过百万元。这是他们5年前完全没有想到的情况，因为5年前个别人还处在卖车还债的窘境。

有人说"价值投资赚钱太慢"，这是因为不了解而产生的错觉。我们很多人总是想每天都赚钱，低买高卖地赚足每个铜板。更有人完全不屑一年20%的收益率，狂妄地说："一年赚2个涨停板实在太简单，我一周就能完成。"这就是无知的害处，我们有多少人在股市辛辛苦苦一二十年还是亏钱？散户中大部分是这个情况。我经常收到这样的留言：

相信了十点的价值投资，转变了投资理念后，我真正从股市上赚钱了！

有些人会说，2020年市场行情好，不赚钱是不可能的，并不是价值投资的功劳。但我要说，很多人经历过2006—2007年百年一遇的大牛市，而且那波牛市"鸡犬升天"，几乎所有的股票都涨。在大盘整体翻了6倍的情况下，很多个股涨幅在10倍以上，但大部分散户还是亏钱的。而在2020年的行情下，如果你买的是垃圾股，或者炒短线，会亏损得非常厉害。某大型券商统计的结果是：2020年有65%的散户亏损。券商的后台统计数据不会骗人。

还没有觉醒的朋友真的要好好反思了，短线炒股是赚不到钱的，唯有价值投资，长线持有好公司才能赚钱，而且人人都能学会。不要去盯牢一只股票每天每时每刻的股价跳动，那是毫无意义的。请大家把时间和精力花在本职工作上，努力学习，提高自己的认知能力，你会得到惊喜！

我愿意做一个"傻子"

我反复跟大家说过，对于做股票还在亏钱的人来说，其根本问题是如何解决不亏钱，而不是如何多赚钱的问题。作为一个到目前还是亏损，甚至已经亏了 5 年、10 年的人，还在努力想着怎么多赚钱，就是痴人说梦，不切实际！就像一个人还不会走路，就天天在练习怎么跑得快一样，是不可能实现的。

我再说得不客气一点，亏损的人没有资格谈论怎么多赚钱，更没资格谈论怎么跑赢通货膨胀。虽然这话很难听，但却是大实话。你只有面对现实，放低预期，才能做符合实际的事情，最终才会赚到更多钱。形象的比喻就是先学会走路，再努力跑得更快！

我主要想对大家说，普通人除了好好做定投（外加在市场极便宜的时候多投）外，如果还想要做价值投资，那么就选一个好公司，然后长期持有，不要试图做高抛低吸。长期看，高抛低吸只会让你少赚，不会让你多赚，大部分人的结果是低抛高吸，还弄丢了好公司的股票，白花精力。比如，万科 A，过去一年很折腾，股价上上下下（见图 1-4）。

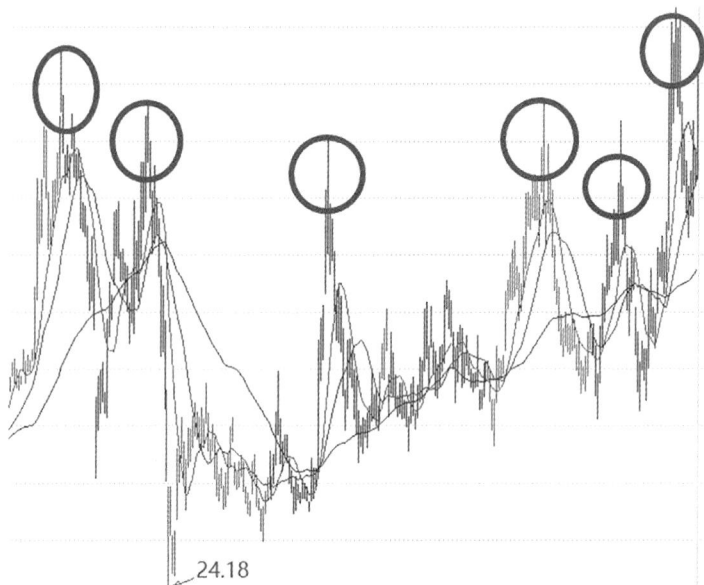

24.18

图 1-4　万科 A 日线图（2020—2021 年）

事后看图 1-4，很多人会觉得如果高抛低吸该有多好啊，每一波都有 20% 的收益率，总共已经 6 波了，6 次 20%，按复利算总共可以赚将近 300%，而要是长期持有 1 年到最后只有 20% 的收益，前者足足可以多赚将近 280 个百分点，诱惑很大！**问题是，这是回头看这个现象，首先，极少数个股会如此反复，还那么有规律，事先没人能知道；其次，实际情况是，如果你在上涨到前期高点的时候真卖掉了，那么很可能后来直接就涨上去了，你还理想地认为会跌下来，在低位接回，结果股票直接飞走了。我们真的无法预知这种情况，也无须去预测。我们只要坚信现在被低估了，就可以买入持有，因为它迟早会涨上来的。但是什么时候**

上涨，谁也不知道，你要做的就是等待，耐心地等待，其他任何事都不要做。**更不要花很多精力去研究趋势，研究技术面分析，即使你前面几次踩到了点上，但最后一次卖飞了，长期看，你也不会多赚。** 把同样的精力花在本职工作上，你可能会做得更好；花在家庭上，你的生活会更幸福。花在高抛低吸上了，不但没有多赚，盯着短线频繁交易还会亏钱，人的心情也搞得跟着 K 线上上下下，生活质量极低。我再给大家讲个东方雨虹的例子，见图1-5。

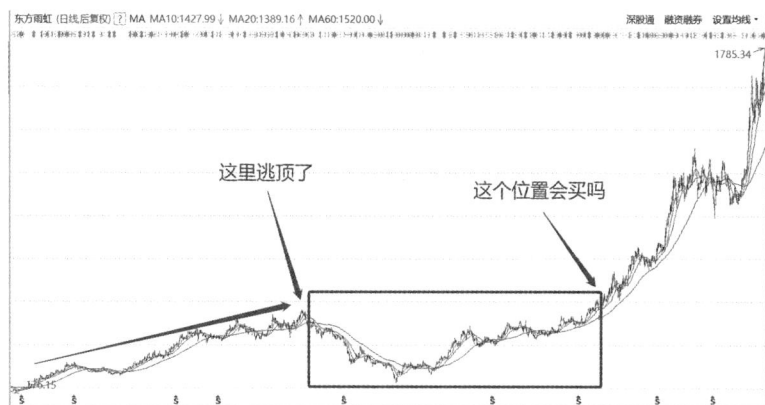

图 1-5 东方雨虹日线图

假如你很厉害，从 2016 年 2 月持有东方雨虹到 2018 年 3 月，见图 1-6，2 年时间获得了 200% 的收益后，敏锐地发现它可能要跌了，然后成功逃顶。

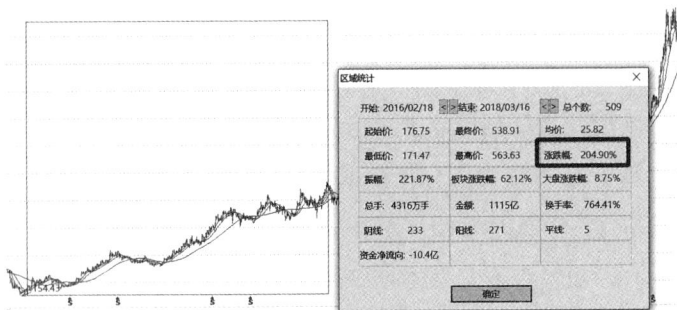

图 1-6　东方雨虹涨跌幅（2016 年 2 月 18 日—2018 年 3 月 16 日）

然后你拿这笔钱去买了其他股票，可能赚钱，也可能亏钱。但是我认为自己没有预测顶的能力，所以没有卖，继续持有到2021 年 2 月（见图 1-7、图 1-8）。

从 2018 年 3 月到 2018 年 10 月，短短 7 个月时间，我承受了东方雨虹 55% 的下跌（见图 1-7），"损失惨重"！但是我坚定认为东方雨虹是好公司，我就是要持续拿着。拿到了 2021 年 2 月，我的总利润是 787%（见图 1-8）。

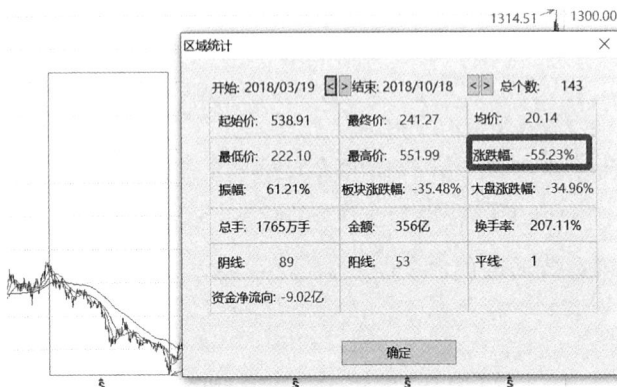

图 1-7　东方雨虹涨跌幅（2018 年 3 月 19 日—2018 年 10 月 18 日）

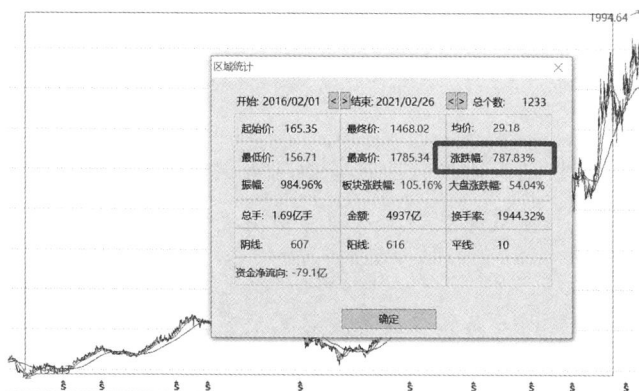

图 1-8 东方雨虹涨跌幅（2016 年 2 月 1 日—2021 年 2 月 26 日）

而你在 2018 年 3 月成功逃顶卖出后，很可能并没有把好运气持续下去，折腾了 2 年虽然也赚了一些利润，但是很可能远远没有我持有不动赚得多。这就是一个长线交易者和一个短线交易者的业绩对比。最关键的是，在这两年我有大量的时间去做其他事情，用两年时间经营出了闯货这个利他的购物平台，年销售额过亿元，拥有几百人的团队，我还有大量的时间陪伴家人，家庭、事业、赚钱三不误！**所以最后我想问大家，你要做长线交易者还是短线交易者呢？**

最后，希望我的每位粉丝早日脱离"韭菜"命运，都去当主力。

精选留言

且听锋吟：

老师，我一直有个疑问，拉长周期来看，比如 10 年、15 年，甚至 20 年，是定投年化收益率更高还是价值投资（买入价值股长期持有）收益率更高？当然我指的是大概率上，不是绝对！

十点：

好问题，90% 的人做价值股还是跑不赢指数基金，原因就是他们的短线思维。如果你能够真正理解价值投资的核心思想（建议看芒叔的新书）——好价格、好公司，长期持有，那么大概率能跑赢指数。关键问题是你要能理解这家公司，然后才能拿得住。当然，还有一个办法是：不理解这家公司，但是不盯盘，也能拿住，那么大概率也能跑赢指数！

不要再听别人的"意见"炒股了

短期看，全世界的不确定因素非常多，但是长期看，无论第二次世界大战还是美苏几十年的冷战，最终都没有阻碍世界经济发展的车轮。如果你不愿意忍受短期的波动，想获得稳定的回报，就应该去买理财产品或者去银行存款。

如果你不在乎短期的波动，并想从波动中受益，那么就大胆地在市场大幅下跌的时候买入确定性高的资产。比如长期业绩不会受影响的价值股、处于低估的指数基金等，然后就等待这些资产的价值回归，只要相信世界不会毁灭，保持乐观，涨起来的概率是 99.999 999%，那 0.000 001% 的可能性是地球毁灭，如果真的地球毁灭了，你的钱也没用了，所以你大可以胜似闲庭信步！更不要为每天的市场波动而忧愁，那与长期市场走势完全无关，谁也阻挡不了中国的崛起！有些人总觉得我讲的这些是"废话"，他们最喜欢看到我直接推荐一只牛股。说实话，我要写推荐股票的内容真的更简单，随便找一只股票，网上抄点新闻，截几个图，再吹几波牛，标题再来一个"推荐一只100倍大牛股"，我相信肯定比我现在讲的内容更吸引眼球！不像现在"挖空心思"想怎么通俗易懂地让大家懂我的意思，又要你们屏蔽短期的诱惑，坚定相信长期的价值。忽悠大家的内容是违背我内心的，我不会做，这也是害你们的事情，我更不会做。很多散户都深受荐股的危害，亏掉了很多血汗钱。我反复说过，只要你还是听别人的意见炒股，基本都会亏钱，没有赚钱的可能。我再讲一次听别人意见炒股的危害，分三种情况。

第一种情况，真的有高手给你推荐股票。如果你的股票是听别人推荐买的，那么一有波动你又要问别人——是不是该卖了？还会涨吗？怎么办？等一堆问题，而推荐给你股票的人也不知道你是怎么想的，甚至人家只是随便一说，都忘记了有这回事，结果你在惆怅中亏钱，在痛苦中交易，最后亏损是必然的结局。哪怕这个人很厉害，推荐给你5只股票，4只赚钱，1只亏钱，最后你还可能倒亏。所以没有一个人是靠别人推荐股票赚钱的，哪一天如果你不再听信任何人推荐股票了，那么你就会离亏损越来越远了。

还有一点，每个人对亏损的承受力不一样，别人推荐你买的这只股票也许放3~5年能赚钱，但是你买入后亏了10%就受不了了，割肉卖出，结果你还是亏钱出局，所以靠别人推荐股票来炒股真的是死路一条。只有你对一家公司足够了解，靠自己的认知买入的东西，才不会被市场左右，一直坚定自己的看法，最终等到"柳暗花明又一村"的时候。

第二种情况，骗子给你推荐股票。这里面的骗子既有"合法"的骗子，也有非法的骗子，以往每次大牛市来临，会有好多荐股的公司出现。这些公司完全没有投顾的执照，就是随便找一些人，通过打电话营销，能骗一个是一个，根本没有任何投顾资质，给你推荐股票的人很可能从未炒过股票。这种人现在国家已经打击得差不多了，不过等牛市来临时估计还会出现，只要记得不听信任何推荐股票的建议，你就永远不会中招。另外一种是"合法"的骗子，他们有投顾资质的执照，但是借用了正规公司的名义开设了分公司，这种套路跟非法的差不多，只是他们披上了合法的外衣，所以你中招的结局也是一样的。

第三种情况，合法的投顾公司，本来这个行业的初衷是给投资者提供投资建议和风险提示，但是有些唯利是图的机构忘记了初衷，只认钱不认人，所以结局也就跟上面两种情况差不多了。

精选留言

我爱老子：

感谢十点老师！关注您很久了，在十点老师的谆谆教诲下，我改变了炒股思路，终于开始赚钱了。

十点：

前方的路还是荆棘密布，一定要做自己能够看懂、能够理解的事情，哪怕亏钱也要亏得明明白白，而不是稀里糊涂亏钱、稀里糊涂赚钱，最后做了几十年股票还是亏得一塌糊涂！

不求安逸的 π：

我的理解是，在阶段 1，小白新手可以买上证 50、沪深 300、中证 500 的指数基金或者 ETF；在阶段 2，小白进阶可以尝试行业指数基金或者 ETF，为后面选择赛道做锻炼和提前的筛选，这也是我目前所处的阶段；在阶段 3，可以开始尝试择股，选择行业龙头进行埋伏；在阶段 4，如果对风口有一定敏感度了，可以尝试追风逐热、小试牛刀。

十点：

告诉你一个残酷的现实：90% 以上的人一辈子只能买指数基金，要远离股票！你大概率也是涵盖在这 90% 以内，先不要太高估自己，因为那要付出沉重的代价。所以不是小白才买指数基金，应该是成熟的散户投资者都只买指数基金。

解脱：

这几年宽基指数基金的业绩不如主动型基金好，如果买沪深 300 指数、中证 500 指数、科创 50 指数、消费行业指数和医药行业指数，做个组合投资，收益会更高吗？

十点：

买指数基金最大的特点是买确定性，确定性不是短期的，而是长期的，长期到 10 年以上的确定性。

因"内幕"消息亏了几千万的教训

跟大家讲一个我身边真实的事情。

我有一次跟一个做外贸童装 20 多年的朋友聚会，又去了他的工厂看了一下，情况真的惨不忍睹！偌大的写字楼有 2000 多平方米，零零散散只有十多个人，好在办公楼是他自己买下来的。之前将近 20 年他都是顺风顺水，因为他很专注，20 年如一日只做欧美大牌的童装代工。一年营业收入差不多 2000 万 ~ 3000 万美元，利润在 500 万 ~ 1000 万美元，所以积攒了这些年，还是有些家底。

就是因为有些家底了，他从 3 年前开始涉足各行各业的投资。他跟我诉苦说，这 3 年总共投资了 8 大领域，无一赚钱，而且都是亏大钱，比如买矿、投资股票、销售食品等，其中亏得最惨的是投资股票，一把亏了几千万。

下面我重点讲讲他凭本事赚到的钱是怎么凭"本事"亏掉的。

当时一个"朋友"告诉他一个所谓的"内幕"消息，然后他举全家的所有股票账户买入了同一只股票，有好几千万元，以为能大赚一笔了。结果自从买入后这只股票一直"跌跌不休"，不久还受到了证监会的调查，把他全家人都叫去问询了，最后还是把他们都放了，原因不是他亏钱，因为如果真涉及内幕交易，哪怕你亏钱也一样要受到法律的制裁。

真正的原因是他也是受害者，这个所谓的"朋友"给他的

"内幕消息",其实就是一个"套",他们把"货"都倒给他了,他成了最大的冤大头。好在这是套路,让他花钱消灾,否则必定有牢狱之灾。证监会调查他的原因是:为什么亲属关联的那么多账户短期内买入同一只股票。这就是大数据的厉害!所以监管部门做了很多努力,只是这一直是"猫和老鼠"的游戏,但是随着"猫"的水平越来越高,我相信我们国家的股市会越来越好。

再说我这个朋友,虽然避免了牢狱之灾,但是这件事对他的生意的冲击很大。因为自从被调查后,一生未做过亏心事的他,完全被扰乱了心智,甚至对客户破口大骂,结果客户一个一个流失,生意一落千丈。什么叫祸不单行?一个事情影响另外一个事情,才是灾祸接连不断的真正原因。谁知更困难的还在后头,疫情一来,客户订单直接清零,库存积压,国内市场一下子又打不开,真的是困难重重。最近他开始反思这几年走过的路,我给他总结了一下,也同样适用其他有一定财富积累的人。

1.已经实现财务自由的人不要想着去再"发财",你要守住的底线是不被骗,此生就无忧了。我讲出这一条的时候,他感慨万千,表示真的希望早点认识我,其实早认识我也没用,没有被骗之前跟他讲这些话,他可能会感觉有道理,但实际上他根本不会听进去。就像粉丝当中有些新股民看着我平时写的内容也会觉得非常有道理,实际上根本不会落实到行动上。相反,粉丝中做过一二十年股票的老股民都会认同我讲的东西,并且也会落实到行动上。人生的很多学费必定是要交的,所以你们也不必耿耿于怀曾经在股市上亏损了多少,那是必须走的路和必须交的学费,在某种意义上也是一种投资,所以不必再懊恼了。可悲的是交了那么多"学费"还没有学会，还是在一条路走到黑。我再重复说一遍，到今天还在炒股亏钱，不去做定投的朋友，基本是他感觉听懂了，实际他根本没有听懂，大家自己对照自己去思考吧。

2. 做任何事情，连恶的念头都不能有，更不能去做恶事。这是什么意思呢？只要有一点点恶的念头，你一定会尝到大大的恶果——只是时间问题。比如，我朋友一开始就想通过内幕交易这种"恶"的事情赚到快钱，结果呢？他付出了几千万元的代价，还差点犯法入狱。如果当时他没有这个恶的念头，知道内幕交易的恶事肯定不能做，那么就不会有后面的恶果。所以以后那些听信所谓的"内幕消息"买股票的人，无论怎样都会被"暴打"，如果消息属实，依照目前的大数据监控，他们很快会入法网；如果消息不属实，那么他们会付出惨重的经济代价。所以下次你听到什么所谓的消息时，一定要自动屏蔽，只要你没有恶的念头，哪怕你遇上意外事件，也不会是什么大事。凡事要走正道，如果行得正，见得了光，那么你的生活就很坦荡、很快乐，身体自然也健康。坏事做多了，哪怕没有报应的一天，最终也是会害了自己。因为如果你是一个"坏人"，你会觉得身边的人都是坏人，然后会做各种提防，产生各种气愤，这慢慢地就会影响你的身体。

我和十点嫂看过的一部老电影非常不错，大家也可以跟家人一起欣赏，这部电影叫《实习生》。讲述的是年过70岁的本·惠科去应聘一个公司的实习生，老板朱尔斯·奥斯汀年纪轻轻就背负了工作与家庭的重担，生活失去了平衡，连公司董事会也开始质疑她的工作能力。人生阅历丰富的本·惠科特帮助朱尔斯·奥斯汀重新认识自我，两人也从上下级发展成为无话不谈的忘年交。推荐给大家这部影片，主要有两个原因。

第一，我的公众号里老年人粉丝很多，要做到人老心不老，积极的生活态度是幸福的基础；

第二，对年轻人来说，平衡好家庭和事业才是生活的正确方向，只顾事业不顾家庭也是年轻人不幸的开始。

精选留言

网友：

一位华人首富曾说过，世界上最浪费时间的事情就是给年轻人讲经验，讲一万句不如他们自己摔一跤，眼泪教他们做人，后悔帮他们成长，疼痛才是最好的老师，人生该走的弯路，其实一米都少不了，原因就是我们从来都不肯从历史中吸取教训。

十点：

虽然知道很多弯路得自己走过才能深刻领悟，但我还是希望大家少走一米是一米。

我买第一只股票的心路历程

坦白说，我人生中买的第一只股票就是消息股，2006年7月我初入股市，跟着一个"老师"，他跟我说："甲股票有可靠消息，股价要涨到20元，你买这个。"我丝毫没有怀疑这个消息的真假，闭眼就买入了。我把这只股票2006年的日线图翻了出来，见图1-9。

图1-9 甲股票日线图（2006年买入位置）

我记得我是大概2006年7月份在图1-9中的最高位附近买入的，之前这只股票一直涨，我的"老师"告诉我它要涨到20元，那个时候股价是10元不到，我幻想了一下，可以赚一倍，所以不加判断地买入了10万元。说实话，我那个时候工资还可以，每个月有8000元左右，但是一年也不到10万元。如果我买入的10万元能给我赚10万元，那不是多了一年工资？到时可以做职业股民去。当时我就是这样幻想的。

当时买入没几天，结果股价真涨起来了，我感觉我要发财了，又追加了10万元，总共投入20万元。没想到涨了几天之后，差不多有7000元利润了，相当于我一个月工资。之后突然一天跌了 7%，加上我又加了 10 万元，总共 20 万元跌 7% 就是亏了 1.4 万元，利润没有了，还倒亏 7000 元。本来几天赚了一个月工资，现在一天亏了两个月工资，这种心理落差太大了。但是一想到股价会涨到 20 元，这个是暂时的，心里又好过很多。哪里想到，下跌才只是开始。随后连续几天又跌了 15%，加上前面的跌幅，7 天时间亏损了 22%，20 万元本金亏了四五万元，那可是我当时的半年工资啊，我开始有点拿不住了。但是心有不甘，割不下去，于是我决定继续扛。那时候我们单位的员工福利手机上网是免费无限流量的，所以随时可以查看股市行情，无论开会、出差，还是在路上，我一直在看股市行情，心里也是时时刻刻忐忑不安。

这只股票持续跌了一个多月后终于开始反弹，差不多回血了三分之一，我心里舒坦了很多，但是就是不见回到原来的高点，一直横盘振荡。又差不多持续了 2 个月。大家要知道，当时可是百年一遇的大牛市，那 2 个月好多股票都已翻了几倍，大盘也涨了 20%，我的股票还深套 20%，心里真的不是滋味。

然而，最惨的情况还在后面，这只股票盘整了 2 个月，不但没有往上走，反而是直接调头往下了，连跌了半个月，一点反弹迹象都没有。相反越跌越凶，图 1-10 中箭头所指的这根阴线是压垮我的最后一根"稻草"。当天一打开账户看到累计亏损已经超过了 45%，也就是 20 万元的本金，差不多 10 万元已经跌没了，那是我一年的工资啊，而且无法想象它还会跌多少。连续的下跌已经让我心力交瘁了，上班都没有心思，我那天决定割肉。割完那天，我突然感觉好轻松，终于止血了，不用每天亏钱了。

图 1-10　甲股票日线图（箭头所指阴线）

可是，轻松的心情还没持续 24 小时，我又马上痛不欲生，这只股票第二个交易日就涨停了，而且连续涨停。那个时候我真的怀疑"庄家"是盯着我的，其实我的心理崩溃也是大部分散户的崩溃，所以就是跌到那天大家都跑了，聪明的资金开始底部吸筹，我们就这样被人割于无形中。更可气的是，这只股票从此进入飙涨期，不到半年真的涨到了 20 元，最高时涨到 26 元，难道这个消息是真的？

后来总结这个事情，我认为那个年代出现庄股的概率是有的，但是即使有可靠的消息，最后我还是以大亏收场，主要就是自己没有能力赚这个钱。听别人的建议买的股票，天天盯盘，哪怕是可靠的消息也会不断怀疑自己的操作，最后亏钱出局也是情理之中。从此以后，我不再听信任何消息，自己潜心研究技术分析，后来碰上了 W 和 H，才有我在短线上的心得，才能赚钱。

大家要想在股市里面赚钱，每次的买、卖一定要是自己独立思考之后作的决定，而且要形成一套体系，我们称之为"交易系统",这样才能真正赚到属于自己的钱。如果总是在问别人,想让别人给你意见,那么不操作才是最赚钱的方法。大家可以回顾自己的炒股生涯,是不是啥也不操作是最理想的方法?最好连股票账户都没开过,那么根本就不会亏钱,我相信如果可以重来,大部分人会宁可不开股票账户。我想告诉你的是:不听消息,不问任何人,只有内心坚定的操作才是最可靠的。内心坚定的操作也不如少操作、不操作可靠,所以长期坚定持有一家好公司才是最好的操作。即使在庄股横行的年代,我买的这个第一只股票,如果我能持有 1 年以上,那么也是可以赚钱的,而不至于落得在大牛市里面亏损 45% 的悲惨结局。

还有一个误区是:看新闻炒股也会让你亏损累累。

因为当你深入了解了一个行业、一家公司后,绝对不会被市场上一个消息带来的风吹草动所左右,而是拥有独立判断的能力,甚至像塔勒布在《反脆弱》中说的那样:从不确定的"黑天鹅"事件中受益。这也是我一直倡导大家做的,做价值投资,最好的方法就是大量阅读,才能建立越来越有深度的思维方式,才能从大众中脱颖而出。否则,只有被"收割"的命运!

跟大家简单讲个案例。2020 年 4 月初,某股票的利空消息频出,股价连续下挫,创出新低。看看 4 月份的新闻,媒体真的是唯恐天下不乱,看着标题就吓死人(见图 1-11)。

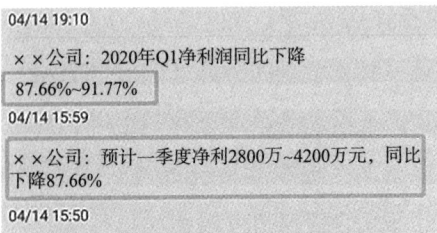

图 1-11 关于某股票的负面新闻

回忆当时的场景真的让人感到绝望，国内和海外都笼罩在疫情的阴霾之下，而且没有一点好转的迹象。这只股票背后上市公司的营业收入受到很大影响，当时普通散户纷纷抛售股票，把这些"黄金疙瘩"当成了烫手的山芋。而我们基于对这只股票的长期跟踪和对行业的理解，感觉这个价格真的太便宜了，所以在底部买了很多，关键还买得挺开心，而不是恐惧，所以价值投资是一个快乐的活。最终的结果就是：这只股票成了我当年绝对收益最高的股票，因为买得多，从我在 2020 年 4 月 14 日买入到收益翻番，只用了短短 5 个月时间（图 1-12）。

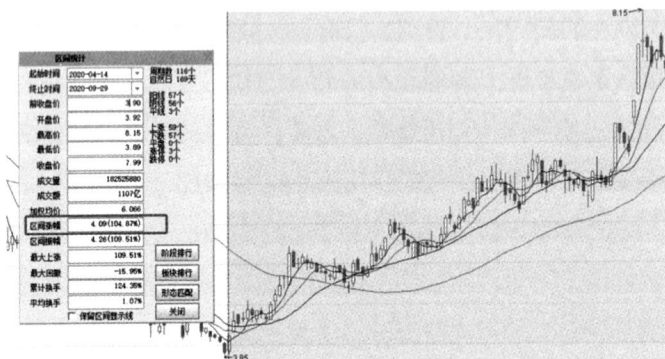

图 1-12 某股票区间涨幅（2020 年 4 月 14 日—2020 年 9 月 28 日）

精选留言

形象教练：

您结尾说的这只股票，我在最低点时加过仓，这在以前不可想象，全是因为十点文章的"洗脑"我才敢这样做，它也成了我的账户上今年盈利幅度最大的股票，我当时留言过，越跌越买放三年，没想到这么快就实现了预期收益。

十点：

思路完全对了。

没有真本事，千万不要碰杠杆

有时候，大家不要太迷信一些东西，就像我给自己公众号举办的读书会取名的时候，很多人觉得不要带"书"，因为是"输"的谐音。首先，这些人的这种认识就不对，把做投资的结果理解为输赢了，那就是"赌"的心态了，肯定已经把自己的命运置于"危墙"之下了。投资首先要考虑如何规避最大的风险，避免受到毁灭性打击。

巴菲特有三大投资原则：第一，保住本金；第二，保住本金；第三，谨记第一条和第二条。查理·芒格对自己投资理念的总结是：不求迅速的胜利，只求长期的成功！

我身边就有两个活生生的案例。

我的一位企业家朋友，也是短线高手——胡总，2020年做了6倍收益，就在2020年12月初，还只有4倍收益，但是12月后面几周他手中的重仓股连续涨停，收益也很快超过了6倍。芒叔2021年上半年才有27%的收益，业绩感觉不算好。但是拉长10年，芒叔的总收益是50倍，胡总的总收益肯定没有超过芒叔，而且胡总还算是短线交易的成功者。而芒叔每天过得很轻松，就看看书，一年操作不了几次，资金量却稳步扩大。胡总是每天盯盘，晚上熬夜复盘看各种消息，最近还会写公众号分享，我看都要到凌晨才发出来，年纪一大把的人，我看着他都累。还有我前面提过的，我跟着学习过的短线师傅，他对我影响很大，他就是从5万元做到5亿元的超短高手H。现在移民澳大利亚了，我们也很久没有碰面了，2019年我们通了2小时电话，他跟我说他在2018年亏得一塌糊涂。将近20年都盈利的超短模式，竟然出现大规模的亏损，根据我对他口气的判断，他的亏损总数肯定在亿元级别，我后来曾劝他转型做价值投资。

还有一个我在文章里提过的朋友W，从1万元做到5000万元，2018年加杠杆抄底，也亏得一塌糊涂，好在他运气好，2019年上半年又赚回来了。短线＋杠杆，对没有很高水平的人，真的非常危险。大家回想一下，2015年的暴跌消灭了多少个亿元级的短线大户，他们都是身经百战，什么样的风浪都见过，却没有遭遇过2015年的暴跌这种"黑天鹅"事件，所以其实他们本身的"反脆弱"性是很弱的。而W的反脆弱性其实很强大，因为他很理性，尽管会加杠杆抄底，但是他把在股市里赚到的很多钱又分散投资出去了，万一出现毁灭性打击，亏掉的也只是在股市里赚的一部分钱。

大家应该经常看到新闻里说某某期货投资者爆仓跳楼自杀，而且一般都是大佬级别的。所以以后你们看到有人做期货暴富也不用羡慕，这是别人冒着生命危险赚来的钱。

再次警告大家，如果不想"自杀"，就要远离投机、远离杠杆，拥抱价值投资，不去预测市场，忽略市场波动，提升自己的反脆弱性，不要让自己的投资组合越来越脆弱。最后再把巴菲特说过的话送给大家："不要拿重要的钱去赚自己不需要的钱。"如果你现在家庭美满，身体健康，有一定的稳定收入，好好珍惜眼前这些人世间最宝贵的财富，利用价值投资，收获稳稳的幸福！

精选留言

福娃：

这么看，做股票先亏钱要好过先赚钱，先亏钱可以帮大家对市场风险有一些认识，比如我，连续亏了好几年，就算我后来做好了、赚钱了，也不会倾尽全力入场的，所以肯定不会倾家荡产，赔钱也是有限度的。

十点：

说得非常正确，我们乡下有句土话："先赢不是好赢。"寓意深刻！

衣迹：

散户应该老实本分一点，不懂的一定不要碰，期货什么的衍生工具，一般人真的玩不了，踏踏实实做定投，为了自己的家庭，好好生活，物质条件差点只是暂时的，家没了就什么都没了。

振华律师委托：

嗯！2015 年我一个邻居本来赢了一栋别墅，现在输了一栋别墅，还算年轻，但头发现在白到让人怀疑人生。我曾劝他赶紧卖掉股票，那时他还有点盈利，可惜他听不进去。说我挡人财路！我也只能由他去，如今他过得生不如死。

十点：

这样的"财运"是不是还不如没有？所以真的不要去羡慕别人的横财，那可能是灾难！

网友 1：

像我这样穷嗖嗖的"老白"，还是投点基金吧。

十点：

穷不穷都是相对的，相对于巴菲特我也很穷，但是我比他年轻，这是他再多钱也换不回来的。另外，自己过得坦然和开心就是幸福，所以不要用重要的钱去赚不必要的钱！

网友 1：

很意外看到老师回复！我 2007 年跟风进入股市，现在还被套 2 万元。2019 年在观望后才开始定投基金。我已年过半百，我是小县城退休工人，感觉还是基金稳妥些！谢谢十点每天的知识分享！

樱之：

十点老师您好，请教一下，如果有 50 万元资金，怎么做资产配置才能做到每年有 10% 的稳定收益呢？

十点：

如果这笔资金 5 年内不会用到，那么可以分 10 次以上定投指数基金，长期持有即可，至于能否获得 10% 以上的年化收益率，谁也说不好，但是大概率可以跑赢理财产品！

股市的钱是从哪儿来的

经常有人信誓旦旦地说："股市就是一个赌场！"我觉得这样说的人是他自己把股市当作了赌场，押注成功概率很低的"投机股票"，然后希望卖在最高点，让别人接盘。结果"偷鸡不着蚀把米"，输光了本金。他并不清楚为什么输光，只能骂股市发泄。其实不是他的能力问题，而是他本来就选择了靠运气的"投机"，而且成功的概率还很低，所以输光是大概率事件。如果"赢钱"概率很高，岂不是人人不上班，都可以来股市"赌一把"，天下哪有这么好的事情？这是常识！

我相信 99% 以上的人来股市都是为了赚钱，也许有 1% 的人是为了好玩，消磨时间，亏点钱也就当是付费"打游戏"，这种情况不在本节的讨论范围！我们今天只跟那 99% 想来这个市场赚钱的人讨论股市的钱到底是从哪儿来的。我们来看三个方面。

1. 企业的利润。这个大家都很清楚，公司能做到上市，说明经营能力一般都还可以，尤其是 A 股原来要求申请上市的公司必须连续 3 年盈利，所以企业经营的利润是股市投资获利的主要来源。

我在网上只查到 2019 年全部 A 股上市公司总的净利润为 3.78 万亿元，2019 年末的总市值大概是 65 万亿元。也就是说，如果买入全部 A 股上市公司需要花 65 万亿元人民币，当年能够产生 3.78 万亿元人民币的利润，投资回报率约为 5.8%（3.78 万亿 /65 万亿）。这个收益率并不高，也就是勉强跑赢理财产品，但是能实实在在赚钱，所以我们需要选出更好的公司，来获得更高的收益率。

2. 公司高价增发新股或分拆下属子公司 IPO 融资。

3. 市场波动产生的差价。这些钱来自哪里？就是做短线的散户们的工资——亏在股市的工资。但如果你有本事，也可以赚到这部分钱。

之前在厦门举办的粉丝见面会上，芒叔再次明确过，我们价值投资者，特别是芒叔的基金能赚到的钱主要都来自第一部分，预期收益率是每年 15%，会花费 98% 的精力去争取拿下它；第三部分的钱也要赚，但不是重点，预期收益率是每年 5%，但是只花费 2% 的时间精力。在市场明显过热和过冷时，芒叔也会进行操作，根据以往的经验，在股市波动大时，还是可以赚到 5% 的波动收益的。但是不会花费过多精力去通过交易操作赚钱，说实话，芒叔也没有这样的本事，否则他就做短线交易型的投资者了。

这样芒叔的基金相对比较确定地可以有 20% 左右的年化收益率（15% 企业成长 +5% 市场波动），这是理性的预期。我们每天努力学习、提高认知就是为了赚到这部分钱；第二部分的钱，因为我们没有上市公司主体，所以赚不到。

我们再来细说第一部分的企业经营的利润：从 1995 年到 2014 年的 20 年里，中国所有公司的净资产收益率（ROE）保持在 10% 左右，这已经很高了。但是 A 股所有上市公司的净资产收益率保持在 12% 左右，高于其他企业，所以上市公司相对来说还是优质的，别小看这个 2 个百分点的差距，20 年时间里可以使上市公司多赚 50% 以上。

也就是说，如果你买下所有的上市公司，那么在这 20 年里，你可以赚到 12% 左右的年化收益率。我查阅了 1995—2014 年的深证成指涨幅，如图 1-13 所示。

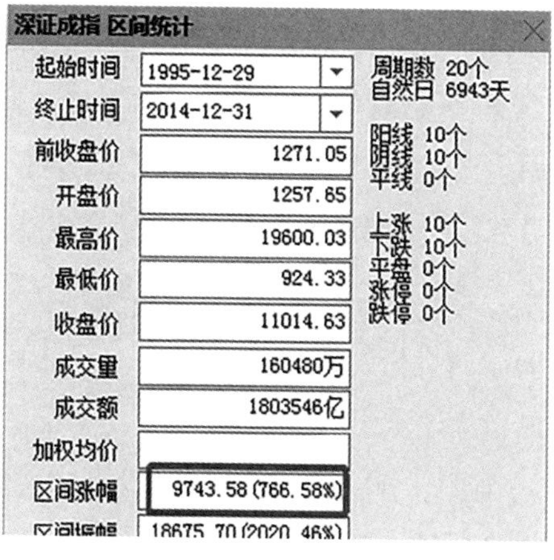

深证成指 区间统计	
起始时间	1995-12-29 ▼
终止时间	2014-12-31 ▼
前收盘价	1271.05
开盘价	1257.65
最高价	19600.03
最低价	924.33
收盘价	11014.63
成交量	160480万
成交额	1803546亿
加权均价	
区间涨幅	9743.58 (766.58%)
区间振幅	18675.70 (2020.46%)

周期数 20个
自然日 6943天

阳线 10个
阴线 10个
平线 0个

上涨 10个
平盘 0个
下跌 0个

图 1-13 深证成指区间涨幅（1995 年 12 月 29 日—2014 年 12 月 31 日）

这期间，总涨幅是 766.58%，20 年时间，复合收益率如图
1-14 所示。

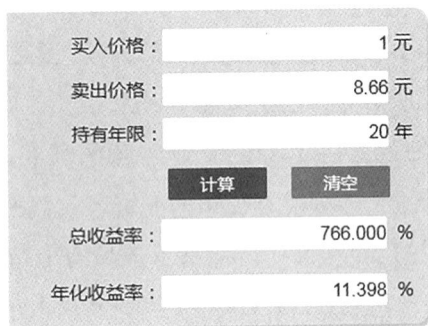

图 1-14　深证成指复合收益率

20 年时间，深证成指年复合涨幅为 11.398%，接近 A 股上市
公司总的净资产收益率（12% 左右）。也就是说，市场跌跌涨涨，
无论牛市还是熊市，最终都会回归。所以如果你每天盯着市场的
波动，长远来看是不是毫无价值？市场的主要收益还是来自上市
公司的盈利回报，有些机构和超级散户赚的钱远远超过这个收益
率，超出部分就是其他散户亏掉的工资收入。这里我要说明一
下，为什么不用上证综指，因为上证综指失真度比较高，而且近
十年的创业板指数体量越来越大，所以用深证成指比较准确。

一个好公司，能够跑赢社会财富的平均增长速度，如果你能
够以合理或者偏低的价格参股这些好公司，长期来看，你的财富
增长速度肯定也会高于社会平均增长速度。这就是价值投资者赚
钱的基本逻辑。当然，如果你觉得自己没有能力找到这样的企
业，甚至很可能找到的是低于社会平均增长速度的企业，那么你

还不如买入指数，用最简单的办法买入这些指数。比如我上面举例的深证成指、沪深 300 指数、创业板指数等。再给大家计算一下沪深 300 指数在 2005—2020 年的年化收益率情况，其 16 年的总涨幅为 423.87%，年化收益率 11.661%，如图 1-15 所示。

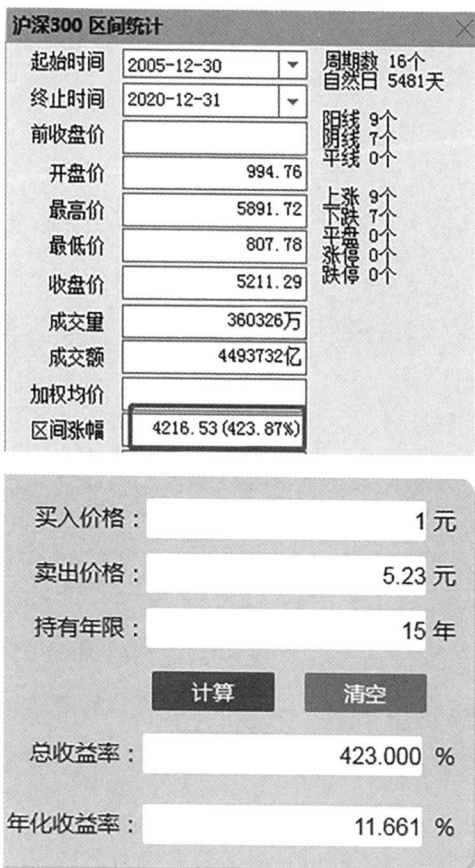

沪深300 区间统计

起始时间	2005-12-30	周期数 16个
终止时间	2020-12-31	自然日 5481天
前收盘价		阳线 9个
		阴线 7个
开盘价	994.76	平线 0个
最高价	5891.72	上涨 9个
最低价	807.78	下跌 7个
收盘价	5211.29	平涨幅 0个
成交量	360326万	跌停 0个
成交额	4493732亿	
加权均价		
区间涨幅	4216.53 (423.87%)	

买入价格：	1 元
卖出价格：	5.23 元
持有年限：	15 年

[计算] [清空]

| 总收益率： | 423.000 % |
| 年化收益率： | 11.661 % |

图 1-15　沪深 300 指数区间涨幅及年化收益率
（2005 年 12 月 30 日—2020 年 12 月 31 日）

如果在这15年中你没有赚到年化11.661%的收益率，那么说明你落后于社会平均财富增长速度。对你来说最明智的决定就是买入这些指数，这样在未来一定能够跟上社会平均财富增长速度。等到你将来有一天有能力跑赢社会平均财富增长速度后，再自己选择买单个公司的股票也不迟！

精选留言

星空：

说股市是赌场的人确实是有赌徒心理！其实只要选择一些高分位的价值股，每年分红都有6%，比买商铺的租金都高，何必去赌个股的涨跌？而且遇到牛市行情也能赚30%以上，这难道不好吗？

十点：

如果你有这种心态，在股市不赚钱都难。有赌徒心态的人就要准备好愿赌服输。

刀刀爸：

十点老师，有些人说现在沪深300指数的10年历史百分位在98%，那么我们是不是应该现在少投，然后大概等到哪个比较低的历史百分位时，再加大投入比较合适呢？

十点：

沪深300指数肯定越涨越高，难道让它回到原位？

靠预测炒股的结果就是亏钱

最近两年我一直看有关巴菲特的资料，估计看了不少于 50 本关于巴菲特和芒格的书，发现越了解巴菲特，越理解他的伟大和平凡，以及他对价值投资这种理念的坚持。

2020 年 6 月大盘暴涨，大家很纠结，重仓的人怕下跌，空仓的人怕踏空，纠结到底要不要追涨，然后去网上搜罗各种预测后市的文章，试图找到一丝安慰。**但是，做投资如果依靠预测，最终的结果都只有一个，那就是：亏钱！**

为什么呢？因为没有人能够长期成功地准确预测后市，在 10 次预测中，9 次成功，只要 1 次失败，很可能就前功尽弃。

而真正伟大的价值投资者，从不预测后市，坚持遵循客观规律的常识，无论市场怎么波动，他们都对自己的投资原则坚信不疑。而不像我们大多数人，自己的情绪和对市场的看法总是随着 K 线波动，市场涨了，乐观得要命；市场跌了，又悲观得要命，最后结局就很不好！

那么我们如何做到面对市场的波动波澜不惊呢？唯一的办法就是学习伟大的价值投资者遵循的常识：**价格围绕价值波动。只要你相信这个常识，并且落实到行动上去，你就不会被市场左右情绪。**比如一家公司在你经过充分的了解后，认定它值 1000 亿元，但是现在市场价格还是 800 亿元，那么你就安心持有。如果它现在的市场价格只有 500 亿元，那么你应该继续买入，没什么可怕的，不用去管现在的大盘涨了多少，跌了多少，更不用去关心未来涨到哪儿，跌到哪儿。你要做的就是不断提升自己的认知，对公司进行准确估值。**如果一家公司已经被严重高估，那么应该果断卖出，去买入其他更安全的、潜在收益率更高的公司。**这样你会永远在低风险的区域赚钱，无论市场怎么波动，你始终可以获得长期稳定的收益，资产通过复利的力量节节攀高。

讲到这里，很多人可能要说了，我无法判断一家公司贵还是便宜，那么除了继续学习提高自己的能力外，没有别的出路。除非你不买公司的股票，直接买指数基金，因为指数不需要你判断是否会倒闭，生意模式好不好。只要你相信人类的未来会更好，那么就可以直接买入，长期持有，有钱就买。那么什么时候卖出指数基金呢？

一个方法是当你的投资收益在短期内（比如 6 个月内）翻番的时候可以考虑卖出；另外一个办法是当市场火热的时候，比如人人都在谈论股票，市场普涨，整体市盈率达到或接近历史高点时，也可以考虑卖出。除此之外，都要安心持有，有钱就买入，而不用天天去盯着大盘每时每刻的波动，那样除了扰乱你的心智，误导你的操作，没有任何好处！也不用去看很多乱七八糟的文章，只要安心淡定地判断自己买入的公司是否高估就可以了！
还是那句话：相信价格围绕价值波动的常识！

除了上面的价值和价格关系的常识分享之外，我还特别想跟大家分享一段我从一本主要讲述巴菲特影响力的书上看到的内容。这本书讲的是早期从 1957 年开始投资巴菲特的公司的几位奥马哈人都发了大财，现在他们的身价都已经超过 1 亿美元，而早期的投资额只有 1 万美元左右，按照通货膨胀率计算，大约相当于现在的 7 万美元，当时那些钱也不是他们的所有家产，只是他们出于信任，拿出一部分资产来投资到巴菲特的公司里面。这本书的作者采访了一位老人，老人说，他一生中最重要的两个人就是他的妻子和巴菲特，至于哪个更重要，他无法排序。可见他对巴菲特的评价之高！另外，他还说："自从 1957 年投资了巴菲特的公司后，我的三个孩子和孙辈都是依靠这笔投资的收益被抚养长大的，1960 年以后我从未为钱工作过，我的孩子们也一样。"所以现在如果拥有 7 万元财产的人去做价值投资，他的家族可能就从此不会缺钱了，即使没有那么多资产投入，通过价值投资也能改善一个人的生活，这就是复利的神奇力量。不要每天只想着一夜暴富，更不要认为钱太少无法做价值投资，就想以小博大。

我们再看看巴菲特投资过的公司（见表 1-1），很多持有了几十年的股票，最高的涨幅也就 54 倍，一般涨幅都只有 10 倍左右，其实并没有大家想象中那么多上涨几百倍的公司，这些公司的回报不算很好，但也不算很差。这样的公司在我们的 A 股市场里其实也很多，可以说，我们拾个点公众号分析过的价值股公司，90% 的收益率都超过巴菲特投资的公司，而且未来他们还将继续超越巴菲特投资的公司。因为当前的中国经济还有很大的成长空间。我们处于很好的价值投资阶段，感谢这个时代！

表 1-1 巴菲特买入公司的估值逻辑

买入年份	公司名称	行业	类型	买入市盈率	买入市净率	年复合收益率	ROE	盈利情况
1958年	桑伯恩	地图	烟蒂股	47倍（注）	0.5倍			折分重组，收益丰厚
1961年	登普斯特	农机制造	烟蒂股	公司亏损	0.63倍			折分重组，收益丰厚
1964年	美国运通	信用卡	优质股	14.2倍		12%		至今持有，收益丰厚
1965年	伯克希尔	纺织	烟蒂股	6.6倍	0.8倍			至今持有，收益丰厚
1967年	国民保险公司	保险	优质股	5.4倍			20%	至今持有，收益丰厚
1972年	喜诗糖果	食品	优质股	11.9倍	3.1倍	16%	26%	至今持有，到2007年收益率达54倍
1973年	华盛顿邮报	报纸	优质股	10.9倍		11%	18%	到1990年，17年收益率达34倍
1976年	CEICO保险	保险	优质股		5倍	22%		至今持有，复合收益率22%
1983年	内布拉斯加家具城	家具	优质股	8.5倍	0.8倍	23%		收益丰厚
1985年	大都会	传媒	优质股	14.4倍		23%	26%	收益丰厚
1986年	斯科特特吸尘器	家电	优质股	7.8倍	1.8倍		23%	至2000年分红10亿

（续表）

买入年份	公司名称	行业	类型	买入市盈率	买入市净率	年复合收益率	ROE	盈利情况
1987年	所罗门	金融	优质股	9%利息	可转换优先股	6.60%		以9%复利持有10年
1988年	可口可乐	饮料	优质股	13.7倍	4.5倍	12%	55%	至今持有，到1998年收益率达9倍
1988年	房利美	金融证券	普通股	8倍		24%	23%	到1999年11年收益率达10倍
1989年	美国航空	航空	普通股	9.25%利息	可转换优先股	6.60%		以9%复利持有10年
1990年	富国银行	金融	普通股	6倍	1.1倍	25%	24%	至今持有，1990年到2000年收益率为10倍
1991年	吉列刀片	日用品	优质股	23倍（注）		16%		持有优先股转换，持有13年收益率为7倍
1991年	M&T银行	金融	普通股	7.8倍	1倍	13.70%	12.50%	至今持有，到2006年15年收益率为7倍
1993年	德克斯特	鞋业	普通	16倍	1.9倍			亏损，用伯克希尔换股，亏损严重
1999年	中美能源	能源	优质股	13.5倍	1倍	17%	20%	到2012年收益率为7倍

（续表）

买入年份	公司名称	行业	类型	买入市盈率	买入市净率	年复合收益率	ROE	盈利情况
2000年	穆迪	评级机构	优质股	19倍				收益丰厚
2003年	中石油	能源	普通股	5倍	1倍	4%	16.30%	持有5年，收益率为7.3倍（巴菲特后悔买少了）
2005年	沃尔玛	连锁零售	优质股	20倍	3.3倍		22%	收益丰厚
2006年	合众银行	银行	普通股	12.5倍	2.9倍		23%	收益丰厚
2006年	乐购	连锁零售	普通	66倍	2.5倍			亏损严重
2007年	康菲石油	能源	普通	6.8倍	0.95倍		21.50%	亏损严重
2008年	比亚迪	电动汽车	优质股	10.2倍	1.53倍		16.60%	至今持有，收益丰厚
2008年	高盛	金融证券	优质股	10%利息	可转换优先股	10.25%		金融危机时，巴菲特特救助高盛，收益丰厚
2011年	IBM	信息软件	优质股	13.5倍	8.5倍		69%	失败的投资
2011年	达维尔医疗	肾透医疗	优质股	17倍	3.2倍		17.70%	至今持有，收益丰厚
2011年	direcTV	信息节目	优质股	15倍	2.6倍			至今持有
2011年	迪尔	农机	优质股	11倍	3.7倍		37%	至今持有
2016年	苹果公司	电子硬件	优质股	14.66倍	4.56倍		31%	至今持有，收益丰厚

精选留言

十点:

买入优质的资产后只要安心工作,安心生活,股价最好再跌一些,可以持续低成本买入。当别人都抛弃优质资产,追寻热点"发财"的时候,恰恰是我们要耐住寂寞,占尽便宜的时候!

甜茶:

我买了科技行业和消费行业的价值股,打算一直持有,做T。同时长期持有芯片题材基金,和其他的一些科技股票基金。对股市长线看多,老师还有其他的一些标的推荐吗?

十点:

长期看多,但是创业板再疯狂下去,长期的"长"要缩短了。还有做T想想就好,长期看并没有多少好处,关键这会浪费你本该去做本职工作的时间,所以还是得不偿失!

什么样的投资让你稳赚不赔

面对暴跌,如果你觉得很高兴,那么恭喜你已经成为真正的价值投资者,如果你还是闷闷不乐,即使之前口口声声说自己要做价值投资,那么你还不是真正的价值投资者。

为什么这么说?因为价值投资者买入的是自己理解的公司,

知道它值多少钱，不会太在意当前市值涨跌多少，只在意这个公司值不值得拥有，价值投资者在意的是这个公司长期能够给自己带来多少确定性的收益，什么价位买入是值得的，如果在值得的价位买入后，股价又下跌了，那么等于理想的价格"打折"了，他当然高兴。但是诚如巴菲特所说："人们很喜欢商品打折，唯独不喜欢股价打折。"

为什么会有这种心理呢？原因是人们总是希望自己的股票买在最低位，卖在最高位。希望别人买在最高位，卖在最低位。然后自己每次都能够赚钱。结果呢？自己总是买在最高位，卖在最低位！所以不高兴。

你凭什么可以做到你所期望的那样？凭借你的智慧，还是你的能力？我可以很明确地告诉你，市场上还没有人能做到每次都准确地高抛低吸，要做到高抛低吸比登天还难，所以要趁早放弃这样的想法，否则你会一直很痛苦，因为永远无法达到期望的那样，自然就会感到痛苦。

如果你能面对现实，调整操作思路，降低预期，走上正确的投资道路，慢慢地，你自然而然就能赚到钱，而且很快乐。你要想到世界最厉害的"股神"巴菲特的年化收益率只做到了20%，股神一年只做了两个涨停，难道你要超过股神？

对绝大多数散户来说，当务之急不是赚多少钱，而是如何少亏钱，把本金先保住，再考虑增值。其实要保住本金真的不难，我们总是习惯性地把投资复杂化，认为在股市里就应该学习更多的技术分析方法。其实这是一个误区，好的技术分析需要严格的执行力，这个定力需要天赋，拥有这个天赋的人，100个散户里面不会超过 1 个，这也是我这几年让大家放弃短线的原因。

但是如果大家做价值投资，几乎可以做到 100% 赚钱。大家可能不信，比如我们刚才说到的如何保本的问题，你不用学任何关于股票的知识，只要定时定期投资指数基金，任何宽基指数的基金都可以，你就可以获得非常确定的收益。给大家看一个巴菲特的老师格雷厄姆统计的数据，见表 1-2。

表 1-2 中美国排名前 10 的共同基金 10 年的平均总业绩是105.8%，而标准普尔综合指数的业绩是 104.7%，在 10 年时间中，你付出了高昂的管理费给基金公司，请了全世界最牛的基金经理管理，却只收获了超过指数 1.1 个百分点的回报。

你买入的还真不一定是好的那几只基金，如果你买入了业绩最低的那些基金，那么收益就会远远低于指数。这是美国几十万只基金当中排名前 10 的基金，可以说顶尖的基金经理，在团队化操作的情况下也只勉强跑赢指数。

所以通过自己操作股票，跑赢大盘的难度是可想而知的。事实证明，绝大多数人如果以 10 年为单位来计算，自己做股票的结果都是负收益，所以你要解决的问题是先不亏钱。

我们再来看 A 股，以沪市的沪深 300ETF（510300）为例，从 2012 年 12 月 31 日到 2019 年 12 月 31 日，8 年的累计回报是75.81%，具体见图 1-16 的年线图。

表 1-2 美国排名前十的共同基金数据

	5 年 （1961—1965 年） （均为正数，%）	5 年 （1966—1970 年） （%）	10 年 （1961—1970 年） （均为正数，%）	1969 年 （%）	1970 年 （%）	1970 年 12 月的净资产 （百万美元）
Affiliated Fund	71	+19.7	105.3	−14.3	+2.2	1600
Dreyfus	97	+18.7	135.4	−11.9	−6.4	2232
Fidelity Fund	79	+31.8	137.1	−7.4	+2.2	819
Fundament Inv.	79	+1.0	81.3	−12.7	−5.8	1054
Invest.Co.of Am.	82	+37.9	152.2	−10.6	+2.3	1168
Investors Stock Fund	54	+5.6	63.5	−80.0	−7.2	2227
Mass.Inv.Trust	18	+16.2	44.2	−4.0	+0.6	1956
National Investors	61	+31.7	112.2	+4.0	−9.1	747
Putnam Growth	62	+22.3	104.0	−13.3	−3.8	648
United Accum.	74	−2.0	72.7	−10.3	−2.9	1141
平均	72	18.3	105.8	−8.9	−2.2	13 628（合计）
标准普尔综合指数	77	+16.1	104.7	−8.3	+3.5	
道琼斯工业平均指数	78	+2.9	83.0	−11.6	+8.7	

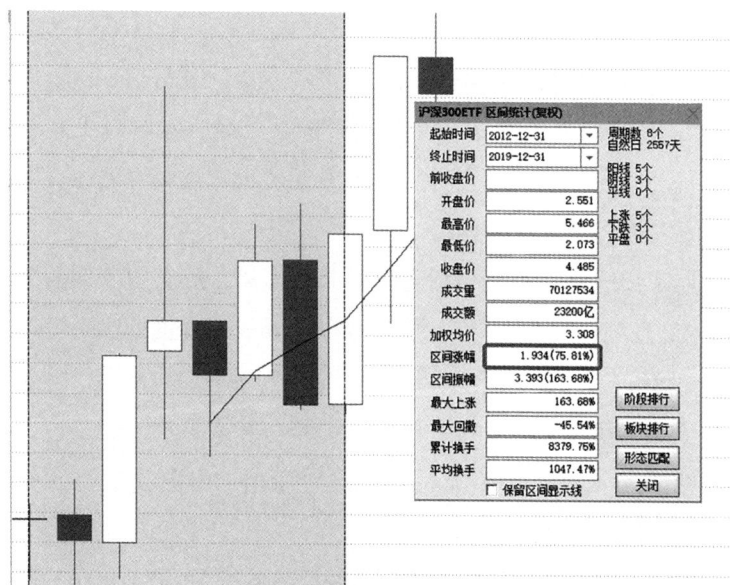

图 1-16 沪市的沪深 300ETF（510300）区间涨幅
（2012 年 12 月 31 日—2019 年 12 月 31 日）

有些人可能看不起这个 8 年累计 75.81% 的收益率，平均年化收益率大概是 7.3%，也就是你如果在 2012 年 12 月 31 日全额买入沪市的沪深 300ETF（510300），到 2019 年 12 月 31 日，你的收益率是 75.81%，注意是正收益，大家在这 8 年谁做到了这个业绩？请扪心自问。

很多人还没解决巨亏的问题，就想超过指数的业绩，那真的是痴心妄想！虽然这个年化收益率只有 7.3%，但几乎是稳赚不赔，确定性很高，只是期间的波动会让你很难受，如果你选择不看盘，或者每年看一次，那么你依然可以快快乐乐地工作和生活。

而银行理财产品的投资对象没那么分散，绝对风险会高很多，当然总体风险也可控，只是相比较而言，宽基指数基金风险更低。定投宽基指数基金可以让大家以更低风险取得更好的收益，而且也不用花太多精力，为什么还舍近求远呢？因为有些人心中还是有一颗想暴富的心。

如果你能够稳稳当当持有指数基金十年，那么说明你的定力和心态已经发生根本转变，然后可以去寻找一些价值股来尝试做长期投资，慢慢你就会取得不错的投资业绩。解决了亏损问题后，大家才可以开始尝试去赚钱，一步一步来，这才是正道，一定要舍弃想要一下子暴富的心态。正所谓：慢就是快，欲速则不达。

我们再来看 5 只确定性比较高的价值股近 10 年（2010—2019 年）的收益情况如何。

1. 贵州茅台

贵州茅台 9 年的累计收益率为 852.28%（见图 1-17），差不多 10 倍收益率。为什么说贵州茅台的确定性很高呢？因为贵州茅台上市 19 年来，任何时候买入，以 10 年为一个单位计算，都能赚钱，也就是说投资赚钱的确定性是 100% 的，而且公司在经营历史上从未出现过亏损。

如果你不幸在 2007 年的大牛市顶端买入了贵州茅台，持有到现在（2020 年）的收益率是多少呢？大约是 11 倍，也就是 1100%，惊人吧？事实就是这样的，收益率远超指数，风险也不高，赚钱概率 100%。

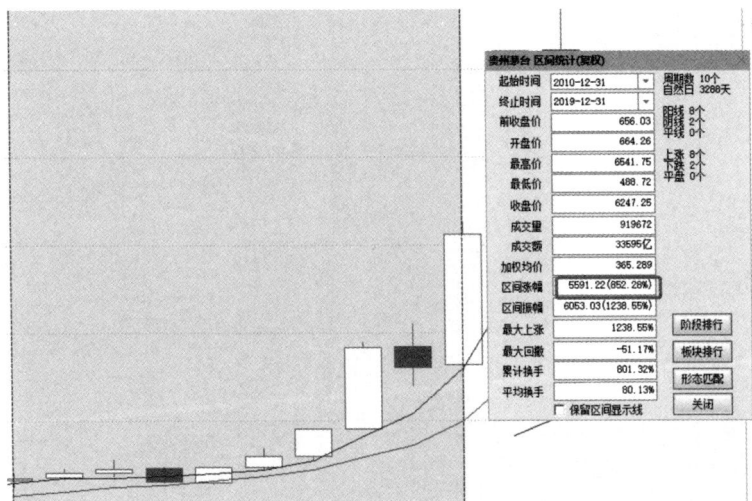

图 1-17　贵州茅台区间涨幅（2010 年 12 月 31 日—2019 年 12 月 31 日）

但是期间的波动你可能也吃不消，因为在 2007 年的最高价买入后，你可能要经历 2008 年的暴跌、2015 年的暴跌，尤其是 2008 年贵州茅台也跌了 60%，也就是你要被深套 60%，如果你投进去 10 万元，当时浮亏 6 万元，你可能非常痛苦。而且之后连续 4 年依然是亏钱，好不容易熬到 2012 年解套，白酒行业又遇到了困境，前景一片黑暗。贵州茅台在 2013 年继续大跌，在买入的第七年年末，你还亏损 40% 左右，你能熬得住吗？

如果你理解了贵州茅台这家公司，了解了白酒文化及这个品牌的竞争力，你就不会那么慌了。

2. 上海机场

上海机场 9 年的累计收益率是 352.07%（见图 1-18），平均年化收益率为 16%。

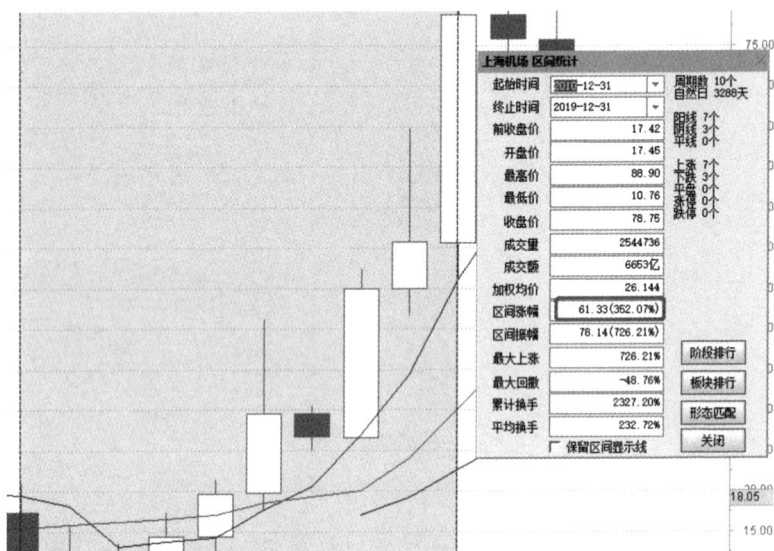

图 1-18　上海机场区间涨幅（2010 年 12 月 31 日—2019 年 12 月 31 日）

如果你是 2007 年在最高位买入的，到 2020 年是亏还是赚？答案是：赚，赚 98%，接近翻番。

请问大家，2007 年到 2020 年有多少人有翻番的收益率？如果大家相信价值投资，最不幸的那位长期持有者收益也是翻番。

如果在历史底部区域买入，到 2020 年的收益率是 6 倍以上，这我们就不去提了。

有人认为这是挑业绩好的区间收益率来说的，没有代表性，那么我再往前推进 9 年，从 2001 年到 2010 年，情况又是如何呢？答案是：365.66% 的收益率（见图 1-19）。

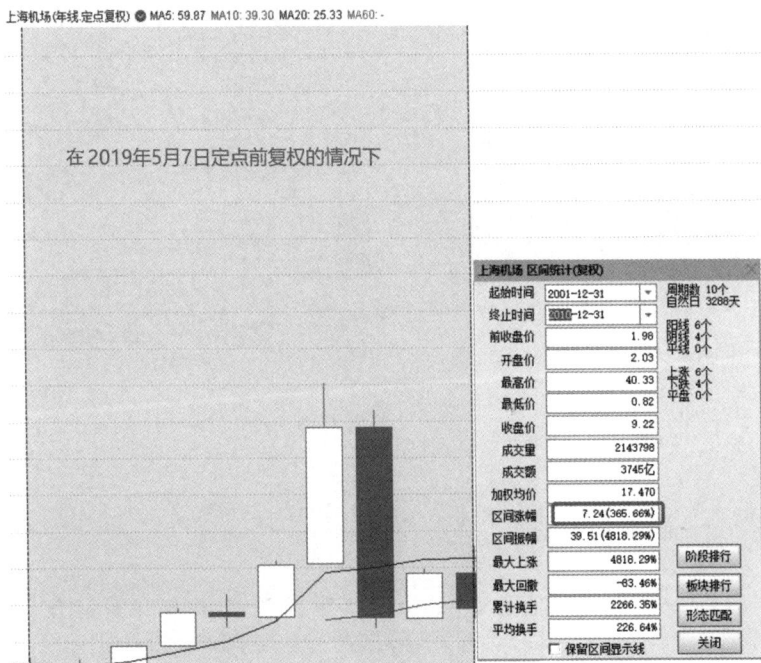

上海机场(年线 定点前复权) ● MA5: 59.87 MA10: 39.30 MA20: 25.33 MA60: -

在2019年5月7日定点前复权的情况下

图 1-19 上海机场区间涨幅（2001 年 12 月 31 日—2010 年 12 月 31 日）

如果 2019 年的价格你嫌贵，在 2010 时，从 2001 年的 2.03 元涨到了 9.22 元，到 2019 年又涨到了 66.9 元。

3. 格力电器

格力电器 9 年的累计收益率是 2598.77%（见图 1-20），达到了惊人的 25 倍多。

再往前看，2001 年到 2010 年的累计收益率是多少呢？答案是 1506.48%（见图 1-21），惊人的 15 倍。

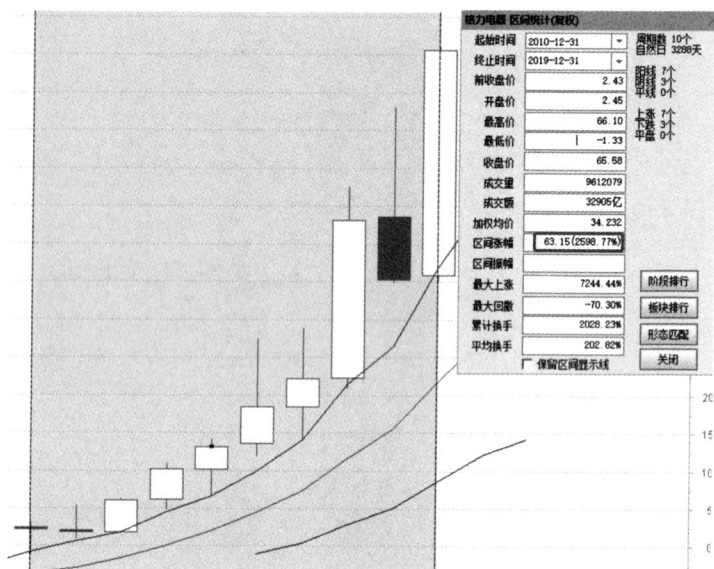

图 1-20　格力电器区间涨幅（2010 年 12 月 31 日—2019 年 12 月 31 日）

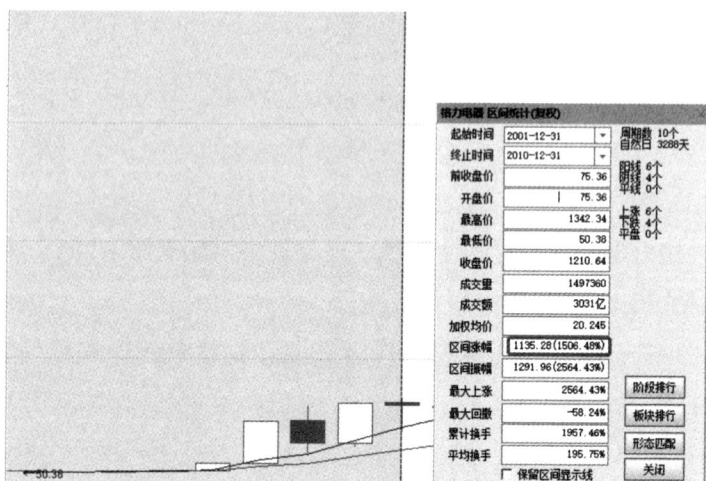

图 1-21　格力电器区间涨幅（2001 年 12 月 31 日—2010 年 12 月 31 日）

4. 海天味业

海天味业约4年半时间的累计收益率为318.78%（见图1-22），根据我对海天味业的全面分析，它很有可能成为调味料业的"贵州茅台"，中国人对酱油的消费习惯改不掉，那么它就一直可以卖。

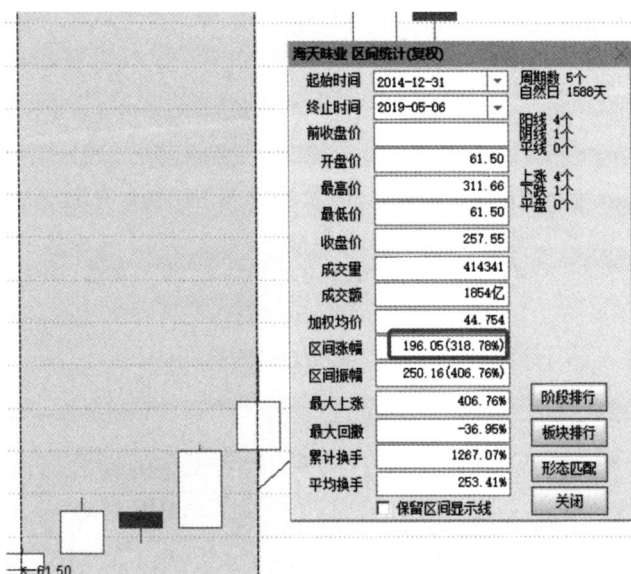

图 1-22　海天味业区间涨幅（2014 年 12 月 31 日—2019 年 5 月 6 日）

食品的唯一风险就是安全问题，所以海天味业是我们今天分析的几个价值股里确定性最低的，但也是价值股中的佼佼者。

5. 伊利股份

伊利股份 9 年的总收益率是 681%（见图 1-23），也就是 6 倍多。

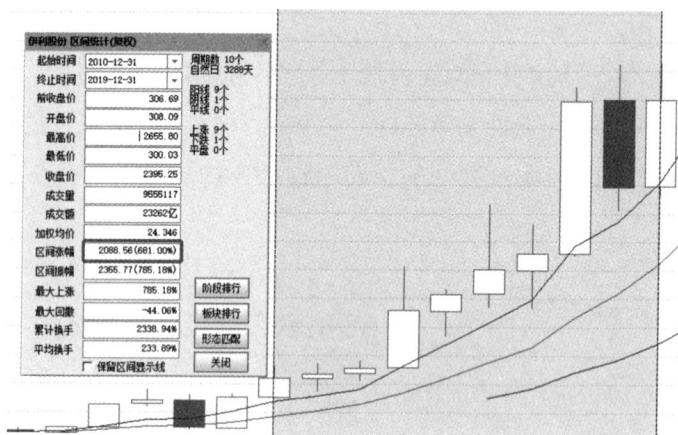

图 1-23　伊利股份区间涨幅（2010 年 12 月 31 日—2019 年 12 月 31 日）

伊利股份在 2001—2010 年的总收益率是 488.34%（见图 1-24），也就是 4 倍多。

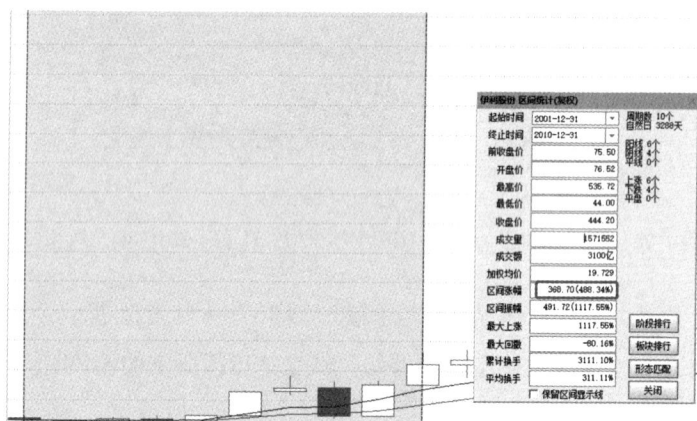

图 1-24　伊利股份区间涨幅（2001 年 12 月 31 日—2010 年 12 月 31 日）

以上我全面讲解了从基金定投到长期持有价值股的方法，一切都以事实和数据说话，这也从另外一个侧面反映出：无论世界格局、宏观经济如何变化，只要公司本身的本质没有改变，就可以给你带来丰厚的回报。所以巴菲特也经常说，我们买入好公司的股票不用总盯着宏观经济，更不用天天看新闻。这些都是徒劳的，只有买入一些确定性高的公司，才有你期待的未来，否则只会往股市里面白送钱。

价值投资的核心理念就是：买入确定性高的公司，然后坚定长期持有。不用去在意二级市场的波动，因为那跟你已经无关。

我们打个比方，就像你买入了一家饭店做投资，你肯定关心的是这家店每个月、每年能给你赚多少钱，而不是天天想着现在可以按什么价格来卖掉这个饭店；你也不会因为没人报买入价，或有人随便喊了一个价格，比如1万元，而你买入的时候花了10万元，然后就很痛苦，认为自己亏了90%，因此茶不思、饭不想。

你真正要关心的是这个饭店一年能给你赚多少钱，如果利润可观，那么应该长久持有。这个例子大家肯定能够理解，为什么把饭店变成股票大家就不能理解了呢？所以大家买入价值股后，可以安心拿着赚钱，不要去想着卖出。

买入真正好的公司以后，就如巴菲特说的那样，最好股市被关掉，或者一年只开市一次，天天开市交易就会干扰很多人的情绪。

真正的价值投资者，会分开两个方面来看问题：

1. 持仓的浮亏；

2. 新加的投资。

举例来说，如果你有 10 万元要投资到股市中，已经投入 5 万元买入了 1 万股，也就是 5 元一股，但是这个公司的内在价值应该是 8 元一股，所以市场迟早会涨回到 8 元以上，而且公司盈利持续稳定，长期看股价还会更高。

所以即使股价下跌，价值投资者也会非常高兴，因为他还有 5 万元要投资。假如股价下跌到 2.5 元一股，原有的投资浮亏了 2.5 万元，但不用去理会这些。

让价值投资者感到非常高兴的是，用同样的 5 万元，现在可以买到 2 万股，这样 10 万元总共买入了 3 万股，如果有一天涨到 8 元一股，那么这 10 万元本金就变成了 24 万元。

只要一个公司的未来能够让人感到确定，那么，暂时的股价下跌就没什么好担心的，相反应该为之感到高兴。

最后，我再给大家总结一下。

1. 寻找确定性高的公司或基金。

2. 长期持有，等待时间给你回报。

做到以上两点，你亏钱的问题一定能解决，剩下的就是赚多赚少的问题了。如果你想赚更多，那么就要不断学习价值投资的理念，不断说服自己放弃更多的"发财机会"，安心长期持有确定性很高的价值股。

如果你没有一定的价值投资知识，那么只能无知地被市场上那些努力不断学习的"聪明资金"收割，你连还手的机会都没有，甚至连对手在哪儿都找不到，无论你的钱赚来有多辛苦，市场就是这么残酷无情，要么你永远离开市场，否则就得让自己也变成"聪明资金"！学习，学习，还是学习！学习的目的是让自己有足够的判断力放弃更多"发财机会",去抓住真正属于自己的机会,方向对了,你的投资道路应该是轻松和快乐的!

精选留言

独孤前行:

我说我现在就盼着暴跌,同事都说我疯了,可是我的账户不会骗人,虽然从不暴涨,但是一直在缓慢地稳步上行,心态浮躁时就再看看您过往的文章,我持的股都是价值股,自从转型价值投资以来,天天乐呵呵的。

十点:

你是活脱脱的践行者,继续加油!

为什么只有买入价值股才能赚钱

有人认为买入概念股可以赚几十倍,天天涨停。如果你抱着这样的心理入市,我真心劝你直接去买彩票。那么,买入概念股短期暴涨的概率是多少呢?我统计了一下,2020 年 1 月—2020年 6 月,涨幅超过 500% 的公司清单见表 1-3,整个 A 股市场3865 只股票里面只有 7 只,概率大约是 0.18%。

表1-3   2020年1月—2020年6月涨幅超过500%公司

▼	代码	名称	·	涨幅%	现价	税后利润(亿)	年初至今(%)↓
1	603290	XD斯达半	N	4.03	153.70	0.27	1108.48
2	603392	万泰生物	N	10.00	84.82	0.71	869.37
3	688126	沪硅产业	K	8.96	33.56	-0.55	762.72
4	603719	良品铺子	N	4.93	81.09	0.91	581.43
5	300831	派瑞股份	N	2.13	26.88	-0.04	575.38
6	688365	光云科技	K	11.60	71.97	0.17	566.39
7	603893	瑞芯微	N	3.86	62.73	0.32	548.04

　　问题的关键是，这7只股票清一色都是刚上市的新股，大部分都根本没有机会买入，直接一字涨停到几倍了。我看了一下，只有沪硅产业（688126）和光云科技（688365）才有买入的机会，可惜这两只股票是科创板股票，我们一般散户都没有权限交易，所以等于没有机会了。**也就是说，你希望通过买入一只普通股票实现暴富的概率几乎为0，而长期来看买入那些新股不但没有机会暴富，几年后也极可能是亏钱的。**因为这些新股完全没有经过市场考验，作为普通公司经营的历史不能代表作为上市公司经营的历史。因为公司一旦上市，很多事情都要公开了，公司本身的商业模式能否经得住考验，能否可持续，这些都需要时间去验证，所以作为价值投资者的我们，新上市的公司根本不应该在我们的考察范围内。

　　对照价值股的十大标准，如果一只股票90%都不能不满足，那基本算不上价值股，未来可投资的价值也无从谈起。靠一个概念或者一个所谓的重组动作来革命性地改变一家公司的经营业绩，概率极低。即使有重组成功的公司，也不能代表你能购买到这样的公司，但是一般如一家公司在前20年是好公司，那么后

20 年继续是好公司的概率也是极大的。虽然出现过像诺基亚、柯达等被时代淘汰的好公司，但是不会影响大部分好公司的长期表现。普通散户买入这些长期表现很好的、人人皆知的白马股，几乎没什么亏钱的风险，只要你持有的时间足够长，在任何时间买入都是赚钱的。

而那些没有业绩支撑，靠概念生存的公司，经过一二十年经济周期的洗礼，不是 ST 了，就是退市了。要么股价长期下跌，你持有一二十年可能还是亏钱，甚至亏损 90% 以上，大家可以随便去找几个前期涨得很好但没有业绩的个股去一一分析。所以最后的结论就是：当你没有能力去辨别和挖掘被低估的普通公司的时候，你就买入人尽皆知的白马价值股，这是你通过自己操作股票，能在股市赚钱的唯一途径，没有别的出路！

人人都能致富的投资方法

提到专业投资，很多人都觉得只有高学历、高智商的人才能做。但是，实际情况并不是这样的，很多高学历、高智商的人做投资未必有优势。比如牛顿就亏得一塌糊涂。

牛顿的智商很高，但财商貌似不太高。如前文所述，他平生唯一一次投资股票的经历，与亏损累累的大多数中国股民一样。1720 年，英国南海公司股票开始大涨，牛顿就把自己的 7000 英镑投了进去，仅过了两个月，就翻了一番。在当时，这笔钱是他年薪的 3 至 5 倍。但是，赚了钱的牛顿很快就后悔了，因为南海公司股票还在不停地涨，那个时候，谁要是不买点南海公司股票，都不好意思跟人打招呼。在当时，南海公司股票是谈资与时尚，妇女们卖掉自己的首饰来购买股票。当年 7 月，南海公司的股票涨到 1000 英镑一股，涨了 8 倍，这时牛顿终于忍不住了，加大资金买入，可惜的是，1000 英镑也是这个股票的最高价，南海公司本来就是炒起来的一个大泡泡，总会有爆掉的时候，到当年 12 月，股价仅剩 125 英镑一股，又回到起点，牛顿损失了 20 000 英镑，相当于他 10 年的年薪。大痛之下的牛顿说了一句传世名言："我能计算出天体运行的轨迹，却难以预料到人们的疯狂。"

相反，爱因斯坦在这方面比牛顿明智，一是他只是用一些闲钱去投资；二是他没有亲自去研究，而是请了专业顾问投资，而且做长线投资，持有了好多年。这位天才科学家当年买的是美国五月百货公司的股票，投入几千美元，6 年时间赚了几十倍。

以上两位都是极端聪明的人，做了两种不同的选择，结果一个巨亏，一个巨赚，这与智商无关，关键在于如何找到正确的路径。我再讲三个人的经历，这三个人是当年格雷厄姆·纽曼公司的三个普通职员，先后都成了投资大师。

格雷厄姆·纽曼公司由格雷厄姆和纽曼两个人于 1926 年合伙投资组建，公司规模不大，所以只雇了三名员工。

第一位是沃尔特·施洛斯，他于 1916 年出生，比巴菲特年长 14 岁。施洛斯的投资业绩其实比巴菲特还好，47 年的投资生涯，年化收益率做到 20.1%，而巴菲特是 55 年，年化收益率 18.9%。施洛斯没有上过大学，只有中学学历。当年上过格雷厄姆的夜大培训班，所以也算是格雷厄姆的学生，后来也给格雷厄姆打工，跟巴菲特是同事，也算得到过格雷厄姆的真传，一直坚持投"烟蒂公司"，所以规模做不大。到他 2002 年退休的时候，公司规模才 1.3 亿美元，年年大比例分红，刻意把基金规模控制得很小，总共大概只有十多名客户，施洛斯帮他们管了一辈子钱。

　　大家看表 1-4，沃尔特·施洛斯的投资业绩真的非常稳，这是价值投资者的最大特点。表中罗列了他 28 年的年度投资业绩，只有 5 个年度是亏损的，而且亏损额度都在 10% 以内。特别是很多标准普尔 500 指数大亏的年份，沃尔特·施洛斯还实现了正收益，真的非常优秀。而这一切成绩出自一个只有高中学历的普通人，他在才华方面并不出众，只是坚持了格雷厄姆的"烟蒂投资"理论，用一辈子去坚守，没有改变。

表 1-4　沃尔特·施洛斯 1956—1984 年的投资收益

年份	标准普尔 500 指数收益率（%）	沃尔特·施洛斯的收益率（%）
1956	7.5	6.8
1957	−105	→−4.7
1958	42.1	54.6
1959	12.7	23.3
1960	−1.6	9.3
1961	26.4	28.8
1962	−10.2	11.1
1963	23.3	20.1

（续表）

年份	标准普尔 500 指数收益率（%）	沃尔特·施洛斯的收益率（%）
1964	16.5	22.8
1965	13.1	35.7
1966	−10.4	0.7
1967	26.8	34.4
1968	10.6	35.5
1969	−7.5	→−9.0
1970	2.4	→−8.2
1971	14.9	28.3
1972	19.8	15.5
1973	−14.8	→−8.0
1974	−26.6	→−6.2
1975	36.9	52.2
1976	22.4	39.2
1977	−8.6	34.4
1978	7.0	48.8
1979	17.6	39.7
1980	32.1	31.1
1981	6.7	24.5
1982	20.2	32.1
1983	22.8	51.2
1984 一季度	2.3	1.1

　　第二位是海滩巡逻员——汤姆·科拿普（Tom Knapp）。第二次世界大战前，他是普林斯顿大学化学专业的学生，战争结束

后，他退伍回国后终日在海滩上游荡。有一天，他得知大卫·多德将在哥伦比亚大学开设夜间投资课程，便以无学分方式选修了这门课程。他很快对投资产生了浓厚的兴趣，以至于正式注册进入哥伦比亚商学院学习，后来他获得了 MBA 学位。35 年后，汤姆仍然在海滩上游荡，唯一的不同是，他现在拥有了整片海滩！他的投资业绩见表 1-5。

表 1-5 汤姆·科拿普 1968—1983 年的投资收益

年份	道琼斯指数收益率（%）	标准普尔 500 指数收益率（%）	汤姆·科拿普的收益率（%）
1968（月以后）	6.0	8.8	27.6
1969	−9.5	−6.2	12.7
1970	−2.5	−6.1	−1.3
1971	20.7	20.4	20.9
1972	11.0	15.5	14.6
1973	2.9	1.0	8.3
1974	−31.8	−38.1	1.5
1975	36.9	37.8	28.8
1976	29.6	30.1	40.2
1977	−9.9	−4.0	23.4
1978	8.3	11.9	41.0
1979	7.9	12.7	25.5
1980	13.0	21.1	21.4
1981	−3.3	2.7	14.4
1982	12.5	10.1	10.2
1983	44.5	44.3	35.0

　　表中统计了汤姆·科拿普15年的投资业绩，只有1970年一个年度是亏损的，真的稳如泰山，可见他风险控制做得相当出色。汤姆·科拿普虽然是名校毕业，本来可以成为一个金领打工者，但选择做价值投资后，他成了出类拔萃的人物，不仅仅是富翁，更是一个时间自由的人生赢家！

　　第三位是巴菲特。当初巴菲特可以说是"死乞白赖"地要到格雷厄姆那里打工。因为一开始格雷厄姆没有录用他，但是巴菲特没有放弃，回到奥马哈后，在父亲的安排下，他做了一个证券经纪人。但是他不喜欢做这份工作，用他的话来说，这份工作是"违背内心"的。为什么这么说呢？因为他自己懂股票，所以有些股票他站在自己的角度看是不应该买入的，但是为了拿到佣金，他必须鼓吹用户买入，这是典型的"损人利己"的工作。以巴菲特的人品来说，他从内心肯定不愿意这么做！所以他不断地给格雷厄姆写信，想去他那边工作，甚至愿意免费工作，不要工资。当时的格雷厄姆·纽曼公司规模不大，格雷厄姆怕公司生存不下来，所以建议巴菲特去宝洁这类大公司上班，但是巴菲特非常坚定地要做投资，格雷厄姆也是实在推脱不了学生的请求，何况这是一个优秀的学生，所以后来还是同意了，而且给巴菲特开了1.2万美元/年的高薪。就这样，巴菲特和前面介绍的两位一起成了格雷厄姆·纽曼公司的员工，其实另外还有一名员工是纽曼的儿子，自家人就不算在内了。这样，巴菲特1954年进入公司，到1956年格雷厄姆退休，公司解散，巴菲特在格雷厄姆·纽曼公司工作了两年，就是这两年的工作和学习，造就了以上三位投资大师。

以上三人中，除了巴菲特天资聪明之外，其余两位真的跟你我差不多。只是他们生活在美国，坚持做了价值投资，仅此而已。而现在的中国人口基数就是当时美国的将近 10 倍（1950 年美国总人口 1.5 亿），消费爆发还在后面，所以这个时候我们只要保持乐观，拥抱未来，坚持长期价值投资，哪怕只是买入 A 股的几大宽基指数也会赚得盆满钵满。诚如巴菲特所说："价值投资不需要太高的智商，也不需要太高的学历，只要坚持常识不动摇。"这些常识是指什么呢？比如指数一定会越涨越高、价格围绕价值波动、相信复利的力量、短期股价波动无法预测、不要加杠杆、时间是复利的指数等，你要做的就是用一生去坚守这些常识即可，钱自己会来，而且速度会越来越快！这就是让人人都能致富的投资方法——价值投资，成功率为 99%！而短线投机的成功率只有 0.1%，你会选择哪个呢？

精选留言

卡佳：

老师您好！这一段时间分众传媒震动很大。我是坚定持有者，但还是有点忐忑，问一句不好意思开口的问题，该股没有"黑天鹅"事件吧？

十点：

心里不踏实就卖掉！我能告诉你一次，但无法一直帮你拿主意，而且我的理解未必就是你的理解！

中医药 _Kingchan_ 危：

我长期持有银行股会被笑吗？我觉得作为备用资金，银行股是个挺好的选择呢。

十点：

如果投资是为了让别人表扬你，那么就不应该投资，认定自己选择的正确方法才是出路。

一二三四：

十点老师，请问长期投资创业板指数基金收益怎么样？

十点：

前 10 年年化收益率为 10% 左右，当然是在长期投资的情况下，而不是只持有其中几年，因为有几年是连续下跌的。

第二章

如何选价值股

价值投资

大家在看本节内容之前，可以先问问自己，在投资一家公司的时候，到底在投资它的什么？最后具体看哪些因素？

你有答案了吗？

我先用一句话总结一下：买股票就是买公司，买公司就是买其未来现金流的折现。这里的现金流指的是净现金流，未来指的是公司的整个生命周期。这个折现实际上是相对于投资人的机会成本而言的，最低的机会成本就是无风险回报率，比如银行的定期存款利率。什么是机会成本？机会成本是指为从事某项经营活动而放弃另一项经营活动的收益，或利用一定资源获得某种收入时所放弃的另一种收入。

比如，农民在获得更多土地时，如果选择养猪就不能选择养其他家禽，养猪的机会成本就是放弃养鸡或养鸭等的收益。假设养猪可以获得 9 万元收入，养鸡可以获得 7 万元收入，养鸭可以获得 8 万元收入，那么养猪的机会成本是 8 万元，养鸡的机会成本为 9 万元，养鸭的机会成本也为 9 万元。

还是拿我们做股票来举例。假如你可以选择买入股票和储蓄存款两种投资理财方式，如果你在 2020 年 5 月 1 日用 1 万元买入某只股票，经过一年的操作，到 2021 年 5 月 1 日，投资股票的净收益为 450 元；如果当时你将这 1 万元存入银行，一年期定期储蓄存款的年利率为 2.25%，扣除利息税，则有 180 元的实际利息净收益，这 180 元就是你投资股票而放弃储蓄存款的机会成本。若考虑机会成本，你的实际收益应为 270 元，而不是 450 元。如果到 2021 年 5 月 1 日，你投资股票获得的净收益为 150 元，若考虑机会成本，你实际收益则是亏损 30 元；如果到 2021 年 5 月 1 日，你的投资收益还是亏损的，加上机会成本，那么亏损的就更多了。

其实区分是不是所谓"价值投资"的最重要也许是唯一的关键点就在于你是不是在买公司未来的现金流（的折现）。很多人买股票时的理由都和公司的未来现金流无关，但却和别的因素有关，比如市场怎么看，比如打新股一定赚钱，比如重组的概念。所以所谓的有关投资的说法，实际上都是在讨论如何看懂现金流的问题、如何把事情做对，比如生意模式、护城河、能力圈等。巴菲特认为，投资一家公司最重要的就是看它的生意模式。也就是说你不要去学那么多专业术语，也不要去学那么多财务知识，一切的核心是生意模式。

那什么样的生意才是好生意？

比如贵州茅台的生意模式就是好的，高毛利，低成本，少投入；机场的生意模式也很好，一次性投入后常年收钱，维护成本也不高；而零售就不是一个好生意，竞争激烈，新技术革新，历史上的零售巨头曾一个一个倒下。阿里巴巴其实不是零售企业，它是为零售企业提供推广服务的，其实是一家广告公司，最终还是靠卖广告赚钱，所以成本低，护城河高；京东自营自己做零售，成本高，利润薄，所以后来也开始做平台服务模式，但是它要做平台服务模式得跟阿里巴巴竞争，前途渺茫。有一句通俗的谚语：男怕入错行，女怕嫁错郎！放在投资上也是差不多的道理，如果你投资投错行业，分析得再好也是徒劳的，所以我们要先选择一个自己能看懂的行业，选择一家龙头企业的股票拿住，任凭风吹雨打，胜似闲庭信步！实际上我觉得"护城河"是生意模式中的一部分，好的生意模式往往具有很宽的护城河。好的生意模式往往是未来好的现金流的保障。

再给大家看一下1998年巴菲特和芒格在伯克希尔哈撒韦股东大会上的讲话。

巴菲特说，像可口可乐这么稳健的生意，在全世界都很少见。他说，随着全球居民生活水平的普遍提高，软饮料制造商将从中受益。可口可乐的"心理占有率"非常高，很多消费者对这个品牌情有独钟。芒格说他们会过滤掉短期的"噪音"，他们看的是全局，是10到15年后的前景，"我们对可口可乐很放心"。

巴菲特认为变革招致的威胁大于机遇，他不买那些未来可能大变样的生意。就拿可口可乐来说，它在50多年里都没怎么变。按这种原则去投资，会错过很多大机会，没关系，"我们本来也不知道怎么抓住那些大机会"。

巴菲特说，他能把软饮料行业看得很透彻，但是对软件行业却看不太透，他觉得将来微软未必能胜过可口可乐。他说："与软件相比，我更清楚DQ冰淇淋10年以后的确定性。"芒格补充道，在科技变革中，伯克希尔哈撒韦旗下企业的生意不会被淘汰。

以上巴菲特和芒格的话其实完整地描述了什么是好的生意模式！我们很多人期望从高科技领域中找到一只"黑马"股，将来几倍几百倍地成长。而这些人只看到了那些成功的企业，忘记了或者根本无法知晓倒下的千千万万高科技公司。一句话：一将功成万骨枯。今天的你可能认为巴菲特错过了微软，但是大家要知道，2000 年那波科技股泡沫破裂的时候，至少倒闭了几万家科技企业，你能保证你买到的是成功的企业，而不是倒闭的企业吗？你要知道，你买到成功企业的概率只有万分之几，而失败的概率是 99.999%，这跟买彩票有什么差别？就和我们买基金一样，很多人说主动管理型基金可以跑赢指数基金，结果自己总是买不到跑赢指数基金的产品，因为拉长到 10 年，主动管理型基金跑赢指数的概率只有百分之几，这个么小的概率，你没有买中是太正常的事了。而我们去选择买入宽基指数基金就有 95% 以上的概率获得与指数相似的收益率，确定性那么高的事情，我们每个人都可以做到。

我们再回到什么是好的生意模式这个话题上，像可口可乐公司这样，一个配方卖了 130 多年的生意就是好生意。关键市场还足够大，据说可口可乐现在每秒可以卖出 2 万瓶，每天卖出 1.8 亿瓶。而且人们喝完了还要买，爷爷要喝，孙子也要喝，100 年后的人们还会喝。所以买了可口可乐公司的股票等于买了一个赚钱机器。

有些人会说，可口可乐近 20 年股价没怎么涨，巴菲特为什么不把它卖掉换成别的公司？

首先，我想问："卖掉了可口可乐还能买到其他 100 年都不变的好生意吗？"显然不太可能！有人可能会说："现在的互联网公司就很好。"但我想说："你能保证这些互联网公司 100 年后还存在吗？ 100 年前的高科技公司现在几乎一家都不剩了，科技的进步总是充满革命性的，一家科技公司无法做到永生，起码无法做到像可口可乐公司一样长寿。"

其次，长期的价值投资者考虑的不是股价会不会涨，而是这个生意能否持续带来长期的现金收入。就是我们通常说的：我们做价值投资投的是一家公司生命周期内的未来现金流的折现。可口可乐公司至少 100 年内（一个人的有生之年）每年可以稳稳地给巴菲特带来现金流，这就是他最看重的，股价涨跌无所谓。

打个比方，你投资了隔壁老王的一个面馆，每年都给你稳定分红，而且这是你主要的现金收入，现在有人出价要跟你买这个面馆，你会卖吗？卖了，你就坐吃山空，通货膨胀会让你很快花掉卖面馆的钱。因为你再也找不到这样的投资机会了，老王这个面馆每年的生意都非常稳定。

同样的道理，可口可乐、内布拉斯加家具城、喜诗糖果等现金"奶牛"公司大量的分红收入就是巴菲特源源不断投资新项目的主要收入来源，他怎么可能会卖掉它们呢？所以巴菲特不是"炒股"，他投的是真正的生意，是好生意。

类似可口可乐这样的生意，我们国内就有贵州茅台，而且贵州茅台的毛利率更高，护城河更深。中国人喝白酒已经喝了 5000 年了，未来 100 年会没人喝了吗？几乎不可能。经常有人说，现在年轻人不喝白酒了，那只能说明他们还没到喝白酒的年龄。一般喝酒的人，过了 40 岁，特别是到 50 岁，最终都会喝白酒。而贵州茅台也不需要继续大量投入现金才能增加收入，只要扩大每年的基酒储存量，5 年后收入就会节节攀高。而市场的需求远远没有满足，因为贵州茅台的消费量只占到了白酒总消费量的百分之几，提升空间还很大！关键这个生意也是 100 年都不会改变，这才是真正的好生意。

总是在变化的生意就不是好生意，比如网络游戏公司几年换一波，前几年的网络游戏热，让很多公司一下子业绩暴涨，但这靠的是运气，之后很快就偃旗息鼓了。这些公司的成功不是基于一个不变的生意，而是一个时刻变化的生意，而且是竞争极其惨烈的生意。实质上这个生意是很脆弱的。

另外，像机场、港口、码头等都是好生意，特别是机场，加上高端人流的增值服务更是好生意。港口和码头相对差一些，无法通过人流来赚钱。车站如果能够独立上市应该也是好生意，还有高速公路的休息区如果能独立上市也是好生意，可惜"糟蹋"在高投入低回报的高速公路里面了。电影不是一个好生意，因为它的命运寄托在导演和演员、编剧身上，这些人的成本还很高，还要看他们的脸色和运气，关键能不能火还不知道，要想持续火就更难了。所以电影这个生意很脆弱，难有持续高营收的好公司出现。

还有制药行业，研发一种新药投入很大，几十亿美元投进去，还可能失败或者被仿制，很容易前功尽弃。但是大的药企已经有了模型，每年大量地投入，产生几种可以大卖的新药，就可以维持长久的生意。相反，有些小的药企，只能靠运气，那就不是好生意。

一句话：如果少投入或者不投入，可以把一个生意永久做下去，那么就是好生意；反之，就不是好生意。暴利未必好，暴利势必会引来大量竞争者；如果只有微利，但是规模可以无限扩大，那么依然可以赚大钱。典型的案例就是可口可乐，一罐可乐绝对只有微利，但是一天可以卖出 1.8 亿罐就是个大生意，找到这样的好公司，值得拥有一辈子。

还有就是闯货，单个管家给公司贡献的是微利，因为这活又苦又累还很麻烦，赚钱又少，所以几乎没有跟风者，看似不是好生意。但是闯货如果拥有 100 万名管家，服务全球 20 亿个家庭，那么就是个大生意，一名管家一年给公司贡献 1 万元利润，那就是每年 100 亿元的利润，何况规模效益起来后，可以实现更多业务的拓展。将来闯货会做别人做不好的所有生意，比如理财、旅游度假、教育、保险等。闯货的生意模式最大的好处也是不需要重复投入，通过客人转介绍，多加一个微信号就可以像海底捞一样无限制地"开店"，还不需要店铺成本。极低的运营成本，才能维持低毛利、高成本服务的生意模式。如果像去大平台做电商一样，80% 以上的毛利需要用于买流量才能维持生意，那么势必会失去商品本身的竞争力，更没钱提供优质的高成本服务，而且谁都能复制，只要砸钱就能完成的生意绝对不是好生意。我完全用好公司、好生意的模式标准在管理闯货，它将来一定会成为一家好公司！

最后再说一句，对大家来说最大的机会成本是做不好本职工作，如果你放弃了本职工作，全身心投入到股票短线操作上，最后往往是股票亏钱，本职工作也没做好，这个损失是不可逆的，因为时间和精力都投入进去了。尤其对于中年人来说，再不能把机会压在这种小概率成功的事情上了，早一日放弃，早一日降低人生最大的机会成本。大家不能存在侥幸心理感觉自己能成功，因为有太多人用一二十年去尝试这个事情，最后一事无成，还亏掉血汗钱，亏掉了人生。而现在我们用指数基金定投或者长线价值投资，不但赚钱，还能把本职工作做好，这才是人生赢家。也许你因为做股票而放弃了事业的巨大成功，这个真的不仅仅损失了股票亏损的钱，还要加上你无法取得事业成功的机会成本，还有家庭的幸福、孩子的教育，无法想象这损失得有多大！还是那句话：知道自己的能力圈有多大往往比自己能力圈有多大要重要得多！

精选留言

宁静致远：

今天这些内容让我醍醐灌顶，真的对我很有帮助。买股票不要总指望着一夜暴富，也许有时候确实很幸运买到了龙头股，但这种机会不会常有。

说说我自己，我是刚入市的小白，有幸跟着老师学习，买了一些价值股，收获不错但是不懂得止盈，现在坐了一场过山车白忙一场，但值得庆幸的是，买入的都是价值股，后面一定会涨回去，所以心里有底气，不慌。这就是投机跟投资不同的地方吧。炒短线亏了一般人都是止损出局而不是耐心等待。还有一点，炒短会严重影响到我们的生活状态，心里会急躁和不安，因为这是在赌！至少我自己就曾是这样，每天心里很烦躁，书也看不下去了，工作也没啥精力，这是得不偿失的，如果为了炒股把生活中的乐趣都舍弃了，整天盯在电脑屏幕前看K线，那我宁愿不炒股，至少我还有生活和家庭！老师写的内容让我知道了我是为了什么而进入股市，以后安安心心买价值股就行了，我的要求不高，只要能比银行定期存款的收益高就行了。专心做好自己的本职工作，提升自己的能力才是最重要的！

十点：

市场波动不要紧，波动上来的钱本来就不是你的，你只看几年后总体能赚多少就可以，而不是试图把波动的钱都赚到，那是不现实的！

杨洋：

我2014年入市，到现在亏了20万元，花太多精力和时间在股市上面了，不肯放弃，只能做定投了。

D.N：

最近读了上次活动送的《富爸爸穷爸爸》一书，十点君做的事情，感觉已经和那本书的作者几乎就是同样的水平了，普通人很难达到，所以您推荐大家买指数基金，特别适合我这样的普通人，稳妥投资。

十点：

你也可以做到！

小小磊：

慢就是快，我的投资原则就是，靠有价值的公司替自己赚钱。所有的投资都需要付出时间成本！

十点：

用张磊的话来说，不用管这个公司现在股价多少，要看公司是否在疯狂创造价值，如果正在持续创造价值，那么市场的奖励会很丰厚！

修行的小鱼（海棠）： 我看了十点的文章，根据年线阴阳法，买入了恒生 ETF，同时也买入了一些主动管理型的港股基金，收益很不错。港股基金最高的收益已经到 30%。抛砖引玉，多看多学，感谢！

十点：

你这些收入都是你认知能力的变现，赚到了就是属于你自己的了！

对价值股标准的详细解读

如果到今天你还认为股市是赌场，那么你应该离开这个市场。因为但凡赌场都是"十赌九输"，所以你大概率也是输钱。什么样的心态决定什么样的结局，如果你是准备来赌博的，那么结局就只有输赢，而不是双赢。还有人总觉得市场有庄家，市场赚的就是散户亏的钱，这同样是赌博心态、投机心态，在这个市场留存的时间越长，他们会亏得越多，所以早点离开是这些人最好的选择！

那么，到底这个股市是不是"赌场"？答案是非常确定的：不是！因为中国股市里面有太多优秀的公司，我们赚的就是它们的利润，而且是实实在在的现金。为什么说心态决定结果呢？因为，假如你的心态是赌博，那么你选择的股票一定是没有业绩支持的概念股、消息股。总想让别人做"接盘侠"，而你做"收割者"，结果你的贪婪和恐惧让你成了"接盘侠"！相反，如果你坚定地认为，这个市场就是投资市场，只找那些真正赚钱的公司，长期持有，赚它们的盈利。那么你绝对不会去买只有概念的"垃圾股"，也不会只想要做"投机"的短差，这样亏损自然会远离你。

用总利润上涨的年化涨幅与股价上涨的年化涨幅比较，如果二者基本吻合，这说明涨的是真正的"真金白银"，而不是市场炒作；反之，如果股价大涨，而总利润基本没有增加，甚至减少、亏损，那么就要远离，哪怕现在概念再热，迟早有一天也会现出原形，潮水退去，谁在裸泳就很清楚了。

这里的核心是："大牛股"都出自总利润攀升速度快的股票，二者基本吻合，真正来自市场波动的利润非常少！如果股价和公司利润能够保持同步增长 10 年以上，说明这是一家了不起的未来大牛股！

这里再分享一个段永平先生的价值投资观点，值得大家反复阅读。

对于大多数不太了解生意的人而言，千万不要以为股市是个可以赚快钱的地方。长期来讲，股市上亏钱的人总是多过赚钱的人。想赌运气的人还不如去买彩票，起码自己知道中的机会小，不会下重注。也有人说股市就是赌场，事实上，对把股市当赌市的人们而言，股市确实就是赌场，常赌必输！不要轻易去"扩大"自己的能力圈。搞懂一个生意往往需要很多年，不要因为看到一两个概念就轻易跳进自己不熟悉的领域或地方，不然早晚会栽倒的。用我这个办法投资一生可能会失去无数机会，但至少犯大错的机会会降低很多，虽然仍旧没办法避免犯错。

凡是觉得我写的这点东西有帮助的人都应该多看看巴菲特的思想内容。有人问，如何避免以为自己看懂了实际又看错了的问题，我的个人观点是：错误是不可避免的，但处在自己的能力圈内以及保持专注和用功可以在很大程度减少犯错的可能性。

对 99% 的散户来说，股市赚钱的途径只有一条，那就是定投指数基金，没有其他的途径，大家不要认为股市"一赚二平七亏钱"当中的"一赚"的人占 10%，你们要知道，这是针对所有市场参与者来说的，其中包含了机构投资者和海外投资者，真正落实到普通散户头上的赚钱比例就只有 1%，不信你可以问问自己身边每 10 个炒股的人有没有一个人是赚钱的？而我们当中 99%的人，只要努力工作都能赚到钱，这几乎是肯定的事情，只是赚钱多少的问题。永远记住：资本市场是这个世界上最难赚钱的地方！这不是一句虚话，是一句实话，在股市里面拼杀了 5 年以上的人会 100% 认可这句话。说完这个前提，我再讲本节的话题。

普通散户在资本市场赚钱的第二条途径，就是买入价值股。买价值股只需要分两步就可以了，第一步：选一个好公司；第二步：公司被低估了就买入，长期持有，公司被高估了就卖出。

那么怎样才能判断出公司是好是坏呢？

第一，行业好，也就是生意模式好，比如机场、消费等行业，本身市场足够大，生意模式持续性足够长。

第二，在行业中领先优势明显，特别是行业龙头，占到行业的市场份额比例较高。

第三，经营期足够长，至少有 10 年甚至 20 年以上的经营历史，期间一定会经历过各种宏观经济问题冲击，依然稳定经营，因为较长的经营时间同时代表一家公司能够持续战胜竞争对手，保持稳定的经营。

符合以上 3 个条件，基本已经算是好公司了。但在 A 股几千家公司中，实际上真正适合长期价值投资的公司不到 1%，要从这几千家公司当中去筛选出前面 1% 的真正好公司，这 3 个条件又略显宽泛，所以我再给出 10 个更为详细的标准。

1. **有竞争力的公司**。比如贵州茅台，经过几十年的品牌沉淀、工艺沉淀，短期内很难有对手超越。贵州茅台几乎都是 "0" 库存，经销商几乎都是抢货，只要有货就卖得掉，根本不存在市场风险。

2. **产品单一，最好是一个产品打天下的公司**。比如可口可乐，一罐可乐卖了将近 100 年，几乎没有变化过，产品的利润完全不依赖于新品开发，销售增长平稳，没有风险。

3. **低投入、高产出的公司**。比如机场，投资建设后，每年就靠航班起降次数收钱，而且还没有竞争压力，基本垄断所在区域。高速公路公司就有问题，竞争激烈，一个地方可能有几条高速公路。我们做生意也是这样，开餐厅投资 100 万元，希望它赚 1000 万元；而不是赚 1000 万元，需要投资 2000 万元。我们一定要选择投资低、产出无限大的公司，这种是我们特别钟爱的公司。

4. **利润总额高，盈利确定性高的公司**。这个要看绝对数，年利润起码在 5 亿元以上，现在通货膨胀，开销大，一家上市公司如果一年只赚几千万元，还不够它几个月的开销，这样一来，它离破产的时间只有几个月，这样的公司风险很大。尤其是对于历年有过亏损的个股，我们更要远离它们，最好选择每年的盈利增长率都超过 15%、绝对质地优良、成长性好的公司。

5. **净资产收益率高的公司**。我先解释一下净资产收益率这个指标。首先，净资产是指总资产减去总负债后剩下的资产，代表一个公司真正值多少钱。那么不是净资产这个数据越高，公司就越好，关键要看公司每年通过这个净资产赚到的钱有多少，也就是净资产收益率越高越好。好公司的净资产收益率应该都在 20% 以上，这个指标在 10% 以下的公司我们基本也可以淘汰，它们根本没有投资的价值。

6. **有稳定高毛利率的公司**。毛利率首先一定要稳定，不能是下降的。毛利率变化一定是趋升的，公司的毛利率稳定或者趋升才是我们投资这个公司的根本。如果公司的毛利率下降，我们就不做投资。毛利率是最重要的财务指标，这点非常重要。毛利率高反映了这个公司在本行业、本产品上有绝对的定价权，如果这个指标下降，那么我们就要小心了，比如早年的四川长虹，原来是大牛股，后面跌得很惨，主要是家电行业价格战，导致毛利率直线下降。

7. **应收款少、预收款多的公司**。应收款多代表欠账很多，风险有点大，当然还要看应收款的实收率；预收款多代表这个公司销路很畅通，都是先收钱再发货，比如贵州茅台，经销商每年都要提前预付货款才能拿到货，所以公司产品竞争力很强。

8. **选择一个行业的龙头公司**。每个行业都有龙头，随着市场竞争越来越激烈，往往是行业龙头赚了利润的绝大多数，其他的公司只能赚点小钱。比如手机行业，早期的苹果公司赚了这个行业97%的利润，剩下那么多公司只赚了3%的利润，这就是龙头企业的优势。只有选择了龙头公司，我们才能找到赚钱机器。

9. **每股收益率高、借款金额少**。一个公司每股收益率越高，代表赚钱能力越强，不能光看每股收益绝对值。如果股价很高，每股收益绝对值很高，但其实每股收益率很低，就不值得投资。如果投资了，回本周期会很长。另外，借款金额肯定越少越好，高负债的公司不但经营成本很高，而且公司很脆弱，一根"稻草"就能把它压死。所以要远离借款多的公司，这个指标可以让我们规避一家公司的倒闭风险！

10. **选择"婴儿"的股本，"巨人"的品牌，行业老大的公司**。未来3年能涨10倍到20倍的公司都有这些特征：股本很小，但现已是行业中全国的老大，市场占有的份额非常高。这种公司最容易涨。这里我对股本的扩张做一下说明，因为证券市场是一个喜欢吹泡泡的地方，这个泡泡的核心指标就是 PE（市盈率），它的放大受两个因素影响。一个是盈利的放大，好公司的盈利每年都会不断地增加，这就是所谓的盈利成长性公司。还有一个是股本的扩张，也会推动公司的成长。比如 20 世纪 50 年代的索尼，当时索尼是一家小公司，但品牌已经很响亮，在全日本市场占有率已经很高。在 50 年代投资索尼的机构和个人都赚得盆满钵满。再比如 2003 年的腾讯，当时腾讯市值不到 10 亿美元，但是 QQ 在全国已是无人不晓，用户规模高达数亿，在即时通信市场占有率高达 90% 以上，是当之无愧的行业老大。

　　以上 10 条标准，如果**一家公司能够符合 8 条以上，基本这家公司就是价值股，如果 10 条全部符合，那么是绝对的价值股**。长期持有这些好公司，大概率会带来高收益。如果你还能选择一个比较好的买点，那么很可能会获得超过市场平均值的收益。受一些外在利空因素的影响，市场会大大压低一些价值股公司的股价，那么对于我们充分了解这些公司的人来说，这就是千载难逢的低吸机会，因为公司自身的经营没有发生根本性变化，还处于市场领先地位，只要外在因素一转好，市场马上会恢复估值，而我们就可以获得超额的市场波动收益。如果对一家公司不了解，你会跟大众一样，市场恐慌你也跟着恐慌，那么你只能被当作"韭菜"割。请大家仔细阅读以上 10 条评判价值股的标准，然后有空就去研究这些公司的基本面，哪怕花三五年了解透一家公司，也比天天盯着 K 线波动 10 年强。盯着 K 线只会扰乱我们的心智，让我们变得不理性，然后被理性的投资者收割走血汗钱。

精选留言

阿有:

我不认同只有1%散户赚钱的说法,我身边的朋友都是散户,不说赚大钱,赚钱的占半数以上,我也是个散户,也是盈利的。在信息时代,以前散户经验不足,现在大家都慢慢地理解资本市场的运作模式了,散户也在进阶,所以我还是坚信中国资本市场是很值得去博弈的。做门店生意也不能保证稳赚不赔,更何况炒股这种相对自由轻松的方式?所以重点还是在于每个人的付出和努力,市场从不缺机会,缺的是信心和执着。

十点:

不要今年赚钱就认为自己赚钱了,10年赚钱才算真正赚钱了,大部分散户往往在一开始资金少、心态好的时候确实能赚钱,然后真的以为是靠自己的能力赚的钱,开始大量投入,结果大亏。还有,赚钱的人是不是赚到了年化5%的理财收益?如果没有达到,那还不如把精力花在别的地方!

缘起:

我是小散一枚,钱不多,但一直关注和支持十点君,炒股5年,赔了5年,直到看到十点关于价值投资的文章才恍然大悟,现在我90%的钱做指数基金定投,10%的钱买了一只价值股。

鹏:

我看好创业板里面的权重价值股,不想去碰小股票。

十点：

要买好公司，只买好公司，创业板中炒概念的公司很多。当然，
买指数是最靠谱的。

鹏：

明白了，严格执行 10 条选股标准。耐住寂寞，静待花开。

一招看透一只股票是否属于价值股

芒格说过："**长期来看，投资者的投资回报率接近于企业的
长期净资产收益率。**"假如你买入一家公司的价格就是其净资产
的价值，也就是市净率（PB）等于 1 的价格，如果不考虑市场波
动的折价或者溢价，那么你长期获得的回报正好等于净资产收益
率（ROE）。看到这里，你肯定一头雾水，不要着急，听我慢慢
讲来。我们投资价值股获得的超额收益，主要来自市场的波动。

假如你买入时的 PB 是 2，也就是溢价 100%，用 2 元钱买入
值 1 元钱的资产，如果这个公司的长期净资产收益率是 15%，那
么你至少需要 5 年时间来消化这个公司超额上涨的部分。关键是
在买入后 10 年才获得不到净资产收益率一半的收益率，买入 20
年后才获得跟宽基指数差不多的回报率，所以你买价值股，即使
买到了好公司，但如果是在高位买的，长期要获得超过宽基指数
的收益也非常不容易，何况你还可能看走眼，买错公司！**相反，**

如果你买入的 PB 是 0.8，也就是折价 20%，用 8 毛钱买入值 1 元的资产，这个公司的长期净资产收益率还是 15%，那么接下来 5 年你会获得近 20% 的复合收益率，跑赢净资产收益率 4 个百分点以上。如果买入时 PB 是 0.5，那就更不得了了，你第一年最高可以获得 130% 的收益率。所以你买入的公司市净率越低，长期获得的收益越可观，安全边际越高。买入的公司市净率越高，你长期获得的收益率越低，风险越高。一般持有价值股的长期回报率不会超过净资产收益率，我们来看几个典型的例子进一步说明这个问题。

1. 贵州茅台，长年的净资产收益率是 24% ~ 45%，平均约 30%（见图 2-1）。

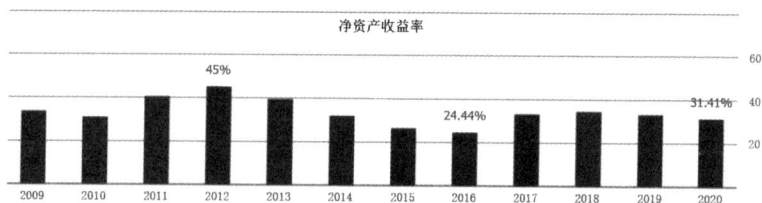

图 2-1 贵州茅台 2009—2020 年净资产收益率

而贵州茅台的股价在 19 年间涨了将近 301 倍（见图 2-2），平均年化收益率 30.4%，数据上和净资产收益率基本吻合。

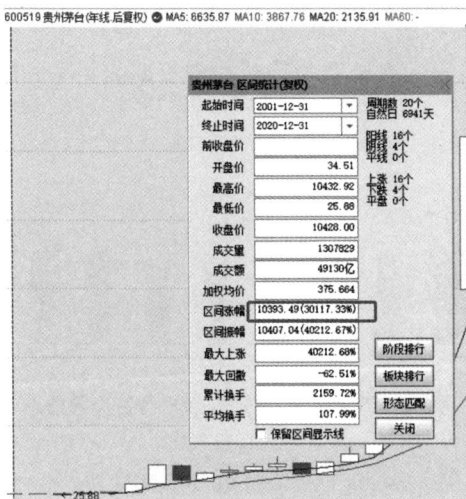

图 2-2 贵州茅台区间涨幅

（2001 年 12 月 31 日—2020 年 12 月 31 日）

2.万科 A，29 年上涨将近 311 倍（见图 2-3），年复合收益率 21.1%。

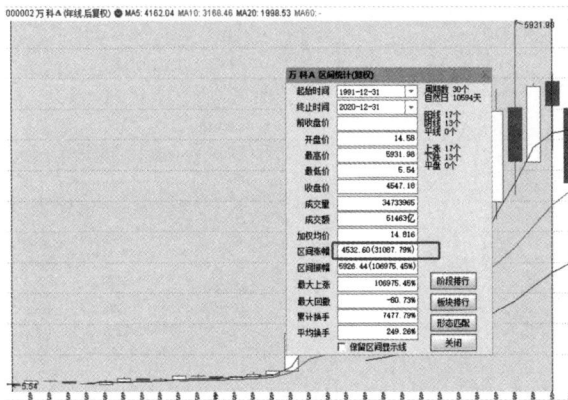

图 2-3 万科 A 区间涨幅（1991 年 12 月 31 日—2020 年 12 月 31 日）

而万科的近 12 年的净资产收益率一直在 20% 左右浮动（见图 2-4），这也再一次证明了价值股的长期收益率和净资产收益率的关联性！

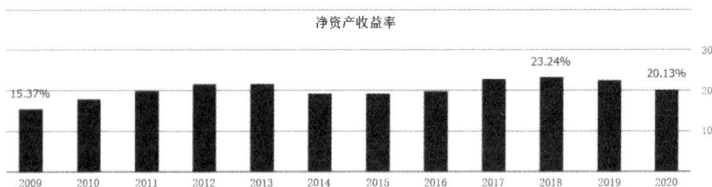

图 2-4　万科 A 2009—2020 年净资产收益率

3. 格力电器，24 年上涨了将近 542 倍（见图 2-5），年复合收益率 28.23%。

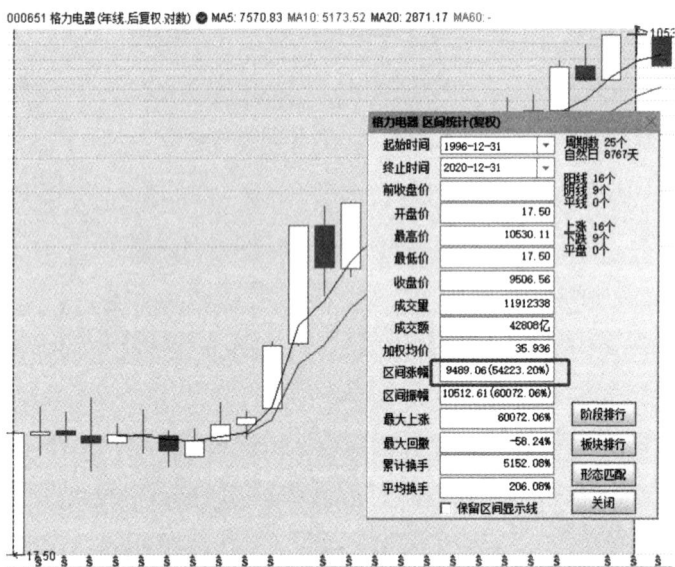

图 2-5　格力电器区间涨幅（1996 年 12 月 31 日—2020 年 12 月 31 日）

再看格力电器近 12 年的净资产收益率，始终在 25% ~ 35% 波动（见图 2-6），与 28.23% 的长期复合收益率几乎相同。

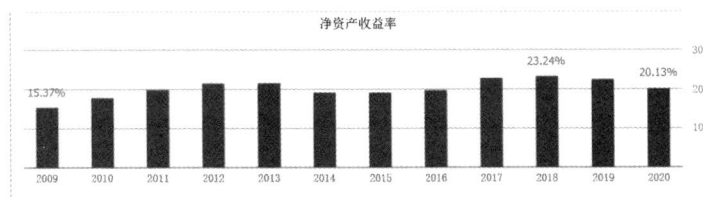

图 2-6　格力电器 2009—2020 年净资产收益率

4. 招商银行，18 年上涨超过 17 倍（见图 2-7），年复合收益率为 17%（见图 2-8），而招商银行近 12 年的净资产收益率也是 15% 左右，与长期复合收益率几乎吻合。

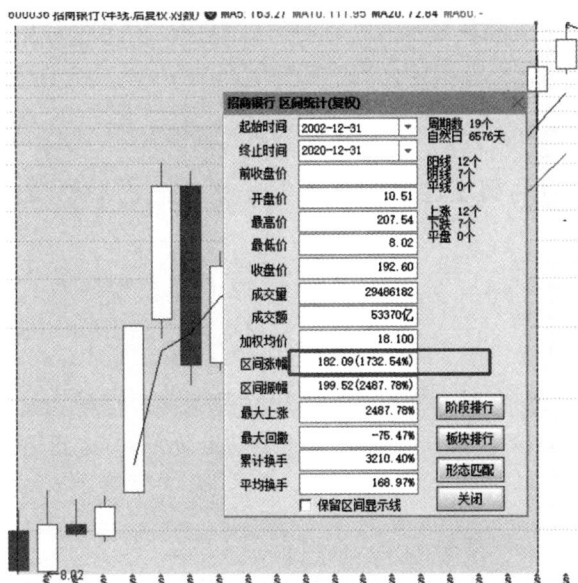

图 2-7　招商银行区间涨幅（2002 年 12 月 31 日—2020 年 12 月 31 日）

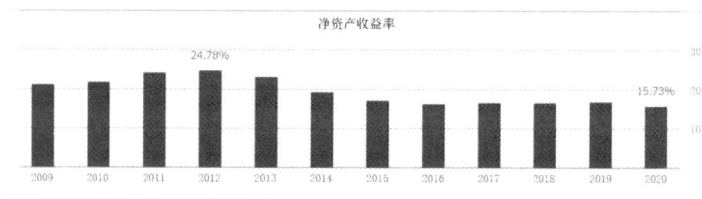

图 2-8 招商银行 2009—2020 年净资产收益率

还有其他价值股，大家可以去对照一下数据，80% 的价值股的年化收益率与净资产收益率是吻合的，所以这个指标也可以用来检验一只股票是不是真正的价值股，如果你要获得 10% 以上的年化收益率，那么就不应该投资长期净资产收益率低于 10% 的公司。当然，现在新经济的互联网公司情况特殊，其本身不是靠净资产来获得收入，靠的是软资产的人才智慧，所以不适用这个方法。90% 以上的传统企业的长期投资收益率永远逃不出净资产收益率这只"如来佛祖手掌"。

这里我再给大家两个筛选好公司的条件。

1. 税后利润超过 10 亿元：这里必须是税后利润，这是真利润。

2. 股息率超过 5%：也就是说，你如果以现价买入，一年分红的钱是本金的 5% 以上，那么即使股价不再涨了，你的总体回报也超过理财收益。加上你如果选择股价处于历史低位的这类股票，那么股价上涨应该是迟早的事情，你就可以安安稳稳拿分红了。

最后，大家如果选择市净率低于 1 的公司，相当于现在可以用不到 1 元的成本，买到 1 元的资产，每年赚 5% 的现金分红，如果按照投入的资产比值计算，实际现金分红回报率远远大于5%，这种稳赚的生意去哪里找？大家自己挑选价值股的时候可以去除分红不稳定的公司，最好是选择长期稳定增长分红的公司，这说明公司经营情况很稳定，值得长期投资！

我一直跟大家强调的都是价值投资理念，但市面上还有一些其他的投资理论，比如技术分析、有效市场理论等，很多人对其中的原理并不了解，也很想知道那些理论到底有没有用。全面学习一下现在市面上主流的投资理论，有助于我们了解它们各自的特点，使我们能够选出真正适合自己而且有效的投资方法。

精选留言

赣江：

贵州茅台的市净率超过 11，股价还在天天涨，银行的市净率一般不到 1，股价却一直不涨，市净率还可以做标准吗？

十点：

当然可以，这个指标要长期看，还有每个公司的历史市净率水平不一样，贵州茅台的历史市净率水平平均为 8，2018 年 11 月到过 6.7，所以那时候是最好的买入时机，不要看绝对股价！

雁蓝天：

股息率会年年变化很大吗？

十点：

尽量买长期稳定分红的公司。

Move：

十点老师，目前我正在定投沪深 300 指数和创业板指数的基金，两个仓位都是一样的。后续定投可以继续两个仓位保持一样，还是偏向沪深 300 指数基金呢？

十点：

想稳一点选沪深 300 指数基金，想追求高回报高波动就选创业板指数基金。

怎么做到 10 年 10 倍收益

净资产收益率对于传统企业来说，是唯一一个通用的有效指标。上一节我们已经讲过了：**一般价值股的好公司长期回报率不会超过净资产收益率**，除非你能赚到市场波动的钱。

这里我们来重点讨论怎么赚市场波动的钱，这也是芒叔前 10 年做到年化 40% 的超高收益率的根本原因（15% 企业成长的钱 +25% 市场波动的钱）。当然，芒叔对低估品种的挖掘能力比我们普通人强很多，所以他能找到风险极低的、隐含收益率极高、极稳定的投资品种，铸就了长期稳定的高收益。虽然我们普通人无法找到这些低风险、高收益的投资机会，但是芒叔的价值投资方法和原理我们还是可以学习的。我们只要达到芒叔一半的波动收益，即每年 12.5% 的波动收益加上选择净资产收益率 15% 以上的好公司（这个大家都直接可以看到），那么总收益也可以做到年化 27.5%，也就是 10 年要做 10 倍收益，是非常了不起的！当然，这还是理想状态，一般人是做不到的，那么普通人除了能够赚到几年的波动收益外，还想长期持续赚钱，有没有什么好方法呢？

下面我们就来具体探讨一下，我最擅长的就是把复杂的投资问题简化来说明，虽然不能十全十美，但是八九不离十，可供普通投资者参考。

我认为只要分两步。

第一步，找到 10 年内不会倒闭的公司，最简单的办法是选择那些国有大型企业，尤其是能源类和资源类企业，以及行业垄断性的公司。

第二步，找到市净率处于历史最低水平附近的这类公司，择机低吸，等待市场价值回归，赚被低估的那部分市场波动的钱。

做到以上两步，就有六七成的把握赚取波动收益了。第一步相对简单，把这些国有大型企业找出来逐一筛选即可。

我具体讲一下第二步的操作方法，即按照以下 3 个条件筛选出合适的公司：

1. 历史业绩从未亏损；

2. 净资产收益率超过 10%，最好超过 15%；

3. 当前市净率位置处于历史低位附近。

但是这样选出的公司成长性往往很低，有些甚至几乎不增长了，所以大部分公司的长期投资价值就是市场平均水平，和大盘差不多。

即使是这些低成长的大型国企，当它们的股价被严重低估后，市场最终还是会回归到合理估值。这是价值投资最基本的常识：价格最终围绕价值波动。而我们赚的就是从被市场低估回归到合理价格的钱，这段利润很丰厚，风险也很低。虽然这种方式不需要特别长周期的持股，但这也是价值投资的一种方式。用图说明的话，大致如图2-9所示。

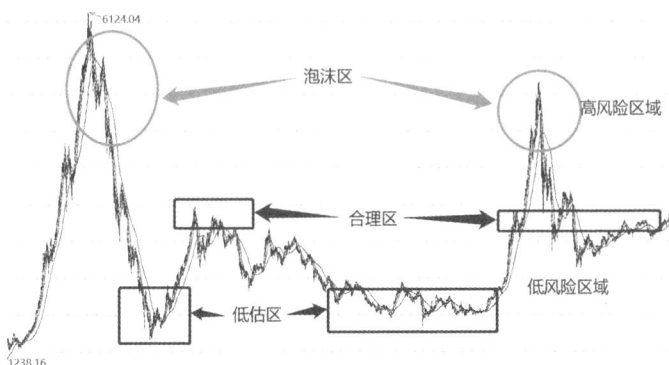

图2-9　股价的低估区—合理区—泡沫区

从图2-9可以看出，低估区股价是远远低于合理区的，所以在这个区域买入所承受的风险也是最低的。有一句话叫：往下空间有限，往上空间无限。那么，我们普通人怎么判断股价是否被低估呢？一个简单的判断标准就是：市净率远低于历史平均值，或者绝对数低于1，甚至0.8，接近历史最低值附近。当市净率回归到合理区间附近后，我们选择清仓。这个合理区间一般就是历史平均值附近，或者1附近，具体情况大家可以参考个股的情况。下面我们用案例来说明。

历史上，宝钢股份于2014年3月份市净率跌到0.54附近（见

图 2-10），当时的股价如图 2-11 所示。

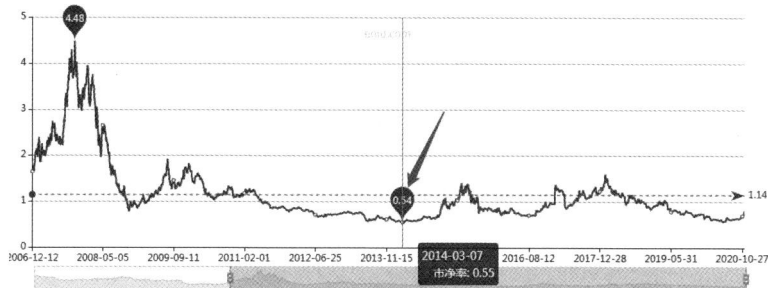

图 2-10　宝钢股份市净率
（2006 年 12 月—2020 年 10 月）

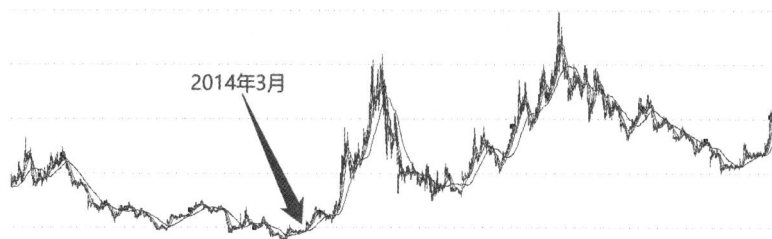

图 2-11　宝钢股份股价（2014 年 3 月）

之后，股价一路上涨，直到 2015 年 4 月份涨到了合理估值附近（见图 2-12），市净率 1.17（历史平均值为 1.36），到了该清仓的时候了。

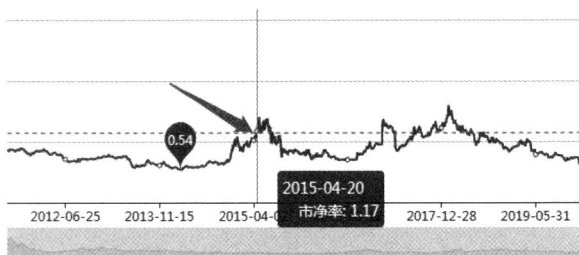

图 2-12　宝钢股份市净率（2012 年 6 月—2019 年 5 月）

差不多一年时间，可以获得 76.75% 的总收益（见图 2-13）。真的是绝对高收益，而所冒的风险极低，这是典型的低风险，高收益！

图 2-13　宝钢股份区间涨幅（2014 年 3 月 7 日—2015 年 4 月 20 日）

再往后的一个机会大概是在 2016 年 6 月，那时候宝钢股份的市净率跌到了 0.73（图 2-14），这个市净率严重偏离了历史平均的 1.36，与历史最低点 0.54 也比较接近了。

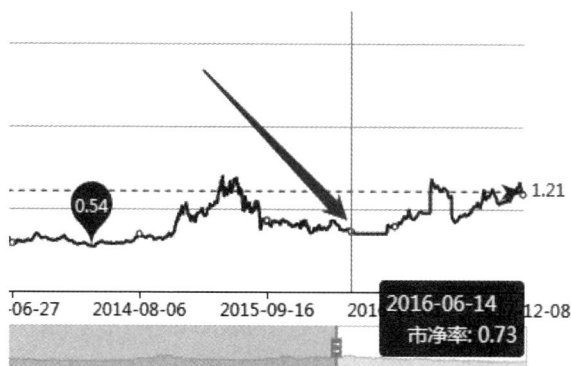

图 2-14　宝钢股份市净率（2013 年 6 月—2017 年 12 月）

此后，宝钢股份一直上涨到 2017 年 3 月，市净率为 1.26，接近了历史平均水平 1.36（图 2-15），处于估值合理的阶段，这时可以考虑清仓。

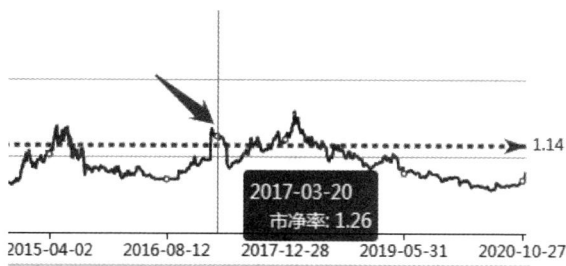

图 2-15　宝钢股份市净率（2015 年 4 月—2020 年 10 月）

当时对应的股价情况如图 2-16 所示，从 2016 年 6 月建仓到 2017 年 3 月清仓，9 个月总计获得约 30% 的收益，这也是非常高的，关键是这个收益冒的风险极低。之后虽然宝钢股份继续大涨，但那属于泡沫部分了，需要冒很大风险，不属于我们赚的钱了，所以大家也不用觉得可惜。

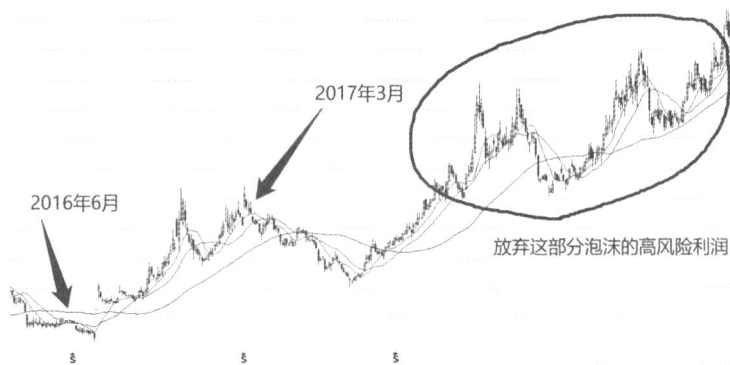

图 2-16　宝钢股份股价（2016 年 6 月—2017 年 3 月）

我再讲讲如何依托市净率指标去买可以长期稳定分红的企业。这种公司特别适合老年朋友和保守投资者，可以把分红款拿来补贴生活，省心又安心！

很多人喜欢在银行买理财产品，但是最近的利率越来越低了，我分析了一下某银行的理财产品（见图 2-17），年化收益率 3.55% 的产品需要靠抢购，年化收益率 3.85% 的理财产品竟然要 300 万元起步，普通老百姓也买不起。可见市场总体收益率并不高，在利率走低的时代，要想获得 5% 以上的理财收益并不容易！

图 2-17　某银行理财产品购买详情

但是有一个变相的可以获取长期稳定投资收益的办法，可以轻轻松松收益率超过 5%，那就是选择做稳定分红的好公司的股东，然后每年拿分红！

当然这样的公司必须是常年利润增幅高于股价增幅的好公司，注意，一定要是"好公司"，而且有真金白银的"真利润"，还要舍得分红。满足这三个条件，才可以长期拿到分红。一般情况下，我们买入的时候，可能股息率在百分之几，5 年到 10 年后，很可能每年分红的股息率在百分之几十。我还是用案例来说明。

我用工商银行来做案例，大家肯定有点意外，这算好公司吗？当然算，企业常年利润增长，而且利润总额很高、很稳定。

首先，我们计算工商银行的利润增长率（见表 2-1）。

表 2-1 工商银行成长能力指标

成长能力指标	2020-12-31	2019-12-31	2018-12-31	2017-12-31
营业总收入（元）	8827亿	8554亿	7738亿	7265亿
归属净利润（元）	3159亿	3122亿	2977亿	2860亿
扣非净利润（元）	3141亿	3105亿	2955亿	2840亿
营业总收入同比增长（%）	3.18	10.55	6.51	7.49
归属净利润同比增长（%）	1.18	4.89	4.06	2.80
扣非净利润同比增长（%）	1.16	5.06	4.08	2.89
营业总收入滚动环比增长（%）	1.00	1.36	0.78	4.70
归属净利润滚动环比增长（%）	9.24	0.80	−0.00	0.91
扣非净利润滚动环比增长（%）	9.19	0.80	0.03	1.15

工商银行在 2017—2020 年，每年净利润高达 3000 亿元左右（见表 2-1），而且很稳定。虽然每年增长幅度很小，但是总体业绩还是很稳定，也没有出现断崖式下跌。那么分到每一股大概利润是多少呢？

以 2020 年为例，截至三季度，每股收益已经为 0.64 元，全年应该在 0.8 元以上，而对应的股价是 5 元左右，这样每股收益率可以达到 16%。

当然，工商银行的利润不会全分红，根据近 8 年的分红记录，还是非常稳定，基本会稳定在每 10 股 2 元以上。我们就按照 2019 年的分红数字来计算，每 10 股分红 2.63 元，当前股价按 5 元计算，那么分红率是 5.26%。

也就是说，如果在那个时候买入工商银行，除了股价低估外，还可以获得每年超过 5% 的现金分红。如果你是已经退休的老年人，也充分了解资本市场的风险，在一定程度上买入银行股可以获得稳定的现金分红，用于补贴退休养老花销，理论上是可行的。当然，市场的风险肯定存在，只要是公司，经营上的不确定性还是很大的，工商银行也是一样。

那么再往前，推到 2006 年的情况如何呢？ 2006 年工商银行年总利润是 488 亿元，到了 2019 年，总利润是 3122 亿元。

总利润涨幅在 5 倍以上，年化涨幅为 14.2%。而同期工商银行的股价涨幅是多少呢？见图 2-18。

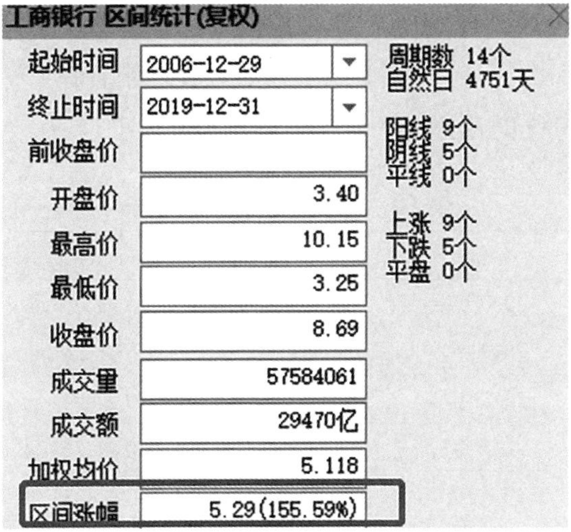

图 2-18　工商银行区间涨幅（2006 年 12 月 29 日—2019 年 12 月 31 日）

2006 年到 2019 年，工商银行股价在 13 年间总计上涨 155.59%，股价的年化涨幅是多少呢？见图 2-19。

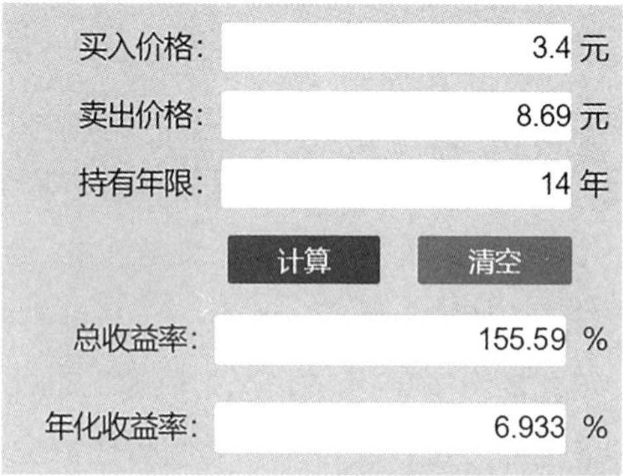

买入价格：	3.4 元
卖出价格：	8.69 元
持有年限：	14 年

计算　　**清空**

| 总收益率： | 155.59 % |
| 年化收益率： | 6.933 % |

图 2-19　工商银行收益情况

股价的年化涨幅为 6.933%，而工商银行的利润年化涨幅是 14.2%，股价涨幅远远落后于利润涨幅。如果分红随着利润增长而增长，那么每股分红肯定也在增长。我们来看看工商银行的历年分红情况，见表 2-2。

表 2-2　工商银行历年分红情况

年份	分红
2020 年	10 派 2.63 元
2019 年	10 派 2.51 元
2018 年	10 派 2.41 元
2017 年	10 派 2.34 元
2016 年	10 派 2.33 元
2015 年	10 派 2.55 元

年份	分红
2014 年	10 派 2.62 元
2013 年	10 派 2.39 元
2012 年	10 派 2.03 元
2011 年	10 派 1.84 元
2010 年	10 派 1.70 元
2009 年	10 派 1.65 元
2008 年	10 派 1.33 元
2007 年	10 派 0.16 元

　　其每 10 股分红金额从 2008 年的 1.33 元，增长到 2019 年的 2.51 元，基本翻了一番。假如我们在 2006 年以每股 3.4 元的价格买入 1 万股工商银行，花费 3.4 万元。按 2020 年每 10 股分红 2.63 元来计算，1 万股分得 2630 元红利，股息率高达 7.73%。这只股票你还舍得卖出吗？红利每年还在增长！

　　所以在工商银行股价跌到 3.4 元以下的时候，你一定还会持续买入，这是一个赚钱机器。而且我相信你会越来越喜欢股价下跌，这样你可以买到更多更便宜的筹码。我们拿的股数越多，未来现金分红越多，这就是标准的赚钱资产。工商银行历史上股价低于 3.4 元的时期还真有，请看下面不复权的年线图（见图 2-20）。

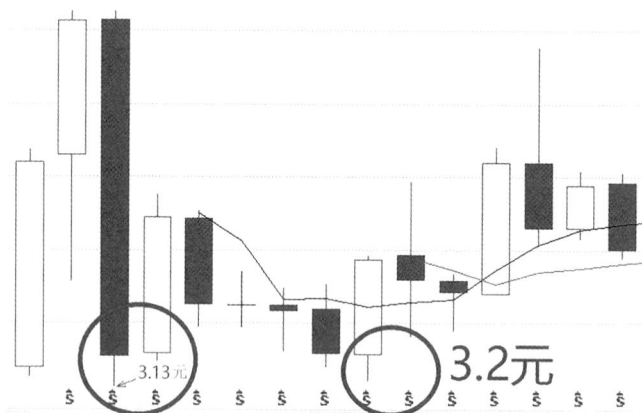

图 2-20　工商银行 2008 年、2014 年股价低点

　　在 2008 年，工商银行最低价为 3.13 元，在 2014 年时的最低股价为 3.2 元（见图 2-20），这时我们可以继续买入。

　　工商银行也许不是最好的高分红股标的，但是我们分析的方法就是这样。顺着这个思路，我们可以寻找市净率低于 0.8 的公司，特别是那些处于垄断地位的大型企业，长期盈利稳定，增长率不高，分红率高而且稳定，市净率越低，越值得长期价值投资，所冒的风险很低。

精选留言

未来就是现在：

十点老师，我是进入股市超过 10 年的老韭菜，虽然入市早，但对 K 线什么的一窍不通，不属于技术分析派，但也不是价值派（虽然我能拿得住股票——我"捂"了一只股票近 10 年，从建仓时的 28 元一直"捂"到割肉时的 4 元多），直到 2020 年 5 月有幸认识您，我才明白真正的价值派不只是靠"捂"，而是以好价格拿到好股票，然后一直持有。关于价值股持续建仓，我有个思路，请十点老师指点一下：因为我不懂低估、高估这些标准，所以很难做到好公司、好价格这一点，因此一次性满仓买入我理解的价值股的风险较大，逐步建仓似乎更合适。我的想法是，将资金分成 10 份，用 5 份做底仓，建仓后如果股价单边上涨，我就有底仓盈利，如果股价比前高下跌了 10%，就买入 1 份资金的股票，再继续跌 10%，我就再买入 1 份资金的股票，如果遇到极端行情，还是继续跌 10% 或者 20%，我就一直补，直到资金用完。我这样做的目的，一是避免一次性买入后股价下跌却不能补仓的尴尬，二是避免股价下跌后带来的心理恐慌。相反，股价下跌了，我还会兴奋，因为可以补仓了。这个想法是否成熟，或者有没有可以优化的地方？麻烦十点老师指点一下。

十点：

第一，你如果能够严格执行这个方案，肯定没问题。第二，找到一个好价格，以全部资金建仓，最终肯定比你这样很复杂地去交易赚得多。所以不需要试图找出比巴菲特还厉害的方法，那都是徒劳的，有这点闲工夫就好好读几本好书，提高自己的认知能力，你会获得更多快乐，投资也会做得更好！

未来就是现在：

谢谢十点老师，如果能找到好价格（哪怕只是 60% 的可能确定这是个好价格），那肯定是全仓买入。老师推荐的《反脆弱》《价值》等书我都买了，老师在喜马拉雅的音频，我也听了两遍了，不过需要时间慢慢消化，把内容变成自己的东西。

宁静致远：

"价值投资，按照老股民的说法就是买入低估值的股票，然后长期持有到高估卖出。听起来是不是很简单？是的，太简单了，这不就是低买高卖吗？很简单呀，但真正能做到的却是少数人，归根到底还是因为散户本金太少了，我知道拿着好股票，放几年这大概率是能赚钱的。大佬们本金最低几百万元甚至几千万元，已经实现财务自由了，做价值投资就算年化收益率10%也够他们快乐生活了，我们散户用几万元或十几万元本金去做价值投资，是要来股市发财的，不是来休闲娱乐的，因为我们没有几千万元的身家，以上应该就是大部分散户做不到价值投资的主要原因。"

以上这段话我是在别的地方看到之后复制过来的，我觉得很多人都是这种心态，也许价值投资这件事情真不是每个人都能做到的，可以说是性格决定风格吧。

十点：

很多人觉得这样赚钱"慢"，但是没想过他们所谓的"快"方法一直会亏钱，其实我们在钱少的时候更要珍惜每一分本钱，才能滚动出未来的"大雪球"！

第三章

实战案例分析

价值股投资跑赢了大盘

从 2018 年年初开始分析价值股，到 2020 年 7 月，我们总共分析了 33 家优质的中国公司。其中一家因为被曝出存在财务欺诈而被我们剔除，剩下的 32 家公司如果从 2018 年年初开始汇编一个指数，初始点位 1000 点，那么截至 2020 年 7 月 31 日，这个指数的收盘价是 2023.67 点。**也就是说，如果你在 2018 年 1 月等金额买入这 32 家公司，那么这两年半时间可以获得 102.37%的收益**（见图 3-1），**年化收益率高达 32.5%**。远远跑赢同期的上证指数和沪深 300 指数，所以如果你觉得单买一只价值股风险大，那么就可以买入我们选出的所有价值股，这样也可以远远跑赢大盘。跑赢多少呢？**上证指数从 2018 年 1 月 1 日到 2020 年 7 月 31 日的涨幅为 0.09%**（见图 3-2），几乎没有涨。所以我建议大家定投指数基金时，不要选择那些跟踪上证指数的基金产品，这个指数的收益率比较低。

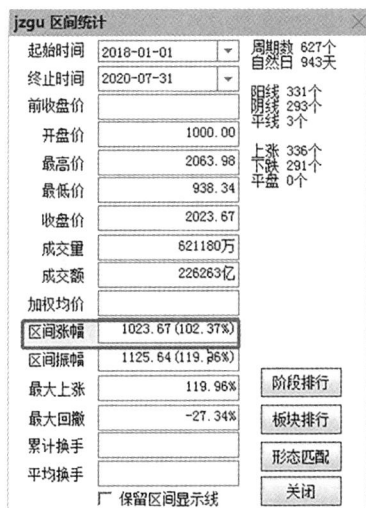

图 3-1　十点价值股 30 指数涨幅（2018 年 1 月 1 日—2020 年 7 月 31 日）

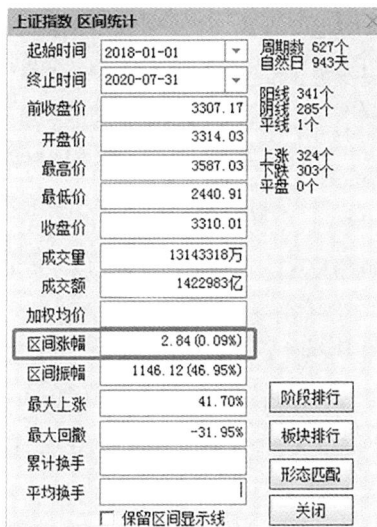

图 3-2　上证指数涨幅（2018 年 1 月 1 日—2020 年 7 月 31 日）

沪深 300 指数从 2018 年 1 月 1 日到 2020 年 7 月 31 日的涨幅为 16.48%（**见图 3-3**），如果是以定投的方式买入，还可以取得更好的业绩。

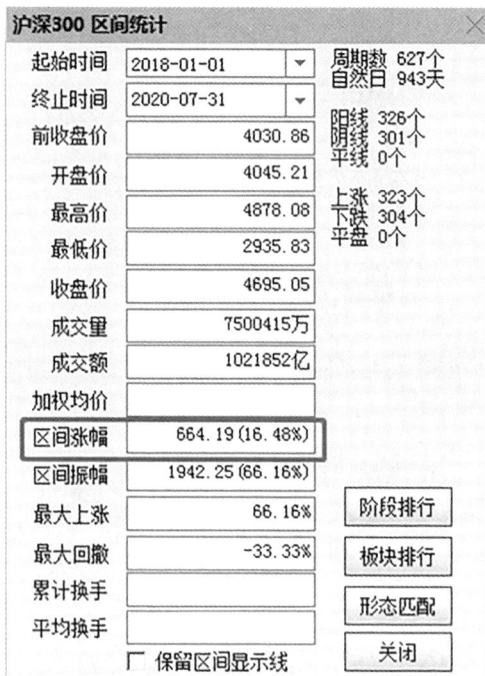

图 3-3　沪深 300 指数涨幅（2018 年 1 月 1 日—2020 年 7 月 31 日）

我回测了一下在这个时间区间内定投沪深 300 指数的数据，我选择的是富国沪深 300 指数增强 A（100038），回测结果是可以获得 30.5% 的收益。这个是按最终投入的总本金来计算的收益率，而你的资金是按每月 1000 元分期投入的，所以实际的收益率要大大超过 30.5%，因此对普通人来说，定投指数基金是最好的一种投资方式，可以非常省心地获得长期收益。

如前文所述，我用 32 只价值股编成的十点价值股 30 指数在这个时间区间的涨幅是 102.37%，**收益跑赢沪深 300 指数 85 个百分点，跑赢上证指数（大盘）约 102 个百分点，业绩非常突出**（见图 3-4）。

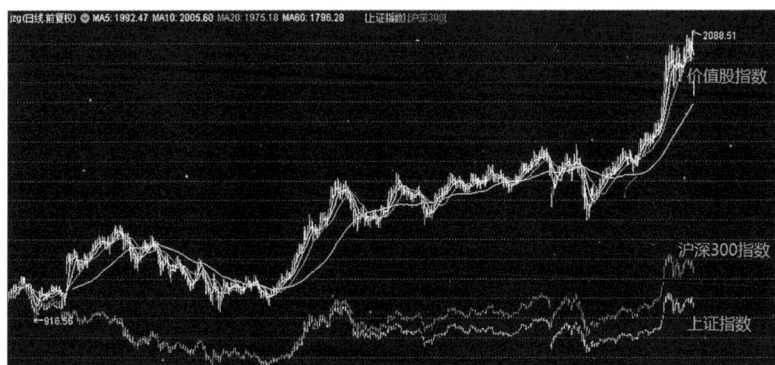

图 3-4　十点价值股 30 指数与上证指数、沪深 300 指数走势对比
（2018 年 1 月 1 日—2020 年 7 月 31 日）

有些人可能会说，如果选错了一只股票，踩到了雷，那么整体的投资收益是否会大打折扣呢？我的计算结果是影响不大，这就是买指数的好处！**如果加入在此期间暴雷的某只股票（具体名称就不提了），十点价值股 30 指数在这个时间区间的涨幅将变为 85.59%（见图 3-5）**，两年半时间跑赢沪深 300 指数近 70 个百分点，跑赢上证指数 85 个百分点，优势同样很明显。

图 3-5　调整后的十点价值股 30 指数涨幅
（2018 年 1 月 1 日—2020 年 7 月 31 日）

　　如果折算到年化收益率，包含问题价值股的指数年化收益率是 28%，与剔除问题股的十点价值股 30 指数年化收益率 32.5% 相比，每年相差 4.5 个百分点，差距不是太大。而且我们还是有一定纠错能力的，发现有财务欺诈的情况后，马上就会将其剔除，所以实际损失还要更小一些。因此，我建议大家**不要把精力放在这些次要因素上，要去实实在在地理解价值投资的本质，获得实实在在的利润才是正道**。

精选留言

拾锦熊：

我是投资小白，如果只选一只价值股，每个月都定投一点，这个计划可行吗？自我感觉这样风险会比较大，也有可能踩雷，但是如果觉得某只价值股很好，按计划长期持有，严格定投，那超额收益肯定会比买基金高很多吧？

十点：

理论上可行，但是单个价值股定投的风险来自你自己的选择。

颠覆你的投资思路：投入 64 万元本金，得到现金分红百万元

在上一章里我们分析了工商银行的分红情况，虽然它的分红水平已经很高，也很稳定，但让我还不是很满意，那么有没有更好的公司可以取得更高的分红回报呢？

经过仔细计算，我还真发现了几家。在本节，我先来分析其中的一家——海螺水泥，其历年分红情况，请参看表 3-1。

表 3-1　海螺水泥历年分红情况（2003—2020 年）

时间	分红政策
2020-06-18	每 10 股红利 20.00 元
2019-06-19	每 10 股红利 16.90 元
2018-06-20	每 10 股红利 12.00 元
2017-06-21	每 10 股红利 5.00 元
2016-06-22	每 10 股红利 4.30 元
2015-06-19	每 10 股红利 6.50 元
2014-06-18	每 10 股红利 3.50 元
2013-06-14	每 10 股红利 2.50 元
2012-06-14	每 10 股红利 3.50 元
2011-06-16	每 10 股转增 5.00 股红利 3.00 元
2010-06-21	每 10 股转增 10.00 股红利 3.50 元
2009-06-24	每 10 股红利 3.00 元
2007-06-26	每 10 股红利 2.00 元
2006-07-06	每 10 股红利 0.70 元
2006-03-02	每 10 股对价现金 15.0000 元
2005-06-07	每 10 股红利 1.30 元
2004-06-10	每 10 股红利 1.00 元
2003-06-09	每 10 股红利 0.50 元

　　海螺水泥在 2002 年上市，一年后（2003 年）开始分红，从每 10 股 0.5 元红利，上升到 2020 年的每 10 股 20 元红利。期间就中断了 2008 年一年，其余年份每年 6 月都会发放现金分红，非常稳定。这 18 年里，海螺水泥每年的分红金额增长了 40 倍，如果你 2002 年买入 10 万股海螺水泥，当时的价格是 6.4 元 / 股，

10万股价值64万元。按2020年的分红每10股20元的标准，加上期间两次送股——2010年每10股转增10股，相当于你的持股翻倍，变成了20万股；2011年每10股转增5股，也就是说20万股又变成了30万股。所以，2020年你可以分得现金60万元。也就是说，64万元的投入，在2020年6月份可以得到分红60万元，股息率为93.75%（60万/64万）。

18年时间（2002年到2020年）下来，累计可以获得多少分红款呢？我们来计算一下，见表3-2。

表3-2 海螺水泥历年累计分红金额（2003—2020年）

单位：元

年份	每10股分红款	股数	年度分红款
2003	0.5	100 000	5000
2004	1	100 000	10 000
2005	1.3	100 000	13 000
2006	15.7	100 000	157 000
2007	2	100 000	20 000
2009	3	100 000	30 000
2010	3.5	200 000	70 000
2011	3	300 000	90 000
2012	3.5	300 000	105 000
2013	2.5	300 000	75 000
2014	3.5	300 000	105 000
2015	6.5	300 000	195 000
2016	4.3	300 000	129 000
2017	5	300 000	150 000

（续表）

年份	每 10 股分红款	股数	年度分红款
2018	12	300 000	360 000
2019	16.9	300 000	507 000
2020	20	300 000	600 000
		总计：	2 621 000

　　18 年时间，64 万元本金，已经拿到了 262.1 万元现金分红款，真的是超高的回报。你舍得卖出这样的好公司吗？理性的选择是，把当年的分红款继续买入更多的海螺水泥股票。假如我们这样做了，那现在的收益情况又如何？见表 3-3。

表 3-3　海螺水泥分红再投资之后的收益情况（2003—2020 年）

年份	每 10 股分红款	股数	年度分红款（元）	当年分红买入股数	累计股数
2003	0.5	100 000	5000	781	100 781
2004	1	100 781	10 078	882	101 663
2005	1.3	101 663	13 216	1616	103 279
2006	15.7	103 279	162 147	16 926	120 204
2007	2	120 204	24 041	801	121 006
2009	3	121 006	36 302	499	121 504
2010	3.5	121 504	42 526	853	122 357
2011	3	244 714	73 414	2474	247 188
2012	3.5	370 781	129 774	8292	379 074
2013	2.5	379 074	94 768	5137	384 210
2014	3.5	384 210	134 474	7929	392 139
2015	6.5	392 139	254 890	11 544	403 683

（续表）

年份	每10股分红款	股数	年度分红款（元）	当年分红买入股数	累计股数
2016	4.3	403 683	173 584	10 151	413 834
2017	5	413 834	206 917	12 200	426 034
2018	12	426 034	511 241	17 431	443 465
2019	16.9	443 465	749 456	25 596	469 061
2020	20	469 061	938 123	17 119	486 180
			总计：3 559 951		

如果把红利在当年全部继续买入海螺水泥，加上配股送股，2020年总计会持有约48.6万股，2020年可分得红利约93.8万元，当期持股市值约2500万元，而这一切都源自64万元的本金，这就是真正的价值投资的魅力所在。

如果万一不幸，从2002年开始遇上了18年的大熊市，股价持续下跌，假如每年下跌10%，跌到2019年，股价只有1.07元/股了，这种情况下，我们的总体收益情况见表3-4。

表3-4 假设股价持续下跌，海螺水泥的投资收益情况（2003—2020年）

年份	每10股分红款	股数	年度分红款（元）	当年分红买入股数	累计股数
2003	0.5	100 000	5000	781	100 781
2004	1	100 781	10 078	1750	102 531
2005	1.3	102 531	13 329	2571	105 102
2006	15.7	105 102	165 010	35 367	140 470
2007	2	140 470	28 094	6691	147 160

（续表）

年份	每 10 股分红款	股数	年度分红款（元）	当年分红买入股数	累计股数
2009	3	147 160	44 148	11 682	158 842
2010	3.5	158 842	55 595	16 346	175 188
2011	3	350 375	105 113	34 338	384 714
2012	3.5	577 070	201 975	73 312	650 383
2013	2.5	650 383	162 596	65 576	715 959
2014	3.5	715 959	250 586	112 293	828 251
2015	6.5	828 251	538 363	268 057	1 096 309
2016	4.3	1 096 309	471 413	260 802	1 357 111
2017	5	1 357 111	678 555	417 112	1 774 223
2018	12	1 774 223	2 129 068	1 454 167	3 228 390
2019	16.9	3 228 390	5 455 980	4 140 522	7 368 913
2020	20	7 368 913	14 737 825	12 427 200	19 796 112
		总计：	25 052 726		

　　由于股价的下跌，我们可以买入更多的股数，加上期间的配股送股，到 2020 年，我们的总持股数达到了 1979 万股，当年的分红款高达 1243 万元。所以针对这种稳定高分红的企业，股价下跌是有利的，而不是不利。只投入 64 万元的本金，18 年后，一年可以获得 1000 多万元的分红，这真是暴利生意了。下次遇到这种好公司，真心希望股价多跌点，让我得到的红利全部买入更便宜的筹码，千万别涨起来。不过事实上，很少有这种好事情，但是市场有时候也会很慷慨，大家可以密切关注这样的机会，不要错过。

手把手教你价值股的操作方法

在上一章里面，我们已经介绍了很多价值股的分析方法，这里我再进一步跟大家分享一下价值股投资的落地实操方法。对于我分析筛选出的价值股，很多人不假思索就直接买入，尤其是在价位很高的时候，这样操作，必然要忍受深套的煎熬。我给大家分析价值股，是告诉大家这家公司好不好，帮助大家收集和整理关于这家公司的资料，然后如实展现出来，最后判断这家公司是否值得关注，而不是推荐股票给大家，更不是让大家马上就买入。

买入与否要根据每个人的情况来定，如果你的预期收益很低，不怕大幅波动，那么拉长到 5 ~ 10 年，任何时候都是买点。如果你怕波动，浮亏 10% 就会很痛苦，那么就应该等到股价处于极低位置时再动手。如果你充分理解了这家公司，而不是因为听了某人的意见才买入的，那么可以说，你不惧怕任何波动和风险，只会在股价下跌时持续买入。如果今天你看了一篇文章买入，明天你又看了一篇文章卖出，那么你永远也不赚不到钱。因为那本来就是别人的认知，不属于你自己的能力范围，赚到利润也是靠运气，最终还是会靠"运气"亏掉。

我分析的意义就是帮助大家从大量的公司当中再进一步缩小选择的范围，提高大家盈利的概率。同时，也节约大家的时间和精力，让大家选对方向，努力学习，争取从几十只价值股中理解透 1 ~ 2 家公司，从中赚取的利润也足够安度一生了，不要贪心。

2018—2021 年，我一共分析了 33 只价值股，你可以从这 33 只价值股里面进一步缩小范围，重点关注 5 ~ 10 只。然后，再从这 5 ~ 10 只中轮换操作 1 ~ 2 只。操作的总原则是：低估分批买入，高估分批卖出。在本节，我要讲的就是如何进行价值股的操作，总体分以下几步。

（关于选股）

第一步：实事求是，从自身能力出发来选择公司。一定要实事求是，知之为知之，不知为不知，不知也不丢脸，没人能够了解所有行业和公司。选择自己能够理解的行业，然后对照相应的价值股，通过看该价值股的相关资料（包括我的文章）和行业的资料，理解这家公司基本的生意模式。这步最重要，它是后续成功的保障，也是能否拿住股票的基础。（在这一步选出的特别关注的股票，你也可以用先买入 100 股的方法来跟踪，一般真金白银买入后，你才会真正重点关注。）

（关于买入）

第二步：当该公司市净率低于历史平均水平的时候，完成第一笔买入操作，一般占计划总投入资金的 10% 以下。如果市场大环境处于很热的状态，也可以买入更低比例。历史市净率可以通过金融资讯类网站查询到。

第三步：如果股价进一步下跌，你可以选择每次股价创新低的时候再继续用 10% 左右的资金买入，以此类推，直到用完 100% 的资金。大量实践表明：价值股买入后持续下跌，对于投资者是最有利的情况，因为你可以买入更多廉价筹码，未来可以赚到更多；相反，如果价值股在买入后就盈利了，则可能非常不利，最后可能只会赚点蝇头小利！

第四步：如果股价继续下跌，而你的资金也用完了，那么可以卖出其他相对高估的股票，用这些资金继续买入这个极低估值的价值股，以取得更高的未来潜在收益。

（关于卖出）

第五步：等到该公司股价上涨到市净率历史平均水平附近的时候，第一次卖出 50% 以上的持仓。

第六步：如果股价持续上涨，那么在股价每次创新高时卖出 10% 的持仓，直到卖完。创新高分批卖出法可以确保每次卖出的价格都比上一次高。

我们还是通过案例来讲解一下。

分众传媒，我从 2018 年开始重点关注。由于对广告行业和互联网行业的熟悉，我对分众传媒的生意模式理解得比较深入。同时，我多年参与自己小区业委会的工作，跟本地最大的物业公司沟通比较多，所以也知道签下电梯广告的不容易（我要提醒大家，有时候你不经意的公益和志愿者工作也会给你的投资带来好处，多多为他人做事，好人有好报）。另外，我对分众传媒创始人江南春的人品很认同，他有格局，也走过弯路，反省过自己。所以我基本断定这家公司不会有大问题。但是 2018 年的时候，分众传媒面临双重压力，新潮传媒的竞争和整个广告行业的不景气，使分众传媒的业绩大跌，股价也一落千丈。

2018 年 9 月中旬，分众传媒的市净率跌到了 8.6，低于历史平均值很多（历史平均值为 11.37），我开始买入第一批 10% 左右的仓位（见图 3-6），当时对应的股价如图 3-7 所示。

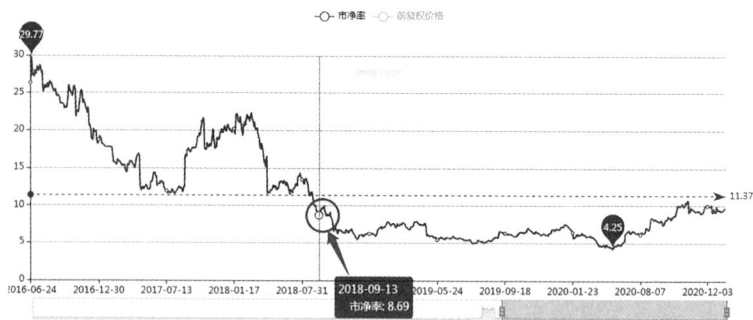

图 3-6　分众传媒市净率走势图（2016 年 6 月—2020 年 12 月）

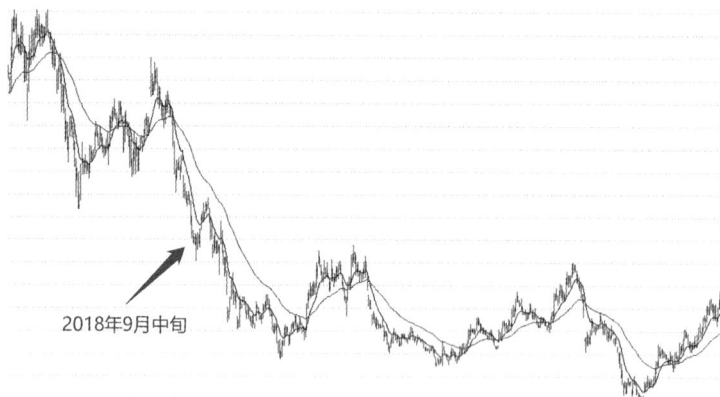

图 3-7　分众传媒股价走势图（2016 年 6 月—2020 年 12 月）

　　我知道当时不可能是最低点，我也不可能买到最低点，但是
这个位置肯定不贵，所以先买入一成仓位。果然，分众传媒继续
下跌，这个时候我有点惊喜，因为可以买到更便宜的筹码了。之
后在每次股价创新低的大致位置各买入 10% 左右仓位，如图 3-8
所示，不一定完全精确，大致接近。

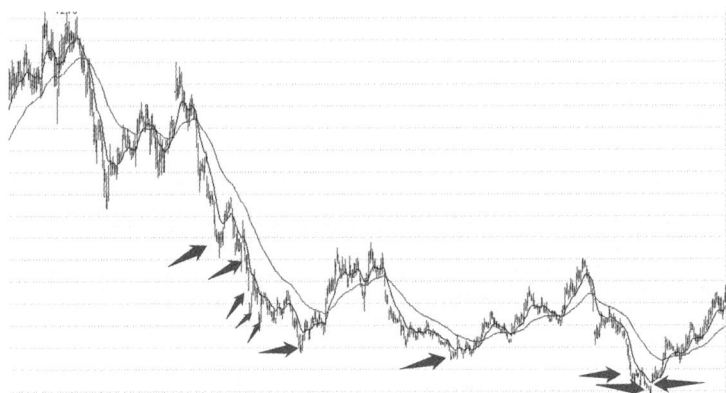

图 3-8　分批买入分众传媒的时点（2016 年 6 月—2020 年 12 月）

　　每次股价只要创新低，当天也正好有空，我就会打开交易软件，直接按市价委托交易，马上成交，然后关闭软件，等待下一次机会，从不去预测股价接下来是上涨还是下跌。这里特别要注意一点，不要为了几角钱，甚至几分钱错过成交。你要做的就是今天想好的交易计划，必须马上完成，这叫执行力。否则你会后悔，从而搞坏自己的心态，涨上去了才去追高买入，最后下跌途中又受不了亏损的压力而割肉。这样反反复复的错误交易都是由你因为几分钱而错过一笔交易导致的，真的是典型的因小失大。而且有些人为了等到当天的理想价位，会时刻盯盘，这更是浪费时间，有的人甚至在股价快速下跌的时候由于一直盯着盘面而恐惧，最后错过在低价位买入的机会。因此，我们要遵循的原则就是：这笔交易一定比自己上一笔买入的价格便宜，至于便宜多少，看个人的时间安排，执行交易时的即时价格。

　　建仓完毕，我的平均成本大概是 5.2 元左右，所以到 2020 年

4月13日的最低价3.78元，我大概满仓深套将近30%，但我一点也不担心。如果股价进一步下跌，我还会动用卖出另一只股票收回的钱继续买入分众传媒。

2020年4月13日，一些已经有所谓"内幕消息"的人开始疯狂抛售，所以分众传媒被砸出了历史最低价。结果呢？这些人卖在了地板价，貌似他们提前拿到了业绩大跌的"内幕消息"，实质则是自己成了价值投资者割"韭菜"的对象。所以不要去羡慕那些有"内幕消息"的人，得到这些"消息"不但让他们亏了钱，还会让他们面临牢狱之灾的风险。2020年4月14日，果然发布了重大的利空消息（见图3-9）。

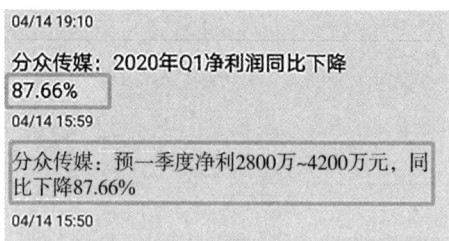

图3-9　分众传媒发布2020年一季度业绩公告

看到这种消息，普通人的决策肯定不是买入，而是卖出——大笔卖出。结果呢？现在回过头来看看，如果你反其道而行之，在分众传媒业绩最低迷的时候，如果你选择买入，那么2020年分众传媒可以让你获得150%以上的收益率。

下面继续说我自己的操作，直到2020年4月份，我已买入了很多分众传媒的股票，它是我持仓量最大的价值股。之后，分众传媒股价再也没有创新低，所以我也就没有再买入。我也没想

到，疫情肆虐的 2020 年，处于受冲击最大的广告行业的分众传
媒，股价竟然有如此大的涨幅。这再一次验证了"利空出尽就是
利好"！当然，我非常确信 2020 年 4 月 13 日的股价肯定处于低
估状态了，但是我也无法预知分众传媒接下来会涨多少。

关于卖出条件，我有一个准则：股价不回归合理区间，我一
股都不会卖出。因此，直到分众传媒的市净率回归到历史平均水
平附近，我才第一次卖出了 60% 的持仓（见图 3-10），把这些资
金大部分配置在当时被低估的品种上，然后耐心等待市场的纠
错，赚取低风险的利润，无视那些股价已经涨到"天上"的热
门股。

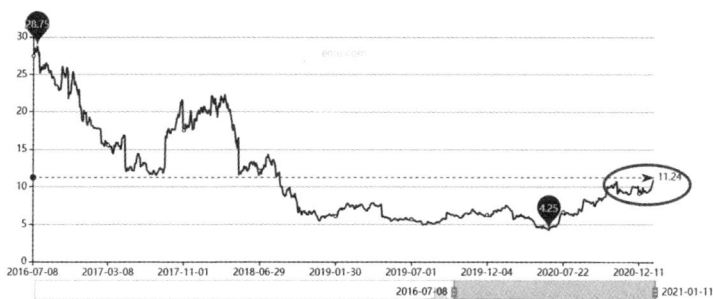

图 3-10　分众传媒卖出时点

持有到 2020 年 11 月，分众传媒的市净率已经接近历史平均
水平了。"秋天来了，庄稼成熟了"，可以开始收获了。但是四季
报的业绩预期还没出来，由于国内广告市场的恢复和新潮传媒竞
争的退去，各种利好都会蜂拥而至，这些还没有充分地反映在股
价上，所以可以继续持有。截至 2021 年 1 月，我持有的分众传

媒已经卖出六成以上仓位，从 2018 年 9 月开始买入持有到 2021 年 1 月，我取得了 110% 的整体收益率，总共 2 年 3 个月，年化收益率大约为 40%，这已经让我非常满意了。

但是从 2018 年 9 月买入分众传媒持有到 2020 年 4 月的时候，在这长达一年半的时间里，我都是亏损 30%。如果你只看那一年的收益率，那肯定是太差了，你也许会崩溃，更耐不住寂寞，很可能会卖掉分众传媒，去追热门股，结果可能是两头被"闷杀"！

所以做股票不是买债券，更不是存款，不要认为每天都应该有正收益，也不要认为每年一定有正收益。这两年涨涨跌跌，错过那么多价格翻 1 倍、几倍甚至几十倍的股票，我从不觉得可惜，因为那些不是属于我能力圈范围内的钱，我赚不到是理所应当的，赚到了反而会担心，因为这会刺激我下次还去冒险赚自己能力圈外的钱而陷入万劫不复的境地。所以，投资时切莫贪心，如果什么钱都想赚，那么最后只会是竹篮打水一场空！

看看我的实盘操作，完败指数

我们精选了 32 只不受经济周期影响、长期向好的价值股组成了一个"十点价值 30 指数"，通过回顾历史收益率，可以发现这个指数有着令人难以置信的回测业绩。虽然说这是后视镜里看未来，但是也有一定的参考价值。

以下两种情况有一定的说服力，请大家认真看完我用真金白银得出的经验。

第一种情况，模拟投入 100 万元资金

我于 2020 年 8 月 24 日用 100 万元模拟资金买入了 30 只价值股，当时完全是按当天的实时价格无脑买入的，持有了 4 个月取得了 15.24% 的业绩（截至 2020 年 12 月 28 日收盘价），期间没有花费一点精力。

我统计了一下，同期的十点价值 30 指数的涨幅是 15.38%，跟我这个一揽子股票组合的涨幅相差 0.14 个百分点，4 个月相差这点幅度，指数基本跟踪得还是不错的。

我上次登录系统查询这些股票价格的时间是 2020 年 9 月 1 日，到我写这篇文章时（2020 年 12 月 29 日），已经几个月没有登录这个系统。因为我自己当时也不太确定这个指数的实盘测试能取得什么样的效果，所以用的也是模拟资金，不敢用真实资金去操作。同期上证综指涨幅才 0.49%，4 个月时间，就跑赢大盘近 15 个百分点。我们可以继续观察下去，4 年、10 年之后，这个指数会跑赢大盘多少？会跑输大盘吗？这是一个非常有意义的测试，希望用时间来证明这个后视镜里的结论是否有效。

同期沪深 300 指数在 2020 年 8 月 24 日至 12 月 28 日期间上涨了 7.32%，也不少，但是没有十点价值股 30 指数上涨幅度大，十点价值股 30 指数足足跑赢沪深 300 指数 8 个百分点，这也是非常不错的成绩。

第二种情况，真实投入 100 万元资金

我于 2020 年 10 月份专门开了一个账户，存入了 100 万元资金，准备用于测试"精选低估价值股＋高抛低吸"策略的收益情况，图 3-11 是资金转入时间。

日期	2020-9-1 ▼	至	2020-10-29 ▼	查询	
转账日期↓	转账时间	银行名称	操作	发生金额	
2020-10-21	09:42:22	中信存管	银行转证券	500000.00	
2020-10-20	09:25:17	中信存管	银行转证券	500000.00	

图 3-11　中信存管两次资金操作时间

我买了两三只低估的价值股，期间做了多次高抛低吸操作，而且都是成功操作，花费了一定的精力，但不是频繁交易，一周大概做一两次交易。

表 3-5 是最近的一笔高抛低吸操作，每股的价差可以达到 10 元左右，也算是成功的交易了。而且 2020 年 10 月 21 日以后的几次高抛低吸也都是成功的操作。即便如此，还是没有跑赢长期持有的策略组合。我相信我的操盘能力应该不比普通人差，毕竟我也是做短线交易起家的人。当然，散户当中肯定有高手，这部分人不在今天的讨论范围内，我们只针对普通人。

表 3-5　2020 年 12 月买卖操作情况

委托日期	委托时间	证券代码	证券名称↓	委托方向	委托数量	委托状态	委托价格	成交数量	成交金额
2020-12-15	14:44:54			证券买入	1500	已成	77.080	1500	115619.000
2020-12-22	13:21:59			证券卖出	500	已成	87.100	500	43550.000
2020-12-22	10:22:50			证券卖出	500	已成	85.250	500	42625.000
2020-12-21	10:21:30			证券卖出	500	已报	82.200	0	0.000
2020-12-21	09:37:45			证券卖出	500	已成	81.400	500	40700.000

结果，我的总仓位收益率是 2.1%，落后于沪深 300 指数同期 5.65% 的收益率，所以要跑赢指数还是非常不容易的。各位读者

如果长年亏损，甚至在 2020 年都亏损，还不去拥抱指数，那真是需要反思一下了！

我的这个实盘操作成绩跟同期的十点 30 价值股指数比较，那更是逊色了。2020 年 10 月 21 日至 12 月 28 日，同期十点 30 价值股指数上涨了 9.51%，跑赢我主动操作的这个实盘组合 7.41 个百分点，真是完胜。这个结果，不能算"后视镜"里面看出来的事实情况了。

当然，几个月时间对于价值投资来说确实短了一点，但是也可以在一定程度上说明以下事实。

- 你用心地去研究操作，希望通过高抛低吸获取超额收益，但是最终的结果往往会让你失望。
- 相反，不花一点精力，按照既定规则无脑买入后长期持有，反而收益率会大大超出你的预期。

这就是股市的现状，"勤劳"往往不能让我们致富，还很可能会致贫！我用这个 100 万元的真实资金账户来做测试，不是要证明我自己，而是要用我的真实经历和事实说服大家走上正确的投资道路。这 100 万元资金只要能够赚到同期银行理财产品的收益率，我也就满足了，当然我也会倾尽全力去操作，绝对不会故意输给十点价值 30 指数，谁会跟钱过不去呢？

价值股跑赢指数基金的具体方法

我曾回测过买入并持有中国巨石 10 年（2010—2020 年）的年化收益率，结果是 16.26%（见图 3-12）。

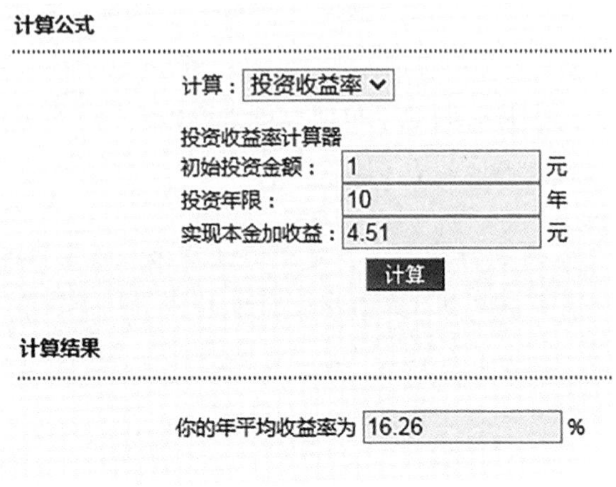

计算公式

计算：投资收益率 ∨

投资收益率计算器
初始投资金额：　1　　　元
投资年限：　　　10　　　年
实现本金加收益：4.51　　元

计算

计算结果

你的年平均收益率为 16.26 %

图 3-12　中国巨石 10 年收益率

以上年化收益率是在 2010 年年初第一个交易日开盘就买入的情况下计算得出的，我查询了一下，当时中国巨石的市净率是 5.51，也不算很低。2020 年，中国巨石的市净率是 3.67，远低于当初的 5.51（见图 3-13）。

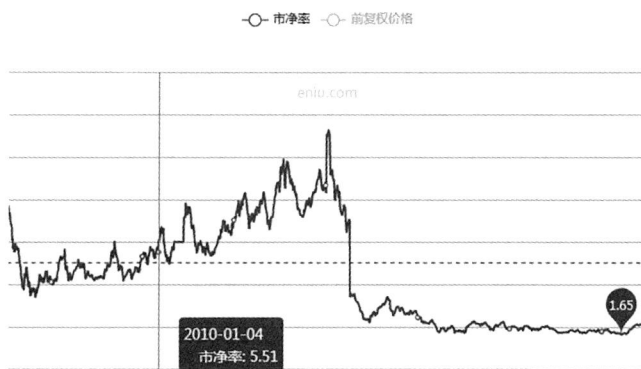

图 3-13 中国巨石市净率走势（2010—2011 年）

我们不得不承认一个事实，随着市场参与者的逐渐成熟，上市公司的整体估值势必会降低（见图 3-14）。

图 3-14 中国巨石市净率走势（2000 年 1 月—2020 年 11 月）

在 2011 年之前，中国巨石的最低市净率是 3，这已经算是低估了；但是 2011 年之后，中国巨石的最低市净率跌到过 1.65。

中国巨石 2021 年初的市净率是 3.67，跟过去 10 年的平均市净率比，已经算是高估了。过去 10 年的市场平均市净率才 2.73（见图 3-15）。除非是属于稀缺资源的好公司，比如贵州茅台，否则很难再回到 2012—2014 年的估值了。

图 3-15　中国巨石 10 年净利率走势（2011—2020 年）

　　如果你在 2021 年初的高估区域买入中国巨石并长期持有，那么多半会跑输指数基金。如果是在合理的估值区间买入中国巨石，2010 年 1 月 4 日的市净率是 5.5，当时的历史平均市净率是 5，正好处于合理区间。同期沪深 300 指数基金的年化收益率大概在 12%。如前文所述，中国巨石的年化收益率是 16.26%，只跑赢了沪深 300 指数基金 4.26 个百分点。而这 10 年的国际环境等各方面条件都是非常好的，中国巨石在接下来的 10 年还能不能保持这样的增长，都是不确定的，所以如果还是在合理的市净率区间买入，中国巨石的股价涨幅在接下来的 10 年跑赢沪深 300 指数基金的概率不大，相反，跑输的概率很高！

　　如果我们把买入价值股的估值条件改变一下，情况就完全不一样了。前面我们分析了，如果在合理的估值阶段买入中国巨石，我们长期持有 10 年可以获得 16.26% 的年化收益率。如果我们选择在低估区域买入呢？从市净率历史走势图上，我们可以清晰地看到这些低估区域（见图 3-16）。

图 3-16 中国巨石市净率走势（2000 年 1 月—2020 年 11 月）

中国巨石自从上市以来，出现过 6 次低估。我们以 2011 年开始的这一次为例，在 2012 年初买入，持有到 2020 年底，总收益率是 553.94%，持有时间一共 8 年多，不到 9 年，我们按 9 年计算，可以获得 23.18% 的年化收益率，这个收益率还是相当高的。

我们再进一步仔细分析，可以发现：在 2012 年初买入并持有中国巨石两年半后，总收益率是 0.43%，等于没赚钱，如果你这时熬不住了，不相信市场迟早会重新发现价值，全部卖出，那么你就赚不到 9 年的高收益了。可见，投资决策这个事情是非常微妙的，一念之差就有天壤之别，关键在于你的认知。

同样的道理，如果你选择在 2016—2018 年和 2019—2020 年的低估区域买入，然后长期持有，那么分别可以获得约 24%、47% 的年化收益率，大家可以自行计算。

所以，选择买入的位置是非常重要的。对于大部分价值股，如果你选择在合理的估值区间买入，长期持有，收益率能够与宽基指数基金持平就非常不容易了，盈利的确定性远没有宽基指数基金高。如果你选择在高估的位置买入并长期持有，那么收益率大概率会跑输宽基指数基金。

而我们大部分人炒股的时候都更倾向于买入"热点股"，这些股票大部分都是概念炒作，长期投资的价值几乎为0，所以亏钱是必然的结果。你买了这种股票之后如果想逃顶，那是难上加难的事情。看了本节的内容，我想你们大致可以知道，原来一直在股市亏钱不是因为自己本事不够，而是因为你选择了一件太难的事情去做，换谁都会亏钱。所以巴菲特一直说："价值投资其实不难，难在坚持常识不动摇！"我们大多数人一直在期待奇迹的发生，结果一辈子就这样过去了。如果你坚持了价格围绕价值波动的常识，就不会去买那些没有业绩的资产，那些价格涨到天上去的垃圾股。

在平时的生活中，大家对一个商品的价值都会有一个大概的概念，所以如果价格贵了，你就不会买。比如，去菜市场，如果一把青菜要价100元，你肯定知道这太贵了，一般也就2元。但如果这个卖菜的人告诉你一个消息说"吃了这种青菜你会长生不老"，你肯定不会信，更不会让这个谎言成为你买这把青菜的理由。

而在股市投资中，往往天天都在发生这样的事情，而且有些人真的相信了这样的"消息"，还买入，最后亏钱是必然的结局。

对于价值投资者来说，面对好公司的股价跌得很厉害的情况，就像去超市看到想买的商品都打折了，应该会很开心，而不是很痛苦。所以我微信公众号的很多粉丝已经很厉害了，遇到大盘大跌，看到自己看中的好公司股价跌了很多，他们会非常兴奋地买入。这些人原来一直赚不到钱，现在都可以赚钱，原因就是他们的认知能力提升到了一定的高度。而他们原来侥幸赚到的钱，都是因为听消息、短线投机赚到的，最后还给市场也是应该的，因为这些钱本来就不属于他们。

在本节，我已经把道理掰开揉碎地讲透了，希望能给各位读者带来启发！

精选留言

大海：

我对一只价值股就是在它市净率创新低时（0.79）开始建仓的，每次回调都加仓，目前收益率是20%！平时都不用看盘，收盘前如果创新低就加仓，感谢老师指点！

十点：

这个方法特别适合重资产的公司，很多人老去追热点，今天追芯片、明天追5G，这些公司很多都是徒有概念。人们往往会忽略那些被市场遗忘的真正赚钱的冷门公司，这些公司才是好的投资标的。它们的安全边际极高，股价下跌空间有限，上涨空间无限，你只需要赚最安全的那一段就可以。这样长期投资的风险极低，实现复利增长的概率更高！

价值股的两个买入机会

买入价值股的机会到底该如何把握呢？我们之前探讨过，如果你选择确定好了价值股，那么无论什么时候买入，长期看都是赚钱的。这个大前提确定好了，我们的大方向就对了，在这个大方向上努力，那么总体都不会差。所以在本节，我们会继续探讨价值股的买入机会在哪儿。我认为主要在以下两个时期。

一、每次正常调整的时期

我们以中国平安为例来说明。价值投资圈里有一句经典的话：假如你以年为单位来做投资决策，那么你已超过 90% 的人。所以我用年线来分析，图 3-17 是中国平安 2007—2019 年的年线图。

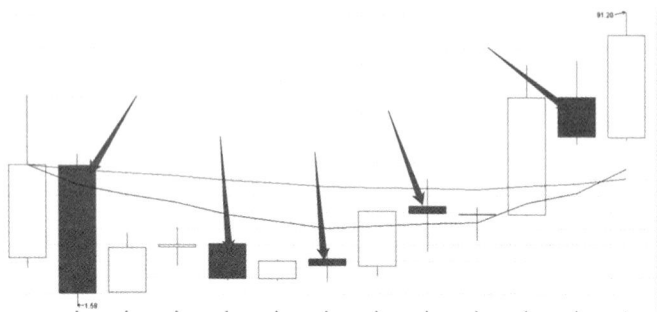

图 3-17　中国平安年线图（2007—2019 年）

是不是**每一次正常调整的阴线都是买入的机会**？假如你在当年的年末最后一个交易日买入中国平安，持有 1 年到第二年年末，那么几乎都是赚钱的。唯一的例外是，如果在 2015 年年末买入的话，那么持有到 2016 年年末会亏损 0.07%——几乎等于没有亏损，但是如果能继续持有到 2017 年，那么就会赚得盆满钵满，全年涨幅高达 120%。

二、因为外部因素影响，业绩整体下滑，这是最大的买入机会

这个外部因素就是不受公司本身治理能力控制的事件，或者是大熊市，或者是股灾，再或者是像 2020 年这样的全球疫情影响，公司本身生意模式和竞争格局没有产生根本性变化，只是外部环境的变化。比如，中国平安 2008 年的大跌，完全是因为 2007 年大牛市之后的大跌，其实公司本身发展得还是很好的，但股价受整体大熊市的影响跌过了头，这种买入机会几乎像捡钱一样。如果在 2008 年年末买入的话，2009 年一年可以赚到 279%。2015 年股灾之后，虽然 2016 年中国平安没涨（也就是如果当年调整买入，次年没有大涨的话，那么还可以持有），但是如果持有到 2017 年就可以赚 120%。这种大级别的机会，其实谁都可以判断到，问题是你有没有买入的勇气，如果有，你就可以赚到这个收益。

所以，**现在你要做的是确定哪些是你能理解的价值股，这个能理解的意思是无论市场怎么变化，你都能克服恐惧，看好后市，从而大举买入。**这种机会每几年就会出现一次，你要做的就是现在确定哪些是价值股，然后等待这种机会出现，毫不犹豫地买入。最后就是长期持有、赚取收益，期间不用投入任何精力去盯盘，可以好好生活和工作。

介绍一个价值股买入的好方法

有时候价值股调整的周期会很长，很多急性子等不到调整完就抛弃了价值股，从而放弃了后面长期上涨的大段利润。那么有没有可能避开调整，直接参与单边上涨的这波行情呢？

结合创新高的市场原理，在本节我跟大家探讨一种方法，供大家参考。但是我还是要提醒大家，这种方法只可以用少量资金来尝试，大部分的投资资金还是要遵循长期持有价值股的原则来操作，这点特别重要，大家要记牢！

关注我的微信公众号 3 年以上的老粉丝也许还记得，我之前介绍过我朋友 W 的故事。他是一个短线波段交易的高手，不过这几年业绩不行了，做得一塌糊涂，2018 年亏了 8000 万元。当然，这些亏损是他可以承受的，他炒股赚的大部分钱都已经买了房子，锁住了利润。W 曾经用创新高策略，在牛市中大赚特赚。

本节我要介绍的方法，有点类似新高突破买入的波段交易方法，但不同点是，我这个方法是针对价值股来操作的，不像之前 W 的方法，完全不看公司的基本面和业绩，只看技术分析，会导致有些公司的技术突破是假象，甚至是庄家的"鬼把戏"。废话不多说了，具体方法介绍如下。

我们以片仔癀为例来加以说明。它在 2015 年 6 月—2017 年 11 月，长达两年半的时间都在震荡，始终无法突破前期高点（见图 3-18）。股价在下图中的 4 个画圈位置都没有成功突破前期高点。直到 2017 年 11 月，股价才有效突破了前期高点。股价在创新高后，出现了回档，而这个回档就是我们建仓的良机。在这之后，股价一路高歌猛进，6 个月内涨了 80%。

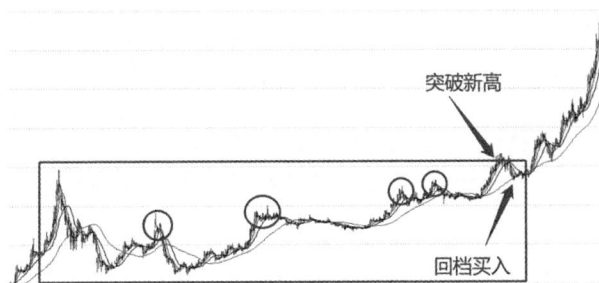

图 3-18 片仔癀股价走势中的新高和回档（2015 年 6 月—2017 年 11 月）

2020 年 3 月，片仔癀又出现了相似的情形，2018 年 5 月—2020 年 2 月，该股经历了长达 21 个月的横盘震荡，但是到了 2020 年 2 月，股价第一次突破了 2018 年 5 月的高点，创出新高，具体见图 3-19。然后跟历史走势一样，出现了一波回档，这个回档就是非常好的建仓期。片仔癀股价随后一路上涨，截至 2021 年 8 月的高点，一年半的时间里，上涨了 2 倍多。

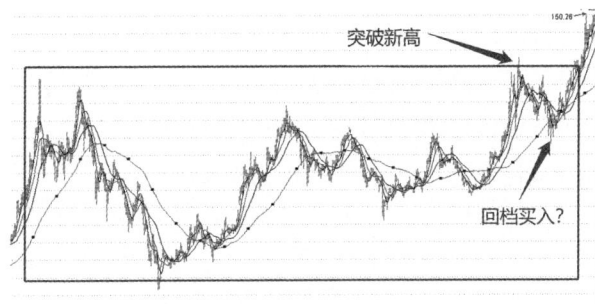

图 3-19 片仔癀股价走势中的新高和回档（2018 年 5 月—2020 年 2 月）

这是巧合？还是有一定的规律？这个创新高买入策略的市场意义是什么呢？我来跟大家解释一下。

一只股票的股价能够创出新高，代表市场整体看好，大家都在持续买入，股价创新高后，代表前期买入的所有人都赚钱了，然后大家为了赚取更多利润，一般不会轻易抛出，加上赚钱效应的扩散，会继续吸引源源不断的资金买入。这样市场的多空平衡就会被打破，完全朝着多方倾斜，买入的人越来越多，卖出的人越来越少，这样股价只会持续上涨。上涨到一定程度，有人想入袋为安了，还有人觉得业绩的增长赶不上股价的上涨了，这就到了我们价值投资者认为的股价高估阶段了，所以开始抛售的人越来越多了，直到买入的量少于抛售的量了，股价就开始下跌。而这些是价值股、好公司，股价跌得低了，愿意早期潜伏进去的价值投资者就会开始买入，所以也很难跌得太多。但是由于获利盘比较丰厚，所以一涨到前期高点附近，马上就会有人抛售，这会导致出现一个漫长的横盘震荡期，直到股价再次创出新高，又开始突飞猛进。而此时正好公司又有了几年的盈利增长，拉低了公司整体的估值，更多的价值投资者开始参与进来，双重买盘推动股价再次持续上涨！

我再看几个案例。

1. 价值股：东方雨虹。在 2020 年 7 月—2021 年 1 月（见图 3-20），东方雨虹经历了长达半年的震荡期。

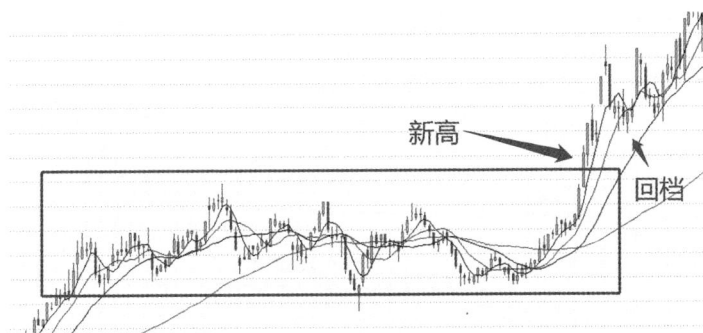

图 3-20　东方雨虹股价走势中的新高和回档

2. 价值股：洋河股份。在 2018 年 1 月—2020 年 7 月（见图 3-21），洋河股份经历了长达两年半的震荡期。

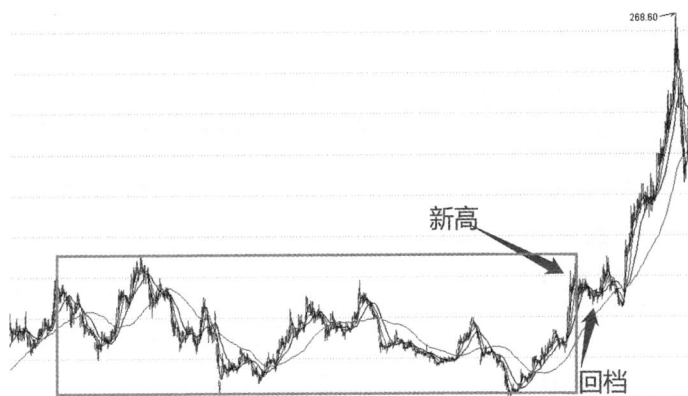

图 3-21　洋河股份股价走势中的新高和回档

3. 价值股：贵州茅台。这只股票就更明显了（见图 3-22），历史上每次上涨都是一个台阶、一个台阶地完成的。

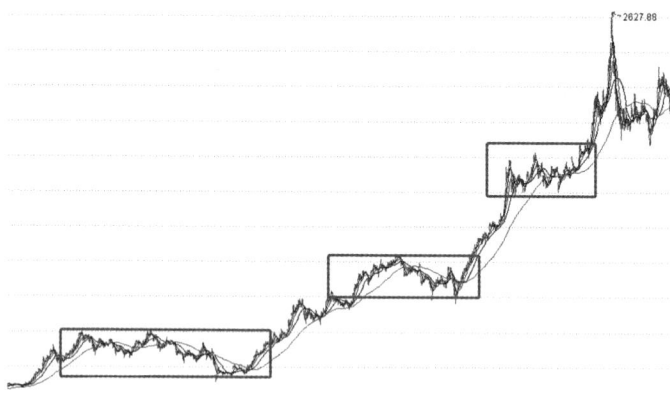

图 3-22　贵州茅台股价走势中的新高和回档

优秀的价值股每隔几年就会出现一次这样的机会，大家如果没有耐心长期持有，那么就守住这个创新高突破的口子，一出来就"逮住它"。但是这样买入，也有长期的高估风险，一般我们比较求稳的价值投资者会在股价跌下来的时候买入，在估值回归合理区间的时候卖出，也就是很可能在股价出现新高的时候卖出了。因为这样永远赚的是从低估到回归合理区间的钱，风险是最低的。但是坏处是需要忍受长时间的震荡期，直到股价突破新高，才能上涨。比如上海机场，如果用这个方法买入，那么在这波因疫情而出现的调整期间，你就要忍受一段时间的亏损。如图 3-23 所示，在回档位置买入的话，持有 2 年多时间还是亏损18%。如果在低估位置买入的话，则几乎是不亏不赚，所以从风险控制的角度来看，创新高突破买入法的风险肯定会大于低估买入的方法。

图 3-23　上海机场股价走势中的新高和回档

总之，你需要找到自己能够理解并且执行的交易方法，并不断完善它，这样才会形成真正属于自己的、盈利的交易系统，任何别人的方法都仅供学习和参考。最后，还是要强调一下，大家不要花费太多的时间去研究这些方法，稍作尝试即可，因为对于普通人来说，最好的方法依然是定投指数基金，仅此一个。在市场低估的时候开始定投，在特别高估的时候果断停止，甚至卖出。这样才能让你在获得长期稳定盈利的同时，又不会花太多的时间和精力，有更多时间去做好本职工作，获得更多现金收入，回归家庭，享受美好生活！

暴涨之下该如何布局

我们很多散户习惯买涨不买跌，平时生活中非常节俭，而买股票的时候却是便宜的不买，只买贵的。这就是他们亏钱的根本原因。我之前一直建议大家不要去追暴涨的个股，要去买那些还没涨起来的价值股，但很多人不理解，买了价值股，拿了几天发现不涨，就说这是"烂股"。

如果你看好一家公司，那么不要只看它涨的时候，只有在它跌的时候依然看好，在低位果断加仓，才能说明你真正理解了一家公司是好还是不好。在暴涨的时候冒着风险买入，那是刀口舔血，最终只会伤害自己的本金。

我们做人做事做股票，要去做确定性高的、大概率会成功的事情，这样结局一般不会差。经常去赌完全没有确定性的小概率事件，结局必然是很惨！

这个高确定性的实现，一般分两步。

第一步就是选择好公司，如果选择好了，哪怕买贵了，结局也不会差到哪儿去，只是赚多赚少的问题。我还是讲中国平安，哪怕你在 2007 年大牛市的最高点买了中国平安，持有到 2020 年也是赚钱的，收益率大概是 40%，在 13 年中，年化收益率是 2.62%，跟定期存款差不多。少是少了点，但是起码比很多人做了十多年股票，辛辛苦苦地短进短出还亏钱强很多！何况买在最高点的概率也是很低的，一般都是买在半山腰，那么 13 年的盈利基本可以达到 100%，年化收益率应该会超过 5%，高于银行理财产品收益率。

第二步就是选择一个好价格，那什么时候会有好价格呢？一个是在大熊市时，比如 2008 年、2015 年、2018 年，如果你在这三年当中的任何时刻买入中国平安，持有到 2020 年，收益都是非常可观的；另一个是业绩受外部影响短期大跌时，比如 2020 年疫情期间。

所以我们做股票一定要买在股票价格便宜的时候，别人疯狂的时候，你要冷静。如果真是牛市，那么必将出现好公司普遍上涨的局面，市场才涨了几天，很多好公司还没有启动，所以我们应该去买这些公司，不要去追涨买入短期涨幅太大的公司。如果碰到阶段性行情，那么接下来这些暴涨的公司股价怎么涨上去，就会怎么跌下来，而你涨幅没吃到，跌幅全吃进去，最后还是亏大钱。

很多散户炒股多年，每一次都这样追涨买进去，最后没有几次是赚钱出来的，账户一直是亏损状态。如果给他们一个机会重新选择，他们很可能宁可选择不进股市，因为这样不用花费那么多精力，而且也不至于亏那么多钱！所以每当你害怕踏空，追涨杀跌的时候，应该仔细考虑一下，这样看似抓住了每个机会，但实际上结果往往是什么也没抓住，还会亏掉很多血汗钱！所以不要怕踏空，踏踏实实去买还没开始涨的价值股或者继续按部就班地定投指数基金，这就是大盘暴涨之下最佳的布局策略！这些价值股往往价位不高，即使市场大盘跌下来，你也不会亏太多，有安全垫，摔不死！

如果实在选不出适合买入的公司，那么也不用焦虑，安心定宽基指数基金，不用去管大盘涨多少，更不要羡慕别人今天一个涨停板，明天一个涨停板，他们亏钱的时候不会跟你说！而保持固定的节奏按月定投，长期来看，大概率可以有 7% ～ 10% 的收益率。按照这个收益率计算，一般工薪阶层花 10 年左右时间，积累起来的财富每年带来的收益平均就会有几万元。

如果不相信，我可以给你粗算一下：我以沪深 300 指数基金历史数据回测，假如你每月存下 2000 元去定投跟踪这个指数的基金，10 年时间，正好差不多可以获得 100% 的总收益，年化收益率大概 7%，最后总资产大概 50 万元（见图 3-24）。（大家要注意了，2010 年大盘也是 3000 点，2020 年也是 3000 点左右，所以这 10 年并不是股市最好的 10 年。）

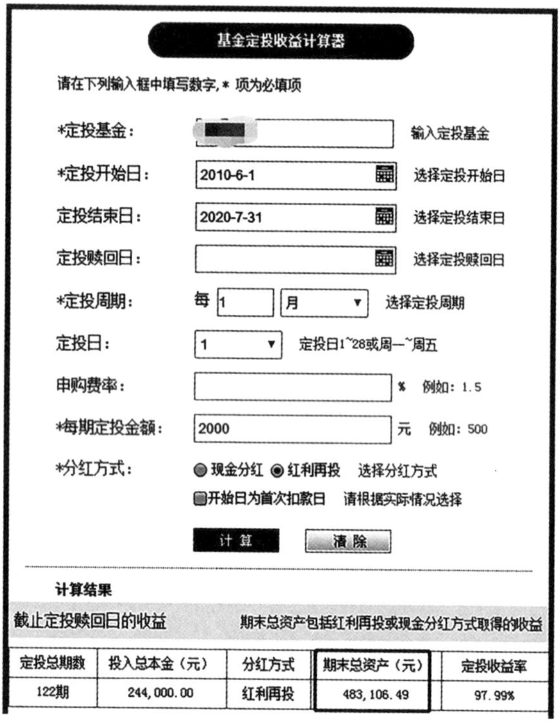

图 3-24　基金定投收益计算

如果再以这 50 万元为本金，不再继续定投，每年获得 7% 的收益率，那么一年收益大概是 3.5 万元，每月大概 3000 元，对于普通人来说，赶上大半个月工资了。这就是复利的力量，你只是改变了"炒股"的方式，就可以大大改善财务状况。而如果你还是一如既往地短线炒股，10 年之后，不仅很可能还是亏钱，最后精力都浪费在股市里面，工作和家庭都顾不上，那真是得不偿失了。

精选留言

壳儿：

请教老师一个问题，您说要长线持有指数基金，但是如果短线涨到一个满足心理预期的收益，是止盈落袋为安好，还是继续长期持有更好呢？

十点：

卖不卖出，要看市场是否高估，而不是看是否达到了你的预期收益！

避免价值股亏损的好方法

在本节，我通过复盘中集集团的整个投资过程，来说明避免价值股投资亏损的一个有效方法。我们看一下中集集团在 2018 年 3 月—2019 年 4 月的股价走势图（见图 3-25）。

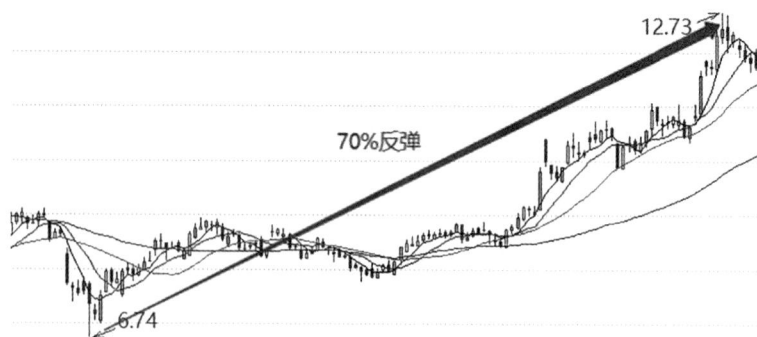

图 3-25　中集集团股价走势（2018 年 3 月—2019 年 4 月）

当时中集集团已经从高位跌下来 20%，如果从 2015 年的高点来算的话，已经跌了 50%。但是出人意料的情况是，中集集团之后又一路狂跌了 45%，也就是说，假如在 2018 年 3 月买入中集集团，那么持有到半年后的 10 月，账面亏损将超过 45%。再之后的半年，中集集团又反弹了 70%，离一年前（2018 年 3 月买入）的成本价还差 15% 解套。

接下来，更让人崩溃的事情发生了，眼看着要回本了，市场又调头向下，而且跌破了前期低点——从 2019 年 4 月跌到 2020 年 5 月（见图 3-26），前后持有了两年多，还是深套 50% 以上，这绝对是让人崩溃的结果！

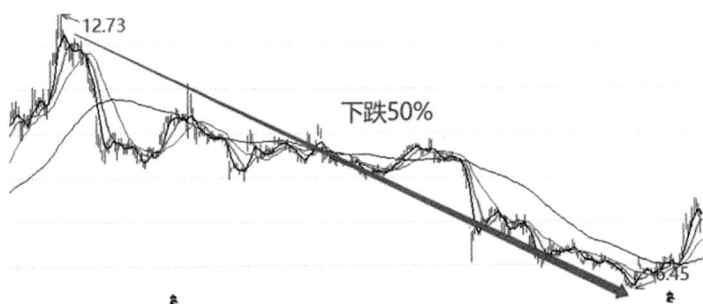

图 3-26 中集集团股价走势（2019 年 4 月—2020 年 5 月）

如果从 2018 年 3 月 9 日买入中集集团算起，持有到 2020 年 5 月 27 日，那么累计亏损将达 55.78%。也就是说，买了所谓的价值股，长期持有了两年多时间，还亏损了一半多，我想一般人都会崩溃了，肯定会怀疑价值投资的可行性，甚至开始怀疑人生了。但是这就是现实，赤裸裸的现实，也是市场的风险所在。

问题是在这个时候，让你彻底崩溃的事情还不只是这个。2020 年爆发的全球新冠肺炎疫情，让中集集团的业务几乎停滞，市场前景一片黑暗，有些人看着中集集团持续亏损，甚至担心这家公司会不会倒闭退市？

至于后来国内疫情控制好了，国外疫情继续暴发，从而让中国外贸产业在疫情中重新崛起，这些都是后来发生的事情，这在当时（2020 年 5 月）肯定是想破脑袋都想不到的好事。

到 2020 年 5 月 27 日，如果你不想心态崩溃，还想继续坚持看好中集集团的未来，除了要拥有强大的内心之外，最重要的还是要全面深度了解中集集团所处行业的周期性特点，还有公司的生意模式。即使这些你都拥有，继续持有到 2020 年 11 月，你还是亏损了 16.07%（见图 3-27）。

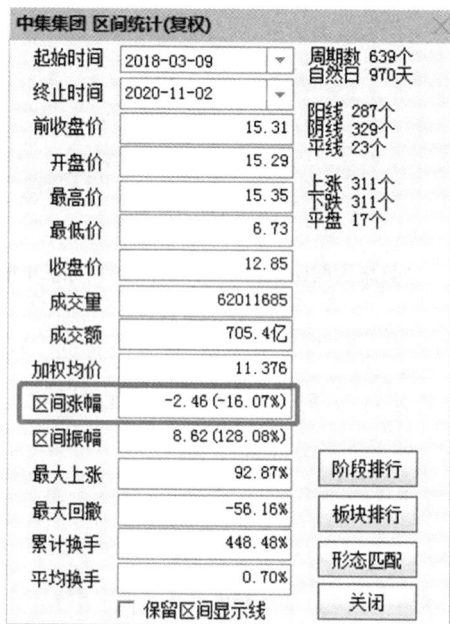

图 3-27　中集集团区间涨幅（2018 年 3 月 9 日—2020 年 11 月 2 日）

看了以上整个过程，我们发现光选择好公司还不够，还得要选择一个好价格！如果没有好价格，那么很容易会像中集集团这样，持有快 3 年了，却依然亏损。期间如果忍受不了长期亏损的压力，那么最后很可能会亏钱出局，所以投资了价值股也没用。

但是，我们普通人也确实很难确定什么价格才是好价格，难道就只有亏钱的命了吗？不是！下面我就介绍一个好方法来规避买入价值股之后长期亏损的问题。

这个方法就是：创新低分批买入法！

重新回顾上面讲到的中集集团的投资过程，如果不是一次性投入，而是分批投入，那么情况就完全不一样了，见图3-28。

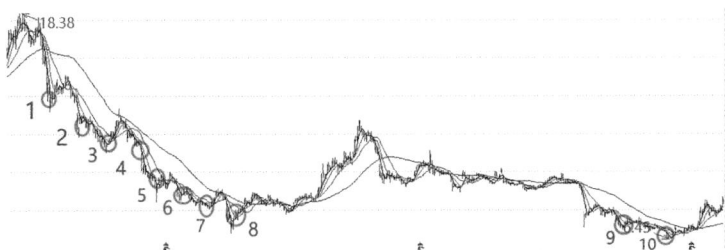

图3-28   分批买入中集集股（2018年3月—2020年11月）

比如，在股价每次创出新低时买入1万元（如果资金有限，一次买入1000元也可以，只要够买100股以上即可），那么累计投资下来，总持仓成本肯定比一次性投入更低，你的心态也会更好，粗略估算，最少可以比一次性投入降低一半的持仓成本。而且这种建仓方法，操作上也非常简单，不需要花太多时间和精力去预测和学习各种技术分析。按照2018年3月9日的一次性买入成本15元计算，创新低分次买入的成本会降低一半，就是7.5元。截至2020年11月，中集集团的股价是12.85元，那么总收益率的计算方式如下。

总收益率＝（12.85–7.5）÷7.5×100%=71.33%

所以按照创新低分批买入法投资，持有价值股2年8个月的投资总收益率从亏损16%到盈利71.33%，跑赢一次性买入方法87个百分点。按照71.33%计算，年化收益率是22.5%，远超银行理财和指数基金定投。但是你能做到在股价大幅下跌的时候，风轻云淡地继续买入吗？估计很多人未必能做到，所以普通人还是要把精力放在本职工作上，然后坚持长期定投指数基金，获得稳稳的幸福，人生会完全不一样！

下面我再总结一下价值股投资的两个步骤。

第一步：选出自己能够理解、确认5年内公司不会倒闭的价值股，买入100股作为底仓并开始全面关注。只有买入了，你才会真正用心去体验和关注这家公司，否则这家公司的变化跟你都是无关的。

第二步：如果出现大幅下跌，股价创出新低，果断加仓。加仓资金因人而异，给大家一个参考数据，比如最多不能超过计划总投入资金量的10%。假如你计划总共投入10万元，那么每次加仓幅度不超过1万元。

什么时候卖出？如果公司长期看好，可以永久持有。如果出现了各种高估信号，可以适当减仓，甚至清仓。具体什么时候是高估，这个需要基于个人对所投公司研究的不断深入，持续地去提升认知，我也还在学习中。总之，不要期望买在最低点、卖在最高点，一般价值股至少要持有2～3年，长的甚至要5年、10年。当然，你也可以像买入的时候一样，分批卖出！

最后，告诉大家一点：当你持有一只股票一两年还亏损的时候，只要你对所投公司有深入的了解，坚信其内在价值，就可以认为眼下的亏损只是给你提供了更多的廉价筹码，要感恩市场给你这个机会。这样想之后，你的心态会好得多。

我们必须接受这样的事实：股票不是存款，更不是债券，它的收益不是线性的每日增加。当持有分众传媒将近2年的时候，我的浮亏还将近30%。但是我一点也不担心，反而很高兴，因为可以按更低的价格买入更多筹码了，之后我取得的收益也证明了我的判断。

精选留言

网友李某某：

每天拜读十点老师文章，让我不断坚定信心，忽略短期波动。不过我还想请教个问题，我现在背负房贷150万元，工作收入稳定，公积金足以覆盖月供，近3年攒了现金约30万元，那么这30万元是该用来提前还部分房贷，还是用来定投基金呢？希望您能给点建议，谢谢！

十点：

毫无疑问，建议定投基金。只要房贷利率低于定投基金的平均年化收益率，就不建议去提前还款！

（本条留言涉及个股交易，故隐去。）

十点：

不要问我买卖点，当你问别人这个问题的时候，说明这根本不是你能力范围内可以赚的钱！正确的方法是通过吸收各种信息和长年累月的学习，不断扩大能力圈，直到自己能够独立判断机会和陷阱。记住：关于投资的决策，以后不要问别人，在这方面谁也帮不了你，最多给你点启发，包括我在内！

祥云：

除了您文中所写的，感觉我们还要克服早买早受益的错误心理，在股市里面，也许是早买反而亏损更多！

十点：

这句话很有道理，这也是大部分散户一直有的错误心理，总是想要早点满仓！

人间四月天：

老师，我有一个问题，股票创新低了继续补仓，如果后面涨上去了，但是又看好这个公司，就不能加仓了吗？看老师的文章受益匪浅，希望得到老师的回复，谢谢。

十点：

当然可以，但是这种操作的难度会更大，因为成本会不断变高，一旦股价下跌，你就很容易变盈利为亏损，原本坚定的内心也就更容易崩溃！

Alexander：

我今年29岁，马上30岁了，正在为攒下第一个100万元努力。我白天上班，现在晚上下班开始做兼职，就希望多赚钱、多定投，每月定投基金去"播种"。原来我每天过的是没有目标的日子，真的是每一秒都觉得这样打工下去，一切都不会改变。现在有了目标，就是努力增加收入，定投基金，改变家人和自己的生活条件。小时候我觉得长大了自然就会过上梦想的好日子，现实是经济上的压力压倒了一切理想。其实，我现还没有看到希望，因为刚坚持了不到两个月，但是我选择了相信，我就觉得这事有希望。我的父母不相信，家人也不相信，朋友更是嘲笑我，他们认为投资资本市场、投资股票不可能赚到钱。您说要改变思想观念，拥抱正确的价值投资方法。现在我在众多"不相信"的声音中坚持着开始了定投。我不太懂投资，所以就用打工赚的钱定投指数基金。没有人愿意慢慢变富，我也一样，但是在自己所学的知识和认知里，我找不到其他更好、更快地使我赚到 100 万元的方法了，所以我相信不断赚钱去定投指数基金，好好工作赚钱，好好学习，自己一定会在 10 年内攒下第一个 100 万元。

十点：

你做了正确的事情，做正确的事情时，内心会非常笃定，不需要在意别人信不信。不知不觉，当别人与你的差距越来越大时，他们不再会怀疑你，而是会羡慕你，当然这一切都不重要，重要的是你和家人的生活会越来越美好！除了暂时兼职赚钱外，学习、提高自己才是增加收入后劲的重要手段，所以别忘记持续学习！

账户盈利变亏损后的操作建议

2021 年上半年，很多朋友的股票账户从盈利变为了亏损，看着账户由红变绿，心里真的很难过。他们心里肯定在后悔：为什么没早点抛出，现在买入该有多好啊！每当股价下跌之后，就会有人产生这样的幻想，他们有这样的幻想也很正常，但想想就可以了，不要当真！如果你按这个想法去操作，那么就要犯大错误了。有些人对高抛低吸追求了一二十年，最后不但没有做到，反而把本金都快亏完了,这是市场对贪婪者的惩罚!

在本节,我们要讨论的话题是:账户从盈利变成了亏损之后,该怎么操作?割肉还是死扛?或是加仓?我还是举例阐述我的观点。

第一种情况:你买入的是好公司、价值股。比如洋河股份(见图 3-29)。

图 3-29　洋河股份股价日线

假如你不幸在 2018 年 1 月的阶段性高点买入了洋河股份,也就是在 2014 年、2015 年、2016 年、2017 年连续 4 年上涨了 289% 的基础上,你听了别人的意见,轻信股市能赚钱,不加判断地买入了洋河股份。然后洋河股份开始进入长达两年的调整期。

你在 2018 年 1 月买入后持有到 2018 年 6 月,账户盈利 15%,看着很舒服。不过,很快市场开始进入下跌通道,你盈利 15% 的账户会接连着亏损 20%、30%。最终持有到 2020 年 3 月,疫情暴发,餐饮企业都受到了影响,也降低了对白酒的消费需求。你的账户亏损也达到了 32%，持有一只股票 2 年 2 个月，亏损 32%，这真的让人好绝望，你不知所措，很想割肉。

　　同样是 2018 年 1 月，你的朋友也买入了洋河股份，但是他水平很高，恰巧在 2018 年 6 月卖掉清仓，还赚了 15%。不过后来 2018 年的市场很熊，他很保守，卖出后一直空仓。而你知道洋河股份是好公司，市场迟早会涨回来，反正现在卖出的钱也没用（这就体现了用闲钱投资的重要性），就继续拿着吧，持有到了 2021 年初，洋河股份的股价走势见图 3-30。

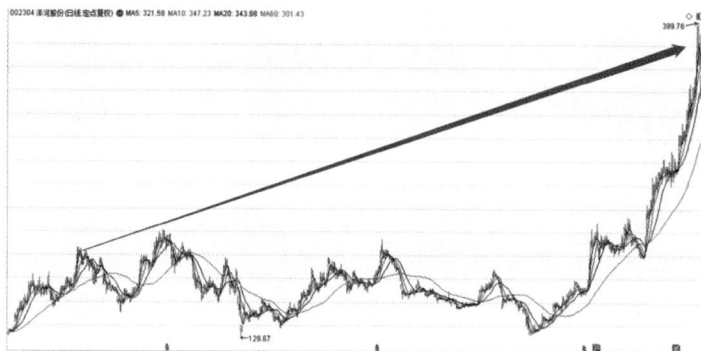

图 3-30　洋河股份股价走势

　　从 2018 年 1 月持有到 2021 年 1 月，总共 3 年时间，总盈利 80%，远比你朋友的 15% 赚得多。但是你还是没有卖出，持有到 2021 年 3 月，盈利又回吐了不少，账户盈利只有 31% 了，那么这时到底卖不卖呢？这时你应该问自己：卖出后，钱投到哪儿？有更好、更有把握的投资方向吗？没有的话就应该继续持有，如果能优化一下这个买入方法，那么你肯定可以赚得更多。

　　假如我们在图 3-31 中的几个深套区域分别再补一些仓位，那么平均持仓成本可以降低 20%，到 2021 年 1 月，总盈利可以达到 110%，比一次性买入多赚 30 个百分点。持有到 2021 年 3 月，盈利 60%。按 3 年 60% 收益率粗略计算，可得年化收益率为 20%，这个收益也是不错的！而且，2021 年 3 月市场又到了相对低位，如果我们持续分批买入，那么未来年化收益率会更高。

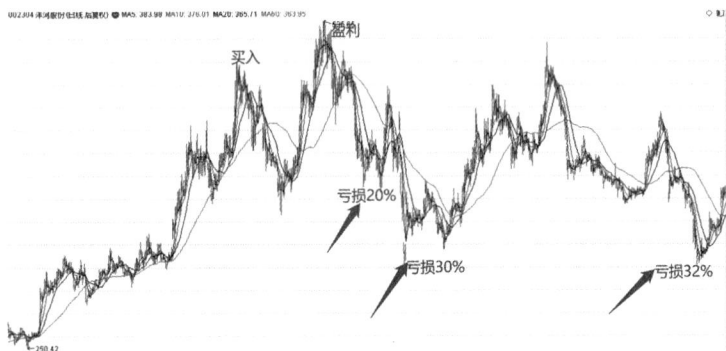

图 3-31　洋河股份股价走势（在深套区域补仓）

这种方法仅适用于买入的是好公司的情况。如果你持有的是好公司，那么请忘记浮亏，那是数字波动，没什么好害怕的，你如果还有闲钱的话，应该在股价便宜的时候继续买入。

第二种情况：你买入的是垃圾公司、概念股，那么没什么好说的，只能自食苦果，投机的结局就是容易走极端，而且大部分普通人都会滑向亏损的一端。

如果你只想好好做个正常的人，好好过生活，那么就不要去"投机"！你想要过什么样的生活？在选择投资方式之前，你需要考虑好这个问题。

总结一下：买入好公司之后的账面亏损都是暂时的，所以你要做的是不断收集更多廉价的筹码，忘记浮亏。进行这样的操作之后，亏损的时间越长，将来你会赚得越多！

精选留言

网友张某某：

十点老师，假如大盘经过一段时间调整，手中持有的低估股票没怎么涨，后面大盘行情启动上涨的时候，其他白马股上涨得很快，但自己持有的这些被低估的股票还是不涨，应该怎么办？怎么分析这种情况？有没有可能三五年后，现在高估的白马股又创新高了，低估的还是没怎么涨？非常感谢！

十点：

白马股持续创新高是一定会出现的情况。低估的股票三五年没有上涨的概率不大，但不能说完全没有可能。

每两年就有翻番收益的机会

投资其实跟做实业是一样的，靠运气可以赚快钱，但是结局也一定是靠"运气"再亏回去，甚至倒亏！这样的案例比比皆是。很少有人能够在通过运气赚到钱后，开始踏踏实实做事情，保住利润。相反，一般人靠运气赚到钱后，会以为真是自己靠本事赚到的，反而加大投入和扩张，最后一个小小的意外情况，就可以让他彻底破产。所以请放弃靠运气赚钱的想法，慢慢变富会让我们很幸福、很踏实！

回到投资的话题，我们一定要学会慢下来，这才是最快的赚钱之道！怎么理解这句话呢？我们很多人一直希望买到牛股，幻想着获得一年几倍甚至几十倍的收益。结果呢？一二十年下来不但不赚钱，还很可能会亏掉本钱。如果我们学会了慢，定期买入指数基金，长期下来，根据历史数据，每年平均年化收益率在7%～10%，10年下来才会有100%的收益。但我们会发现自己手头越来越宽裕了，因为除了投资收益外，我们强制自己把部分收入储蓄起来了。

所以通过定投指数基金做理财的正确步骤是：第一步是存钱，第二步是做确定性高的增值。这样通过长期的坚持，财富在不知不觉中就积累起来了，而这个积累的过程几乎不会受到意外因素的影响，因为一切都有很高的确定性。虽然看似慢了点，但拉长一二十年看，我们的收益会超越90%以上的投资者。

下面再讲一个我们具体操作股票的时候，看似"比较慢"、其实是最快的方法。我们当中的大部分人眼里只看得到已经涨了很多的股票，对于没涨起来的股票，一般人看不到，也不屑于看。那么我们能不能反过来操作呢？当然，值得我们这样反过来操作的只有两类投资品种。

第一是指数基金。指数的未来就是国家的未来，人类的未来。100年后的社会肯定比现在好，所以指数的未来一定是上涨的，这个毫无疑问。短期内1～2年社会经济出现波动也是有可能的，但是拉长到 10 ~ 20 年，社会经济几乎是不可能倒退的，历史的车轮总是在前进和发展的。所以我们长期坚持定投指数基金，在长期的未来一定是会盈利的，这是一个大概率、高确定性的事件。

　　第二是价值股，为什么是价值股？因为价值股的未来也总是涨，公司 10 年内不会倒闭，所以选择价值股等于选择了未来。**而这种对自己所选择的价值股未来一定上涨的坚定信念是非常强的，甚至如宗教信仰一般**。那为什么有那么强的信念？这源自对这家公司的理解，对其生意模式的理解，不论风浪多大，我们都相信这艘价值股的"船"不会沉没。只有这样的坚定信念，才能让我们在这只股票下跌的时候有勇气去买入，否则面对股票下跌的时候，我们就很容易陷入恐慌，跟风割肉。

如何实现每年稳定 20% ~ 30% 的收益率

　　在本节，我们先来计算一个价值投资获得回报的过程。

　　首先我们要寻找一个确定的好公司，当然，不用找特别好的，因为特别好的公司没有代表性。我们就随便找一个普通的价值股，比如，伟星新材（原伟星管业）。

　　我们先看这个公司没有复权的年线图（见图 3-32）。

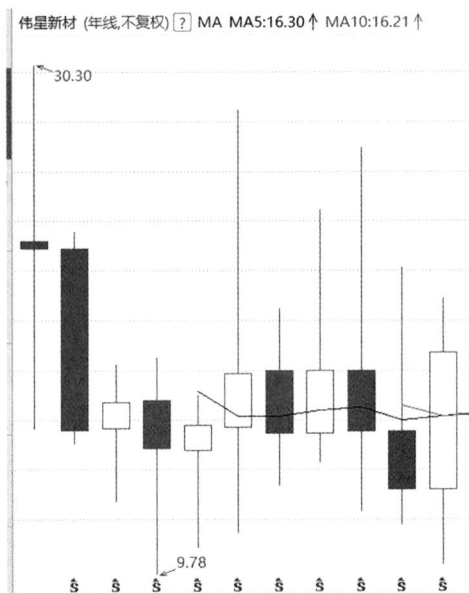

图 3-32　伟星新材不复权年线图

2010 年上市后，这家公司每年都稳定分红，而且分红比例也不低，一般都在 4% 左右。假如我们剔除第一年上市没有分红，从这家公司上市的第二年开始第一次买入 10 万元，那么之后这几年我们可以获得多少收益呢？

2011 年末收盘价是 15.55 元，那么 10 万元总计买入大约是 6400 股，当年分红每 10 股 3 元，那么可以分得 1920 元，然后我们选择分红转投入，1920 元还可以买入约 123 股，那么到年末总计变成了约 6523 股。

2012 年每 10 股派送 8 元现金，那么 6523 股可以获得约 5216 元现金，这个时候我们计算出 10 万元本金投入的第二年就可以获得 5216 元现金，相当于 5.2% 的收益率，超越银行理财产品收益。股价上涨部分，我们不用去管它，因为你准备长期持有，不卖出，股价跟你其实无关。如果我们继续选择分红转投入，那么 5216 元，按照 2012 年年末的收盘价 16.72 元计算，可以买入约 312 股。那么到 2012 年年末，我们可以得到约 6835 股。

2013 年每 10 股派送 8 元现金再送 3 股，那么 6835 股可以获得约 5468 元现金，送约 2050 股。这个时候我们可以计算出，10 万元本金投入的第三年就可以获得 5468 元现金，相当于 5.44% 的收益率，超越银行理财产品收益。股价上涨部分，我们不用去管它，因为你准备长期持有，不卖出，股价跟你其实无关。如果我们继续选择分红转投入，那么 5648 元，按照 2013 年年末的收盘价 14.82 元计算，可以买入约 369 股。到 2012 年年末，我们的总持股数约为 9254 股。

以后每年都按此方法操作，根据伟星新材每年的分配方案，到 2020 年年底，我们的总持股数将达到约 51 000 股。

按 2020 年年底的收盘价 15.97 元计算，我们持股市值为 814 470 元，也就是说，无论股价的涨跌，投资 9 年，获得了约 700% 的总回报。按照往年每股平均分红 0.5 ~ 0.8 元，取中间值 0.65 元 / 股计算，以后每年总的分红收益约为 33 150 元（0.65 × 51 000）元，按照 10 万元的本金计算，年回报率高达 33%。大家有没有发现，如果我们要把当年的分红再投入，那么你期待年底发生的事情不再是股价涨到天上去，而是期望它股价跌得越低越好，因为你这样可以得到更多的股数，明年可以得到更多的分红。

如果你这样去想了，根本不会去关心今年股价有没有涨，而会更关心今年分红多少？有没有送股？这就是真正的价值投资了。如果期间你再通过努力工作赚到更多的现金，然后持续买入伟星新材，那么9年后，你可以获得更多的分红收入。

好了，思路已经理得很清楚了，有些数据各位读者可能看不懂，或者我可能算得也不够精确，但这些都不重要，出入不会很大，学习分析的思路更重要。去找一只你能够理解的价值股，用这种思维和方式去操作，你离财务自由的目标就会越来越近！

价值股什么时候应该卖

价值投资的核心就是：价格永远围绕价值波动！这是常识，所有人都知道。一般在初中就学过这个知识，只是大家不把常识当回事。以后不要说自己因为学历低才炒股亏钱，学历低不是你的借口。价值投资所有用到的知识都是常识，真的没有高深的技术，哪有技术分析派的波浪理论、布林线、KDJ复杂？巴菲特和芒格都说过：只要愿意学，人人都可以学会价值投资，你不需要很聪明，只要能坚持常识不动摇。今天我们就来讲讲如何用"价格围绕价值波动"这句常识性的话解决价值股卖出的问题。

一只价值股的长期价值是往上走的，但是价格会像盘山公路一样呈"S"形向上波动延伸（见图3-33）。如果你想赚取市场波动的钱，那么就要解决买点和卖点的问题。其实，买点好解决，市场特别低迷、市净率跌到历史低位附近时，一般都是低估的时候，择机低吸即可，这个问题我已经讲得够多了。关于卖点，我其实从未跟大家详细讲过，主要原因是：价值股长期看都是越涨越高，而且没有最高点，只有更高。所以真正的好公司，只需长期持有即可，无须考虑卖出。大部分人都想高抛低吸，这其实是不可能完成的任务，往往会做成低吸高抛，成本越做越高。

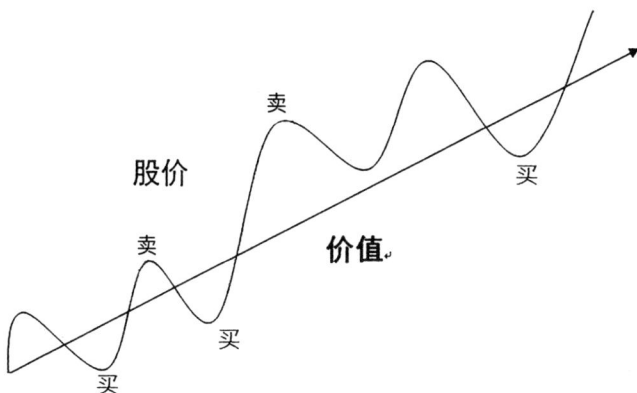

图 3-33　价值股的股价呈"S"形向上波动延伸

但是那些自律性比较好、操作果断的人，还是可以实现把价值股公司收益的钱和市场波动的钱都赚到的。芒叔在 10 年中做到了 50 倍的收益，年化收益率做到 40%，其中 25 个百分点的收益是来自市场波动，真正来自企业自身收益的钱只有 15 个百分点左右。因此，如果有能力赚取市场波动的钱，那么可以大大增加绝对收益率，尤其国内股市是一个散户为主的市场，波动还是比较大的，所以这部分利润也很丰厚。

另外，如果你能够赚取市场波动的钱，那么完全可以实现低风险高收益，就是我们上次说的价值投资方法：永远赚价值股从低估涨到合理估值之间的这段利润，从合理估值到产生泡沫之间的这段涨幅，我们放弃，这样高风险就会离我们永远很远。今天我们探讨的是价值股在什么情况下可以卖出，按照"价格围绕价值波动"的常识指引，价值股在市场估值进入合理区间的时候就可以卖出！这种合理估值区间的判断依据是市净率上升到历史平均水平附近。接下来我们还是举例来说明，比如万科 A。

我们看到，万科 A 在 2005—2020 年的股价日线图波动幅度还是很大的（见图 3-34），股价有很多次从低估到合理，从合理到高估，再从高估到合理，最后又回到低估。

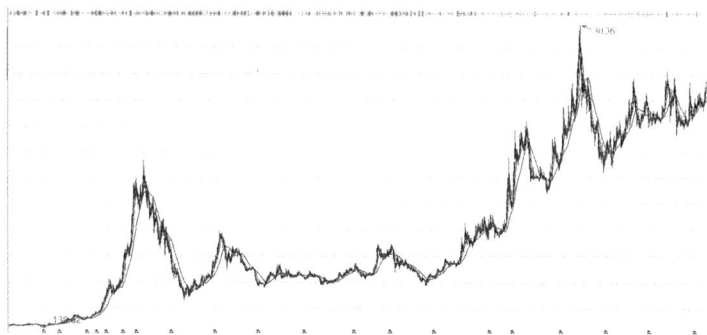

图 3-34　万科 A 日线（2005—2020 年）

再看万科 A 的市净率波动图（见图 3-35），很清楚反映出了股价的变化，我们也很容易看出来什么时候高估了，什么时候低估了。

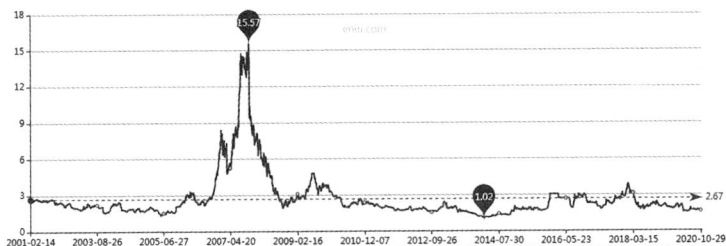

图 3-35 万科 A 的市净率波动图（2001 年 2 月—2020 年 10 月）

从历史数据来看，万科 A 在 1998—2010 年期间的历史最低市净率是 1.27（见图 3-36）。

图 3-36 万科 A 的市净率走势（1998 年 5 月—2010 年 12 月）

那么当市场下跌到 2013 年 12 月底的时候，市净率到达了历史低点 1.27 附近了（见图 3-37）。我们再看看 2013 年 12 月底，万科 A 的股价（见图 3-38）。

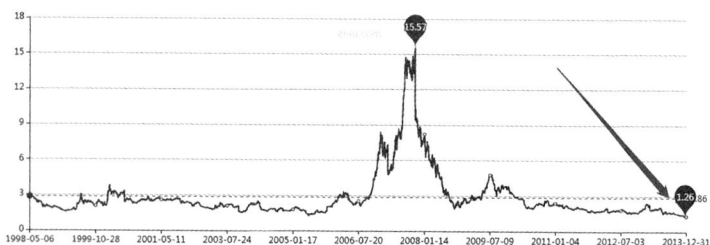

图 3-37　万科 A 市净率走势到达 1.27

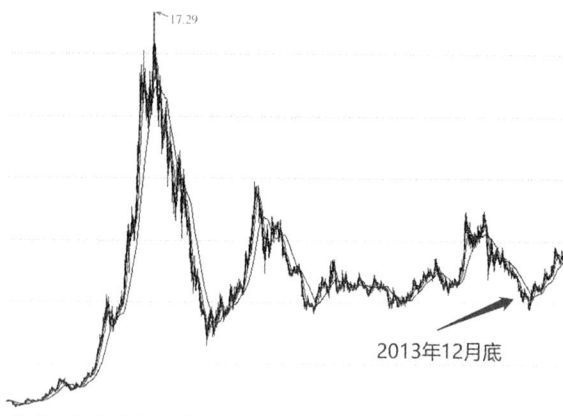

2013年12月底

图 3-38　万科 A 市净率在 1.27 附近股价走势情况

　　市场已经明显低估了，如果选择 2013 年 12 月底买入，往下空间非常有限，而往上的空间非常大，至少有翻倍的利润空间。

　　那么后来事实证明，这种判断是很可靠的，假如你 2013 年 12 月底买入，市场又继续下跌了 3 个月，一直到 2014 年 2 月底创出新低后直接反弹（见图 3-39），随后不到 1 年时间，大概 11 个月，万科上涨了 110%。

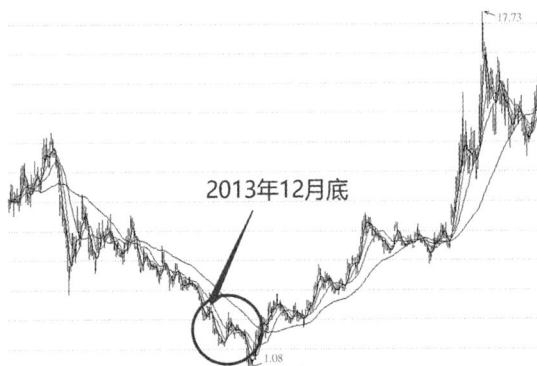

图 3-39　万科 A 在 2013 年 12 月底买入后创新低反弹

　　而当时继续往下跌了多少呢？跌了 13.39%（见图 3-40）。几乎完全符合我们的预期，往下空间有限，往上空间翻番。那么什么时候该卖出了？我可以根据每股净资产计算出来合理的股价。

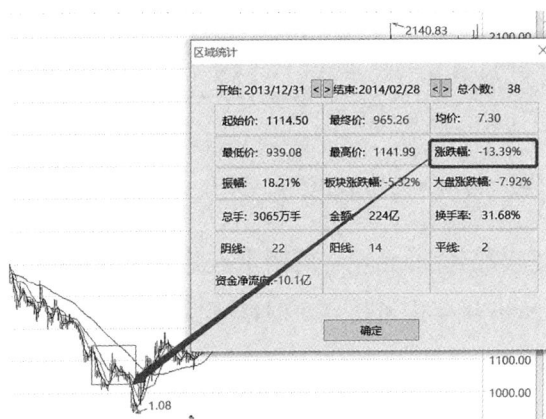

图 3-40　万科 A 区间涨跌幅（2013 年 12 月 31 日—2014 年 2 月 28 日）

　　万科 A 在 2013 年的每股净资产是 6.98 元（见图 3-41），当时的历史平均市净率是 2.9（见图 3-42），那么合理的股价是：每股净资产 × 历史平均市净率 =6.98 × 2.9≈20.2 元。这是什么意思呢？就是股价涨到 20 元左右时就可以卖出了。

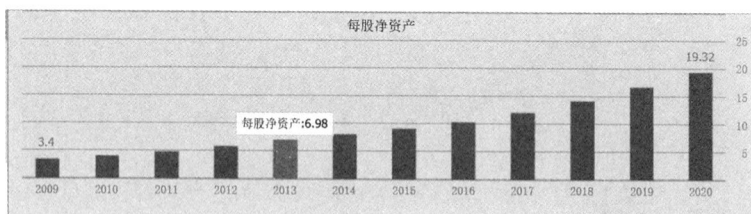

图 3-41　万科 A 每股净资产统计（2009—2020 年）

图 3-42　万科 A 市净率走势（1997 年 1 月—2013 年 12 月）

在不复权涨到 20 元左右的两个点是否应该卖出？这里时间已经到了 2016 年年中了，这个时候其实又要看当时的每股净资产数据了。至少要参考 2015 年年末的每股净资产和当时的历史平均市净率数据，否则你肯定卖早了。

看下面两张图（见图 3-43、图 3-44），2015 年年末的每股净资产和历史平均市净率分别是：9.08 元和 2.75，那么合理的股价应该是：9.08 × 2.75=24.97 元，也就是股价到 25 元左右再卖也不着急。所以我们就要继续持有，持有到 2016 年 8 月，股价涨到了 25 元左右，可以考虑卖出了（见图 3-45）。

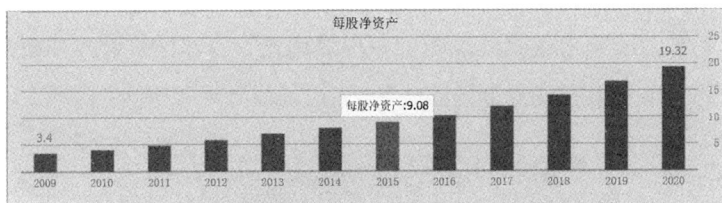

图 3-43 万科 A 每股净资产统计（2009—2020 年）

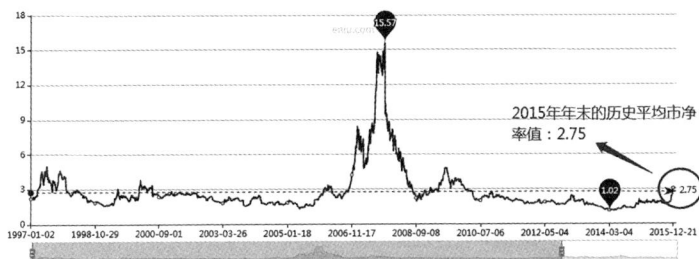

图 3-44 万科 A 市净率走势（1997 年 1 月—2015 年 12 月）

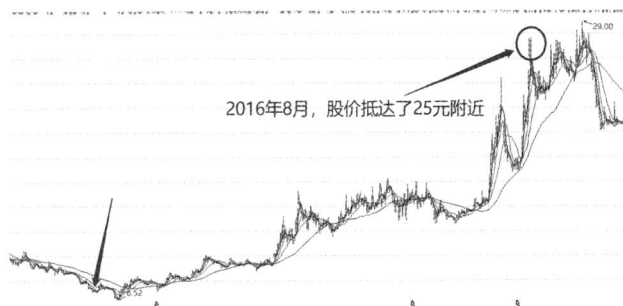

图 3-45 万科 A 在 2016 年 8 月前后走势

从 2013 年 12 月持有到 2016 年 8 月，总共 2 年 8 个月时间，万科 A 股价从 7.79 元涨到了 24.93 元，涨幅高达 217.18%（见图 3-46）。期间长期持有万科 A 的理由充分而清晰，完全不用焦虑，只要你会加减乘除就可以明明白白算出来，有小学文化水平就足够了，而不用去理会市场的波动。

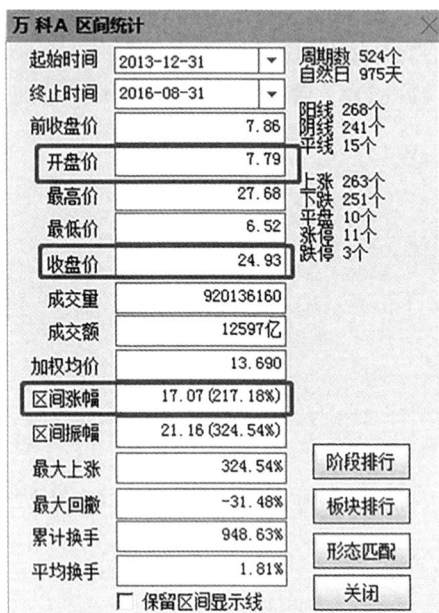

图 3-46　万科 A 区间统计（2013 年 12 月 31 日—2016 年 8 月 31 日）

虽然在之后 1 年多的时间里，万科 A 又涨了 70%，那是股价合理估值区间涨到高估区间的过程，也就是泡沫阶段，具有高风险，我们就不参与了。2018 年 1 月万科 A 股价创出 42 元的新高后就一路下跌，持续跌了两年多，每股净资产已经上升到每股

16 ～ 17 元，但是股价下跌了 40%，市场又开始出现低估的洼地了。2020 年 3 月 23 日，由于疫情的全面暴发，万科 A 的市净率又跌破了 1.5，这是绝对的低估区域，我们可以逐步开始建仓了。当时的股价在 20.5 元上下，感觉真的好便宜！之后市场又波动了半年，股价一直在 30 元附近，其中最高涨到 33.6 元附近，如果没有合理估价的计算，我们肯定早早就卖出了。从 20.5 元涨到 33.6 元，短短不到一个月涨幅已经将近 50%。现在大家回想一下，疫情高峰的时候，我让大家张开麻袋去收集低估的价值股，大家现在能理解了吧！这种"黑天鹅"事件就是给价值投资者送钱的机会，所有人都恐慌的时候，我们可以贪婪一些！真正验证了巴菲特那句话：别人恐慌的时候，我们贪婪！

这就是找到价值股的合理卖出价格的方法，我绝对毫无保留，全部介绍给大家了。

还有一点要说明的是：一旦价值股股价涨起来了，安全边际就变小了，继续上涨的概率和空间也变小了，这时就不值得追高了。大家可以用本节介绍的方法，去找寻属于自己的低估的价值股，如果没有找到，那么就拿着现金等待机会的出现！

判断股票是高估还是低估的绝招

如何判断一个公司的股价是高估还是低估，一直是困扰大家

的一个问题，那么有没有一个简单的方法来解决这个问题呢？在
本节，我们要探讨的就是这个话题。虽然这个方法不能解决精准
判断的问题，但八九不离十，而且容易学会，所以很值得大家花
时间来学习。

简单来说，这个方法就是用市净率来衡量股票的估值。我再
说一下市净率的概念，有些人可能还不知道，省得大家去查了，
市净率就是：每股股价与每股净资产的比率。

用市净率衡量股票估值的具体判断规则是：如果这家公司的
当前市净率低于历史平均水平，那么基本可以判断其处于低估状
态；反之，如果市净率高于历史平均水平，那么股价就是处于高
估状态。接下来，我继续用案例的形式，通俗地讲解这个方法，
我相信每个人都能理解和掌握。

1. 万科 A 的历史市净率如图 3-47 所示。

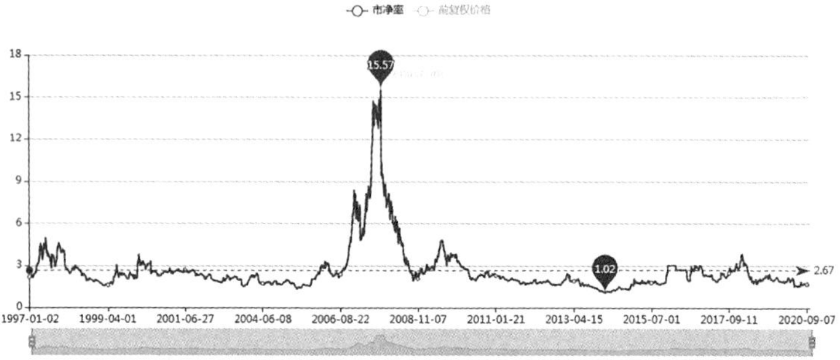

图 3-47　万科 A 的历史市净率（1997 年 1 月—2020 年 9 月）

从 1997 年开始，万科 A 的市净率起起伏伏，大部分时间在
历史平均水平之下的合理区间，所以万科 A 值得长期投资，很少

出现过分的暴涨暴跌。但是在大牛市中也出现过暴涨，比如 1997
年，万科 A 的股价从 1996 年 3 月的 3.2 元，涨到了 1997 年 6 月的
24.23 元，1 年 3 个月涨了将近 7 倍（见图 3-48），这种是明显的暴
涨过度，公司业绩再好也无法支撑这样的溢价，后市必暴跌。

图 3-48　万科 A 日线（1996 年 3 月—1997 年 6 月）

而当时对应的市净率涨到了多少呢？从低于历史平均水平的
2.1 上涨到了 5.02，远高于当时的历史平均水平 3.5。如图 3-49
所示。

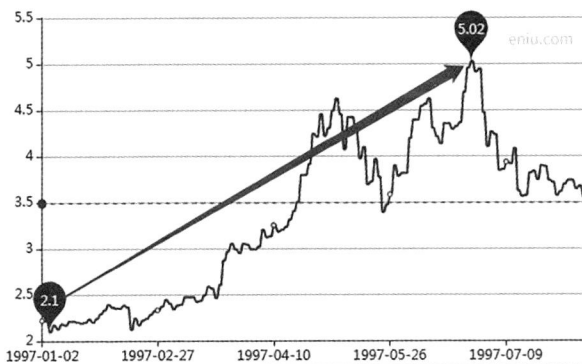

图 3-49　万科 A 历史市净率（1997 年 1 月—1997 年 7 月）

果不其然，在经历了 1997 年的暴涨后，万科 A 在 1997 年 6
月 23 日股价创出新高 24.23 元后，在接下来的 3 个月暴跌了 50%
（见图 3-50），之后 1 年多持续跌掉将近 70%。这告诉我们：好公
司也需要一个好价格，否则跌起来也是"六亲不认"。

图 3-50　万科 A 日线（1997 年 6 月—1998 年 6 月）

之后是 2006 年和 2007 年的暴涨，万科 A 的市净率一度最高
上升到 2007 年 10 月的 15.57（见图 3-51）。

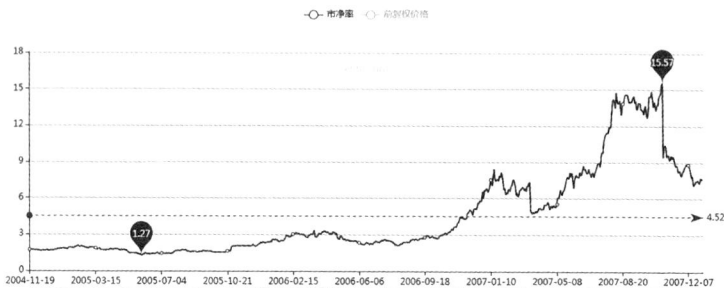

图 3-51　万科 A 市净率上升到 15.57

之后的 2008 年也出现了暴跌，如果按当时的市净率历史平

均水平 4.52 计算，2007 年万科 A 的市净率已经是历史平均水平的 3.5 倍左右了，比 1997 年更高估，随后的暴跌也更凶（见图 3-52）。

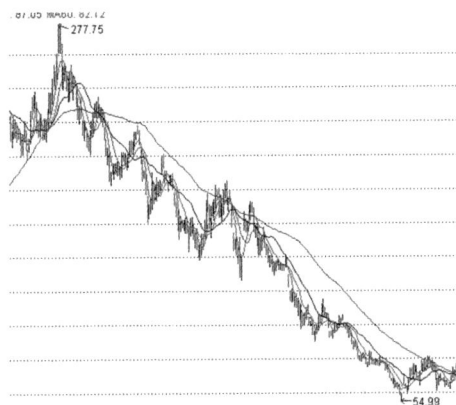

图 3-52　万科 A 股价在 2007 年后的暴跌走势

从 2007 年 11 月到 2008 年 9 月底，万科 A 在不到一年的时间里下跌幅度高达 75%，可以说是哀鸿遍野！之后，万科 A 的股价一直比较理性，市净率持续围绕历史平均水平上下波动，在这种情况下，我们可以长期持有，不用去管它了。但是像 1997 年和 2007 年的这种暴涨，我们还是要多加关注，可以果断减持或者清仓，这样可以很好地避免后续 60% ~ 70% 的跌幅，对于长期投资者来说，这样可以大大增加收益和降低风险。

当然，市净率最大的用处还是帮助我们选择买入点。比如，万科 A 历史上几个低估的阶段分别出现在 2005 年和 2012 至 2014 年，见图 3-53。如果在这两个低估阶段买入，收益率情况如何呢？

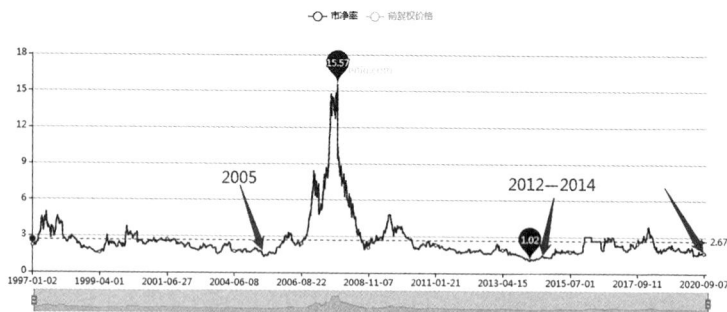

图 3-53　万科 A 历史上低估阶段

在 2005 年的低估区域买入后，随后两年收益率高达 1000%，也就是差不多 10 倍的回报。在 2012—2014 年的低估区域买入的话，接下来两年收益率高达 200%，也就是差不多 2 倍的回报，如图 3-54 所示。

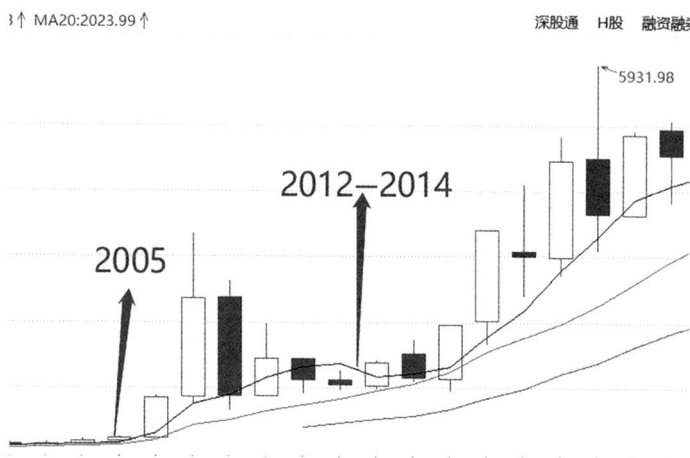

图 3-54　在 2005 年及 2012—2014 年买入万科 A

2. 贵州茅台的历史市净率如图 3-55 所示。

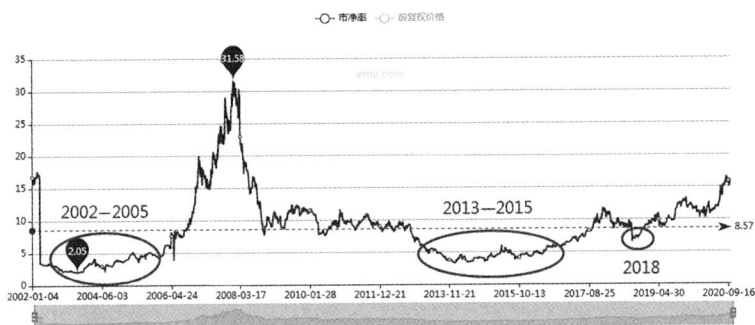

图 3-55 贵州茅台市净率（2002 年 1 月—2020 年 9 月）

　　我们再来看贵州茅台，按市净率来看，历史上明显的严重低估区域有 2002—2005 年、2013—2015 年、2018 年。通过市净率全局图我们可以很清晰地看到这些低估区域，但是通过股价的日线图却很难确定（见图 3-56）。

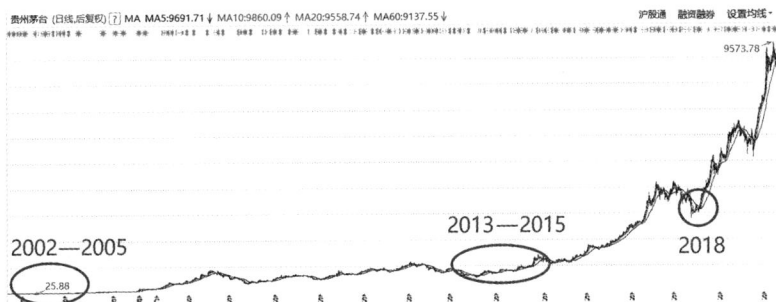

图 3-56 贵州茅台日线图（2002—2005 年、2013—2015 年、2018 年）

　　如果看股价日线图，你会发现，什么时候股价都不怎么便宜，尤其是 2018 年，股价看起来很高，而且调整了没多少。其实你看了市净率图就很清楚，2018 年就是买入贵州茅台的好时机，之后两年的涨幅也是 200%。

3. 上海机场的历史市净率如图 3-57 所示。

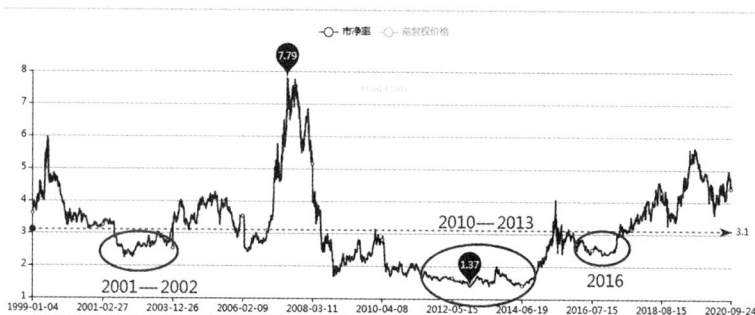

图 3-57　上海机场市净率（1999 年 1 月—2020 年 9 月）

我们再看一下上海机场的年线图，从图 3-58 中可以看出，2001—2002 年和 2010—2013 年的低估区域比较明显，但是 2016 年的低估区域从股价 K 线图上很难看出来，2016 年才跌了 7.92%，为什么是好的低估买入点呢？其实原因很简单，从 2010 年到 2015 年，股价虽然涨了不少，但是从上海机场的效益来看，业绩还是跑过了股价。所以 2016 年只是回调了 2015 年的部分涨幅，属于市场的技术性回调，从估值角度分析还是处于低估阶段，加上 2016 年股价下跌了一部分，所以从市净率角度分析更加低估了。

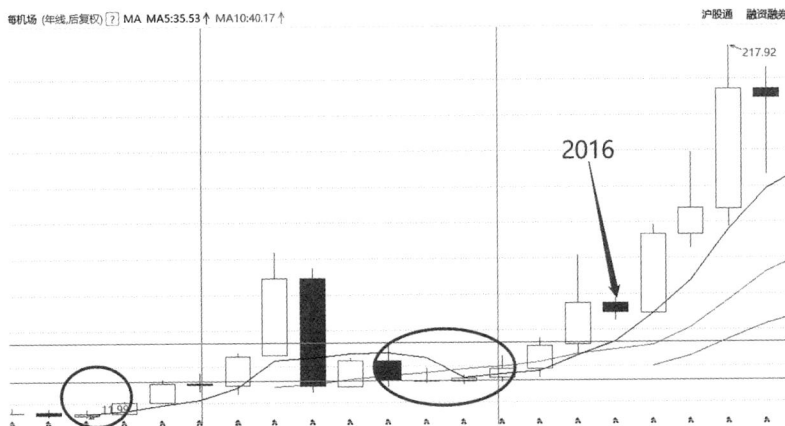

图 3-58　上海机场年线图，2016 年处于低估区域

　　果不其然，之后 3 年上海机场继续暴涨，直到 2020 年暴发疫情后才开始下跌。当然上涨到 2019 年，上海机场的股价其实已明显高估了。市净率在 2019 年 9 月冲到了 5.6，远超历史平均水平 3.1。

　　以上三个例子用于说明用市净率判断公司股价是高估还是低估的方法，已经讲得很清楚了，我就不再一一列举其他公司的例子了。我们如果进一步做简化，那么价值投资的有效方法只包括以下两步。

　　1. 找出公认的好公司加入自选股，只要你能理解这家公司的生意模式，它就是你的价值股。

　　2. 等待这些价值股的市净率回归到历史平均水平之下，然后果断分批建仓，并长期持有。

精选留言

Yammy：

老师，哪些类型的股票适合用市净率这个方法来估值？

十点：

重资产、中资产的公司适合，轻资产的公司不适合，比如腾讯、阿里这些公司不是靠资产来赚钱的，它们靠的是科技，所以相应的市净率这个指标对于它们的估值意义不大。

天气冷了：

希望十点老师多聊聊成长逻辑，很多股票本质上还是成长股，利润多年都是上升的。比如贵州茅台，10年利润翻十几倍。没有利润实打实地上升，只靠低估和价值回归来操作，盈利空间太小了，非常折磨人。

十点：

往往好公司也在成长，烂公司会倒退。就比如你说的贵州茅台，好公司会不断成长，如果能选择在低估时买入，那就更厉害了！

Helen：

看了老师的留言回复，市净率估值法适合"重资产、中资产的公司，轻资产的公司不适合"，我想问一下，这个方法是不是也不适用于周期股？例如老师之前分享的中集集团，谢谢老师解惑。

十点：

周期股适合这个方法。

网友张某某：

以前老听朋友说严重高估，都不知道怎么就"高估"了，学会了您的这个方法，以后我也可以当老师了。

十点：

也不能单一看这个指标，要结合公司情况综合判断！

如何比较两家好公司

在本节，我们来讨论一下如何比较两家好公司。我们拿爱尔眼科和东方雨虹来做案例。

首先要确认的是，这两家都是高成长的价值股，在各自的行业做得都非常好，专注主营业务，经营上保持稳定的高增速，这是我们讨论这两家公司的基础。但是有时候，我们无法买入所有好公司，那么当你面临两家好公司却只能选择一家的时候，该从哪些方面去比较择优呢？

第一个比较维度是利润（见表 3-6）。利润是一家公司生存的根本，没有利润一切都无从谈起。这两家公司都具有绝对高额的、稳定的利润，但是东方雨虹的利润绝对值远高于爱尔眼科，这个方面东方雨虹胜！

表 3-6　爱尔眼科和东方雨虹利润

利润	爱尔眼科	东方雨虹
2019 年报	13.7 亿元	20.6 亿元
2020 半年报	6.8 亿元	10.9 亿元

第二个比较维度是**利润增长率**。利润增长率代表公司的成长性，如果一家公司在稳定盈利的同时还在高速增长，那么股价可以飞起来。所以这个指标很关键，也代表着公司未来的潜力。

从表 3-7 可以看出，东方雨虹的利润在 2019 年和 2020 年上半年都持续保持 30% 以上的增长率，这个速度是很高的。2019 年之前，爱尔眼科的利润也基本保持相当高的增长速度，但是从 2020 年一季度和半年度来看，其利润出现了大幅的下降，其中一季度下降了惊人的 73%。主要原因当然是疫情影响，虽然是客观因素，但是从抗风险能力来说，爱尔眼科这一点不如东方雨虹了。东方雨虹在几乎所有行业受到冲击的 2020 年上半年，竟然毫发无损，说明这个生意真是一个好生意，连"黑天鹅"都拿它没办法。

表 3-7　爱尔眼科和东方雨虹利润增长率

	爱尔眼科	东方雨虹
2019 年报	36.70%	36.90%
2020 半年报	−2.70%	31.00%

从历史数据来看，爱尔眼科也是一个好公司，我统计了从 2014 年一季度以来，每个财报季爱尔眼科几乎都保持了 30% ~ 40% 的增长率，直到被疫情的"黑天鹅"打断，2008 年 12 月 31 日—2020 年 12 月 31 日爱尔眼科净利润同比增长率如图 3-59 所示。

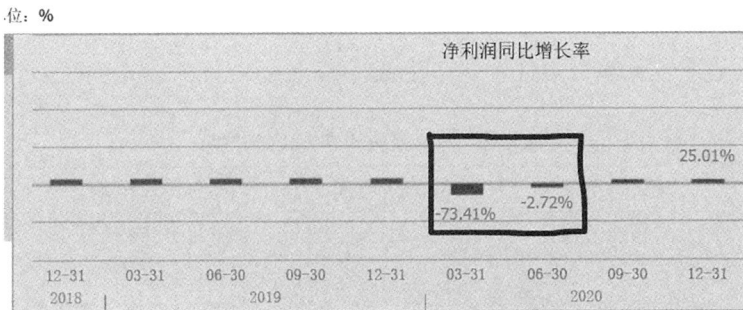

图 3-59　爱尔眼科净利润同比增长率
（2018 年 12 月 31 日—2020 年 12 月 31 日）

　　东方雨虹的净利润增长率也是非常稳定，而且都是正增长
（见图 3-60），在 2020 年一季度受到了一些影响，但是到二季度
追了上来，所以二季度财报依然很漂亮。所以这个方面东方雨虹
继续完胜！

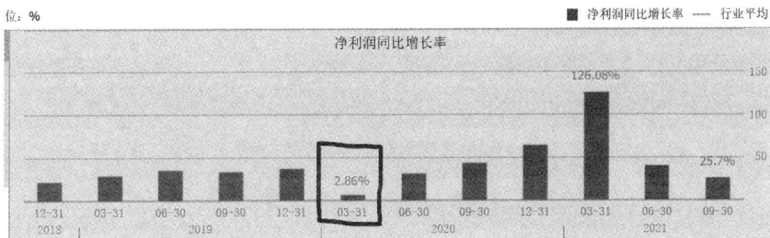

图 3-60　东方雨虹净利润同比增长率
（2018 年 12 月 31 日—2021 年 9 月 30 日）

　　第三个比较维度是市值。在其他维度差不多的情况下，市值
越小越便宜。

　　如表 3-8 所示，爱尔眼科绝对利润没有东方雨虹多，但是市

值已经是东方雨虹的两倍多，加上增长率也没有东方雨虹稳定，在这个方面东方雨虹也是完胜的！

表 3-8　爱尔眼科和东方雨虹市值

人民币（元）	爱尔眼科	东方雨虹
市值	2119 亿	846 亿

第四个比较维度是市净率。本章前文已经详细解释了市净率的概念，这里不再赘述。

先看东方雨虹，2020 年 9 月的市净率是 7.5，也就是说你花7.5 元，实际买到的是 1 元的资产，显然也是贵了。

当然，这种好公司很难出现市净率低于 1 的价格（见图3-61），东方雨虹的历史平均市净率是 5.4。

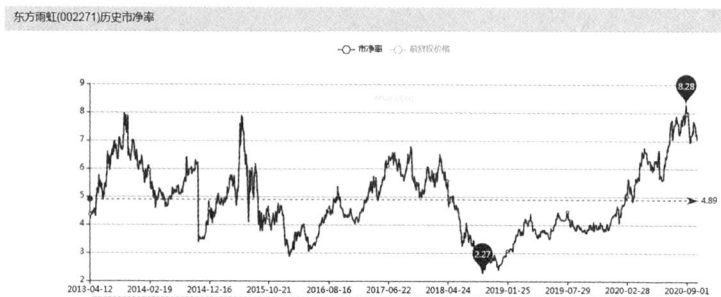

图 3-61　东方雨虹历史市净率走势（2013 年 4 月—2020 年 9 月）

2018 年年初到 2019 年下半年，东方雨虹的市净率曾低于历史平均值。尤其是 2018 年 10 月—2019 年 1 月，市净率不到 3，那时候的股价肯定是便宜的，如图 3-62 所示。

图 3-62 东方雨虹市净率低于历史平均值时的股价区间

我们可以看看当时的股价情况，看图 3-62 一目了然，从后续走势来看，那时是一个很好的建仓买入时机。在从那以后的整整两年时间里，东方雨虹上涨了 365%。

我们再来看爱尔眼科的市净率走势图（见图 3-63），2020 年 9 月的市净率高达 30，这时买入爱尔眼科就是花 30 元钱买价值 1 元的资产，真的太贵了。你要知道，被称为 A 股最好的上市公司的贵州茅台的市净率历史最高值（2020 年 9 月以前）也只有 31。

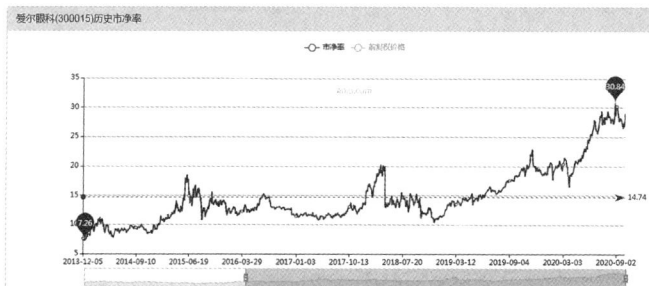

图 3-63 爱尔眼科市净率走势（2013 年 12 月—2020 年 9 月）

爱尔眼科的历史平均市净率是 12.4，在 2015—2020 年期间，低于这个历史平均水平的时间分别是：

2015 年 8 月—10 月；

2016 年 12 月—2017 年 12 月；

2018 年 11 月—2019 年 2 月；

对应的日线股价图如图 3-64 中框内的区域所示。

图 3-64　爱尔眼科市净率低于历史均值期间的日线图

大家有没有发现，这些都是爱尔眼科的中级调整时期，有句话叫：千金难买牛回头。牛市中的中级调整都是千载难逢的加仓机会。那么这句话用在价值股上就是：**千金难买价值股回头，价**

值股的每次中级调整，在基本面没有明显变化的情况下，都是非常好的建仓机会。判断是不是建仓机会其实只要看一眼市净率是否已经低于历史平均水平就可以了，如果是，特别是已经低很多了，那么可以大胆建仓，或者继续买入，然后长期持有，大概率可以稳定盈利。

精选留言

DIDI：

利润数据可以作假，比如虚增 300 亿元利润，所以财务报表毫无参考价值。

十点：

如果有一家公司造假，你就认为所有公司都会这样，那么你就只有一条路可以选择了：退出股市！

斌：

老师好，我已经人到中年，之前胡乱捣鼓，家里背负了很多债务。现在想走一条价值投资的道路，所以想问问老师，历史市净率怎么算出来的？我也想找一家好公司长期持有。谢谢老师！

十点：

你这样的情况啥也不用学，应该老老实实买宽基指数基金。

买入贵州茅台 7 年还亏损

芒格曾说："买到低估的东西以后，总要想着什么时候到了自己计算的内在价值附近，就得卖出去，这挺费劲的。精心找几个优秀的公司，买下来，以后什么都不用做了，多轻松。"

巴菲特补充说："我们希望买到能永远持有的股票。"

大家仔细品读上面这两段话，真的很有道理！几乎所有的散户在开始进入股市的时候，都在期望做那些连"股神"都做不到的事情：高抛低吸。买在最低，卖在最高，只要做不到就不开心，偶尔凭运气做到一次就很开心，但是普通散户在 99.9% 的时间内是做不到高抛低吸的，所以他们自从进入股市后就一直不开心，而且还很不开心。如果他们能做到不看盘，那么生活会快乐很多。不信？你可以测试一周。其实，投资是一件很快乐的事，因为放弃了盯盘后，投资带给你的成就感是实实在在的。

巴菲特早年学习的是他的老师格雷厄姆的"烟蒂投资法"，就是买入极低估值的公司，然后等股价回归价值后卖出。一方面，这样的公司体量有限；另一方面，在"烟蒂公司"的"地板价"下面还有"地狱价"，他收购的伯克希尔纺织公司就是典型的案例，买入之后就砸手里了，他硬生生把伯克希尔从一家没落的纺织企业转型成了伟大的投资集团。巴菲特后来在芒格的劝说下开始学习费雪的投资方法，以合理价格甚至高估价格买入好公司，然后长期持有，这个周期最好是永远。巴菲特一生如果没有用这个方法，不可能有现在的资产规模和成绩。所以巴菲特多次说："如果没有芒格，我肯定没那么富裕。"巴菲特在格雷厄姆公司的一个同事叫施洛斯，这位老人家只有高中学历，人也不善言辞，所以选择了完全遵循格雷厄姆投资法的道路，几十年来业绩也是非常好。他只有八九个客户，替他们管了一辈子的钱，扣除给施洛斯的业绩提成后，客户的年化收益率是 15%，扣除提成前是 20%。但是，施洛斯管理的资产规模一直没有扩大多少，到 2002 年清盘的时候，基金总规模只有 1 亿美元。因为施洛斯的基金每年都分红，所以没有复利增长。其中的主要原因是，他的客户不是不想赚更多，而是施洛斯的投资模式决定了吸收更多的钱也没法投出去。这也是巴菲特后来抛弃格雷厄姆方法，转向采用费雪方法的主要原因。

我们要知道，在 20 世纪 60 年代，巴菲特个人已经拥有 2500 万美元的资产了，当时根本找不到那么多"烟蒂公司"可投。

巴菲特的大部分财富都是依靠长期持有好公司获得的。比如，喜诗糖果、可口可乐、内布拉斯加家具城、富国银行、美国运通等。依靠这些公司，巴菲特不需要自己工作，只要让这些公司保持正常运营，长期为他赚钱。采用这种方法，也不需要经常去纠结什么时候卖出，再纠结该买入什么。找到这些好公司确实不容易，但是好公司还是确确实实存在的，长期持有的收益绝对不会低。

在 A 股市场，好公司也是一大把，我在自己的微信公众号上分析了 30 多家好公司，其中 90% 以上值得持有一辈子。这些公司在未来一二十年倒闭的概率几乎是零，甚至在未来 50 年倒闭的概率也是极小的。那么各位读者，哪怕今年你只有 20 岁，买入这些公司，它们也可以替你工作到你退休，所以根本不用愁吃穿，有钱就买一点，等你自己不想工作了就靠这些公司给你的分红生活，还可以生活得非常好。

精选留言

网友王某某：

要是买银行股，可能没那么多收益吧？

十点：

先不要说收益多少，先说你短线炒股赚钱了没有？如果赚钱了，收益超过银行理财了没有？比如工商银行，如果你2006年上市就买入，持有到2020年，总收益是137.35%，年化收益率6.30%，这应该是超过理财收益了吧？这15年当中，有多少散户炒股可以超过这个收益？

第四章

价值投资中的陷阱

股票想买在最低点的下场

跟大家说一个问题，关注价值股的买点固然重要，但是更重要的是你已经买入，而不是像很多人那样一直在等待一个最低点，如果你总想买在最低点，那么很容易就会错过。我记得林园曾经说："我在熊市中买入看好的股票后，告诉了身边的朋友，他们都声称要抄我的底，想等到价格更低时再买入，股价确实也下跌了，但是很快牛市来了，我问他们有没有买，结果他们基本上都没有买入，因为他们一直在等待更低的价格。"

再回到我在"十点价值股"公众号上分析的几只曾经暴跌的价值股，比如，中国平安，你如果在我分析文章的截图中的跌停价 26.45 元买入，之后中国平安最低还会跌到 19.2 元，也就是你最大的浮亏将超过 27%，如果你买入了 10 万元，最多的时候会亏 27 000 元，恐怖吗？肯定有人会说："我可以等等再买。"结果一等可能就是几年也没有买入。因为普通人的心态是这样的：有便宜的价格了就还想更便宜，结果股价涨起来了，然后他又想等股价回到原来的价格时再买，结果往往再也没机会买入了，然后就真的踏空了。

等到牛市来了，大家都在买股票了，这些当初没有等到低价的人终于没有忍住也冲进去了，结果市场开始下跌了。他们又开始割肉，然后牛市初期的几次下跌都只是"狼"来了的假象。当他们不再割肉的时候，真正的下跌开始了，他们却不相信牛市要结束了，然后一直拿着股票，等套住 50% 后，干脆假装视而不见了。其实买股票的标准不是寻找最低价，想要买在最低价跟要制造永动机是一样的，永远实现不了。我们只有一个评判标准，那就是市场估值合理不合理，也就是贵不贵。这个评判标准只要看两个因素。

第一个就是市场整体估值目前处于什么历史水平。如果是历史底部区域，那么基本没什么大的风险。

第二个就是个股自身的市盈率处于什么历史水平。这个指标的前提是，它是价值股，不是靠卖资产把市盈率做下来，而是要靠长期稳定的主营业务把市盈率做下来，这个很容易通过交易软件中 F10 的经营分析数据看出来。比如，中国平安 2020 年 3 月的市盈率是 11 倍，而历史平均市盈率是 20 倍，历史最低市盈率是 8.17 倍，这时的股价你说贵不贵？不能看它的复权价格，要看同期的市盈率。你不能指望中国平安跌到画框的位置（见图4-1），只有一种情况才能跌到这个位置，那就是公司快要倒闭了。如果中国平安还是正常经营，那么这种估值水平应该是极低了。还有一点，大家买入这些价值股后不要反应过度，一看到这家公司有点负面消息就担惊受怕，想卖掉它。有些人觉得以前这些公司什么事情都没有，但是自从自己买入后事情就多得不得了。其实这是一种认知偏差，因为你买入它后，会特别关注它，所以你会看到它的很多消息。加上现在的大数据技术十分发达，系统会主动把这些负面信息推荐给你看，所以大家要大度一点，允许这些公司在经营过程中出现一点瑕疵，甚至一些负面的消息。

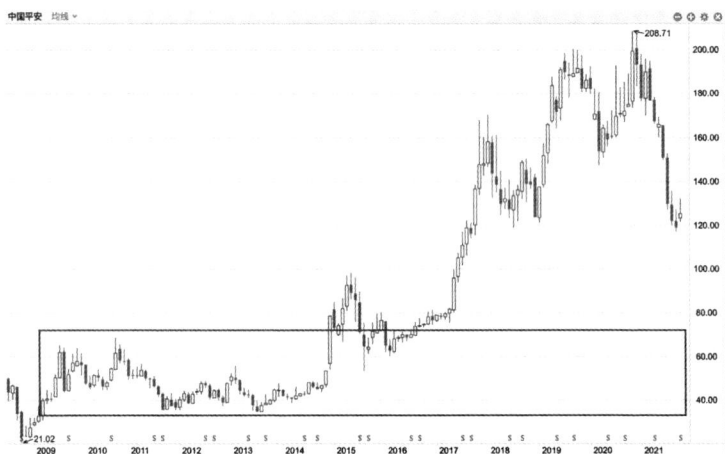

图 4-1　中国平安股价走势图（2009—2021 年）

比如，中国平安经营了几十年了，发展得这么好的一家公司，不会因为你买入了，它马上就经营不善倒闭了，所以不要杞人忧天，也不要时时刻刻去关注它的消息，你只要等待即可。你能掌控的只有一个因素：就是以尽可能低的价格买入，那么你的安全边际就会很高，亏钱的概率就会很低。除此之外的努力都是徒劳的，中国平安不会因为你多看几条新闻，它的经营就有变化了，你也不会因为几条公开的新闻而更了解中国平安。如果你不相信它是好公司就不要买，买入了就用时间来验证。我们普通散户要做股票，只能做到这一层，只选择举世公认的好公司，不要试图去挖掘一只黑马股出来，如果你有这个本事，就不会做现在的工作了。你可以用类似方法寻找出你认定是好公司的股票，相信它在你有生之年不会倒闭，然后就是等待便宜的机会买入即可！

精选留言

昌哥：

"底部区域定投买入越多，未来收益率越高！价值股低估时，也是加倍买入的机会！"老师说得对！我看老师的文章已经有 4 年多了，我认识到：好股票暴跌不是风险，公司基本面变坏才是风险；股价持续暴跌也不是风险，害怕暴跌、恐慌卖出才是风险；自作聪明，想低买高卖做 T 才是最大的风险！

十点：

你的理解非常到位了！加油！

明明：

做价值投资的时候，不管什么价，你得先买，然后再找低位补仓！这样后面股价涨了你有仓位，股价跌了你还能补……

十点：

方向完全正确，加油！

小鱼儿：

已全仓买入指数基金，虽然被深套着，但我感到了一种从未有过的淡定和从容，这要特别感谢老师一直以来的无私讲解，让我们改变了短线思维，转为价值投资理念。

十点：

如果能在市场下跌的时候买股票，在熊市最悲观的时候买股票，在全世界都觉得世界快完蛋的时候乐观满仓，那么未来就是你的了。然后，我们应该在别人最亢奋的时候全部悉数抛给他们，一点也不要客气。那时候很多媒体会告诉你 50 倍市盈率也是合理的，而现在即使是 10 倍市盈率，他们也会告诉你世界快完蛋了，甚至 1 倍市净率的股票都没人要。

市场短期是会发"癫痫病"的

2021 年春节假期后开盘的 5 天时间里，白马股普遍大幅回调，部分股票 5 天已经跌去 20%。而这些股票在 2020 年都是市场的宠儿，就是我经常说的涨到天上去的好公司。但是这几天它们像烫手的山芋。

2018 年，在股市狂跌的时候，我在自己的微信公众号分析了 30 多只价值股，很多人留言说我是庄家的托，是在让大家去接盘。至今这些留言都还置顶在价值股分析的文章下面，后来都成了笑话。当然，我当时置顶这些留言不是为了看笑话，而是为了在那些价值股涨起来的时候纠正大家的错误观念。后来的 2019 年、2020 年，90% 以上的价值股都涨起来了，从 2018 年到 2020 年春节前，涨了几倍的价值股比比皆是。然后，我在 2020 年下半年说得最多的是不要去追那些涨到天上去的价值股，除非你能够忍受几年的深套，那样长远来看也能赚钱。

我相信，2020年有不少人去追涨了，因为怕错过，觉得这些公司那么好，股价肯定不会跌。这种普通人思维是可以理解的，他们在股价涨的时候很容易忘记跌的样子。结果牛年开年股市就大幅下跌，原来贵州茅台、五粮液、爱尔眼科、海天味业等这些著名的价值股也可以跌停，甚至短期内跌去50%。

在春节前我曾特别提醒大家，不要因为过年聚会时亲朋好友讨论股票，春节假期后你就加大资金投入，这很危险。

因为如果你原来投资了10万元，那么赚了30%就是3万元的利润，如果现在加大投资到30万元，那么跌去20%就会亏6万元，不仅前面的3万元利润被跌没了，还会倒亏3万元本金。 遇到这种事情，你的心里肯定不是滋味，问题是市场可能还会进一步杀跌，真的可以让你崩溃！但是拉长时间去看，有些价值股这两年涨了200%甚至300%，然后跌50%也是很正常的市场调整，与公司的经营毫无关系，并不是股价下跌之后它们就不是好公司了。只是你自己买得太贵，吃到全部跌幅当然会损失很大。

我在2020年最后3个月里一再强调要买入低估价值股，播种属于自己的"麦田"，未来才能有属于自己的"收获"。那个时候没人相信，因为这些股票不涨，看到那些涨到天上去的股票每天大涨，很多人不甘心！

然后经过2021年春节后的大跌，有人开始醒悟了，不再相信这些涨到天上去的价值股会一直涨下去，甚至开始骂这些公司都是"垃圾"。而相反，2020年我反复提及的低估价值股变得很抗跌，有些还不跌反涨。

市场短期会发"癫痫病"，长期绝对是称重机。市场短期会错杀好公司，长期一定会因为价值发现而补涨。2021年大概率是这些低估的价值股的牛市，高估的价值股的熊市。以后普涨式的牛市会越来越少，上涨大多将是结构性的。涨多了回调，跌多了回归。如果你能抓住这种波动，那么你可以赚两部分收益，那就是：企业赚的盈利＋市场波动，大概是15%＋15%。如果波动做得差一点，那么收益率可能也有5%。也就是说，买入好的价值股，如果什么也不动，长年可以获得15%左右的年化收益率，如果能够识别低估和高估，那么可以获得20%～30%的年化收益率。我觉得大部分人属于前者，如果你只是一个普通人，还想做后者，那么可能连前面的15%也赚不到。2020年如果你赚了50%，甚至100%，那么应该忍受2021年回撤20%～50%，这属于正常波动的范围。

有人肯定要说，既然我知道2021年会跌，那么我可以提前卖掉，然后去买其他低估的股票。

如果你能把握这个节奏当然可以，但问题是，95%以上的散户是没有这个能力的，所以只能买入好公司，然后长期持有，放弃去赚波动的钱的想法。

当白马股开始大幅回调的时候，真正的价值投资者应该开始兴奋了，因为终于有机会买回那些一直想买的好公司了。建议大家在价值股从高点下跌30%以上的时候买入100股或1000股试仓。只有你真的买入了才会真正去关注它，然后一路跌一路买。如果价值股调整了50%以上，那么你可以大幅买入，持有3年以上，大概率可以实现年化 15% 的盈利。真正的价值投资者，只要稳稳的 15%～20% 的长期收益率，不要那忽上忽下的、短期的100% 收益率。因为我们始终相信，想要富裕就要靠复利、靠时间，而不是靠运气。

精选留言

满天星：

十点老师，我在 2020 年的最后 3 个月开始研究您的价值股分析文章，根据自己的资金量找到了自己的股票池，播种好了自己的"麦田"，收获了稳稳的幸福，不再为每天的涨跌而纠结了。我利用自己多余的时间来读书，目前正在读第七本，每本书读完后我都会做读书笔记。理财就是理生活，周围的朋友有的通过学习在年底加薪了，有的家庭和睦了，有的为了更好的未来换工作了。总之，感谢十点老师，不但授人以鱼，更是授人以渔。

A0 彩屋：

感谢十点老师，您每天的公众号文章我都必看，反复对比自己在股市里曾经和现在的操作策略，慢慢学会把握减持的时机。操作不多，但很安心。

聚：

十点老师改变了我的投资理念，我以前在股票市场追涨杀跌损失惨重，甚至相信了骗子去尝试不懂的期权和数字货币，还被骗了不少钱，这些年我关注了很多公众号，现在经过筛选后只剩下几个对于价值投资有帮助的公众号了，我每天必看十点的文章，并且反复听十点在喜马拉雅发布的音频，从去年开始我已经开始了价值股投资和基金定投。我现在购买老师推荐的书开始看书学习，不再天天纠结股票的涨跌，相信在不久的将来我一定能挽回自己在股票市场的所有损失，享受投资的真正收益。

世界末日要来了吗

当所有人以为世界末日要来临的时候，真正聪明的资金则又抓住了一次巨大机遇。大多数人总是相信新闻媒体鼓吹的情景，而世界范围内的媒体都期望天天发生大事情，这样他们才有料可报道，正好迎合大众的口味。当全球疫情暴发时，只有卖出所有的金融产品、收回现金，你才会感觉安心踏实。那些投资界的"伪专家"这时也会出来煽风点火，告诉你们现金为王。而真正的投资者，尤其是价值投资者在这个时候却反其道行之，让你用尽最后一元现金去买入。像芒叔这样坚定的价值投资者，当时甚至召集自己的客户开电话会议来直接"摊牌"。他说："客户投资了我们的私募基金，我们不仅仅是为投入的钱服务，更重要是对客户在恰当的时候给予恰当的资产配置建议，这也是我们的责任，让客户在市场便宜的时候不再错过。"我那时候也是天天喊加倍定投，大胆买入价值股，也有粉丝好心来提醒，不要误导大家，我甚至也发文说"宁可你们骂我，我也要这样建议"。

下面我们再看看美股的快速纠错能力，如图 4-2 所示，纳斯达克指数在 2020 年 5 月几乎已经涨到疫情前的高点。

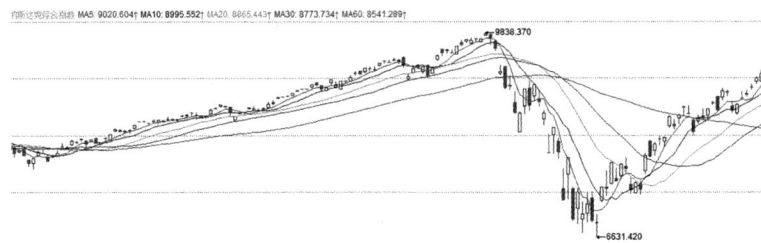

图 4-2 纳斯达克综合指数走势

那些好公司也是遇到了百年一遇的黄金坑，但很快又涨回来了。比如苹果公司的股价（见图 4-3）已经接近疫情前的高点（2020 年 5 月）。

图 4-3 苹果公司日线图

微软公司的股价（见图 4-4）也已经接近疫情前的高点（2020 年 5 月）。

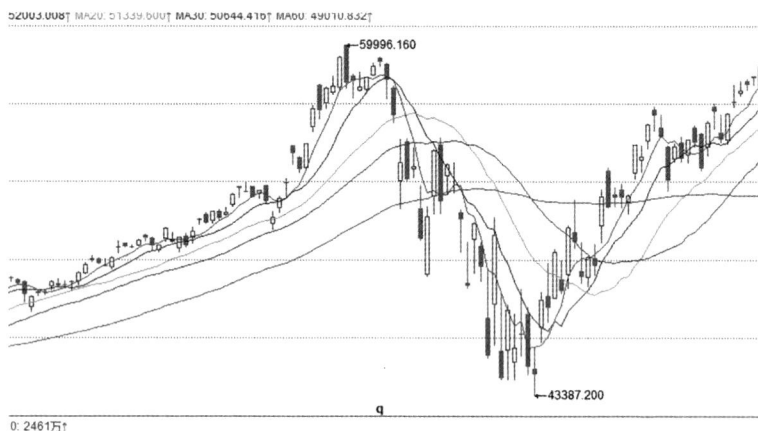

图 4-4　微软日线图

亚马逊公司股价（见图 4-5）早已经创新高，从疫情时的低点到 2020 年 5 月，2 个月时间的涨幅差不多为 50%，这种是标准的黄金坑。

图 4-5　亚马逊日线图

国内的创业板指数（见图 4-6）也已经接近前期高点。

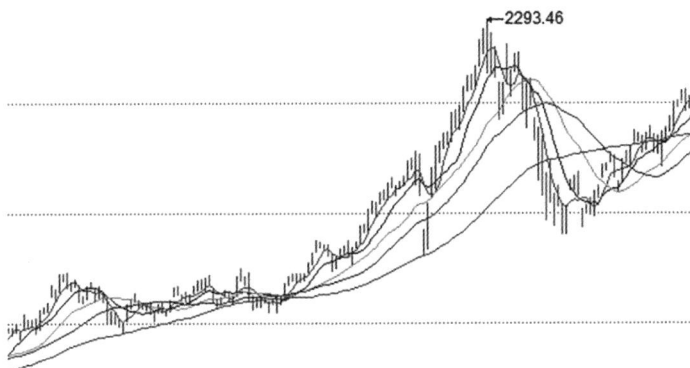

图 4-6　国内的创业板指数日线图

　　大家在经历了这样一次危机后，可以深度思考一下，当时所有的操作行为是对还是错？从历史来看，人类从未被危机灭掉，每次都能走出危机，并且越来越好，所以指数长期向好几乎是 100% 的事情，这也是长期来看投资指数一定赚钱的道理！而公司具有一定的倒闭概率，除非你有足够的甄别能力，买入像微软、苹果、亚马逊这样的好公司，当然国内也有很多类似的好公司。

涨涨涨……是机会，还是陷阱

　　在本书的第二章，我用几个案例分析了为什么说价值股的每次调整都是买入机会，特别是对于一家优秀的公司来说，它的每次股价下跌一定都是机会，而不是陷阱。相反，对于无法承受波动又不理解公司生意模式的投机者来说，每次的上涨就是陷阱，而不是机会。所以在本节，我还是想用相同的方式来跟大家说明这个道理。

2021年年初，很多价值股调整幅度非常大，短期内下跌超过20%，持有的人开始恐惧。本来一直想买的人，看到这些涨了2年的价值股跌起来也这么凶悍，打破了他们心中的幻想，因为他们原来以为这些好公司不会下跌，或者说起码不会下跌得这么厉害，所以他们也开始恐惧，对这些股票完全没有了往日的好感，更不敢想买入的事情了。这就是人性，涨的时候都想追，跌的时候躲得远远的，从未理性分析和思考过，总是被市场牵着鼻子走，最终只有被收割的命运也在情理之中。下面给大家看几个2019年涨得人人羡慕的价值股在2021年年初的跌幅。

1.海天味业：2018年11月到2021年1月，2年4个月上涨了近300%（见图4-7）。

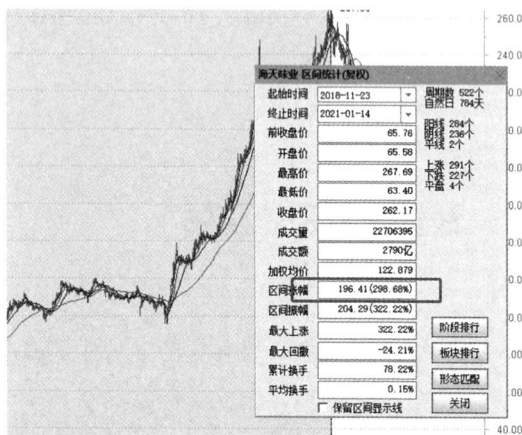

图4-7　海天味业涨幅（2018年11月23日—2021年1月14日）

几乎一路上涨，而 2021 年 1 月到 3 月连续下跌，短期跌幅超过了 20%（见图 4-8），它还是好公司吗？我明确告诉你：它当然还是好公司，而且跟前段时间没有任何差别。

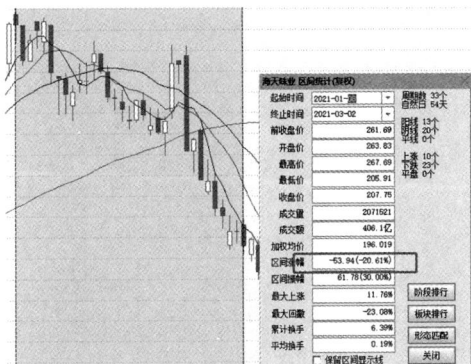

图 4-8　海天味业跌幅（2021 年 1 月 8 日—2021 年 3 月 2 日）

2. 爱尔眼科：2017 年 2 月到 2021 年 2 月，4 年时间上涨超过了 1000%（见图 4-9），也就是说 4 年涨 10 倍。

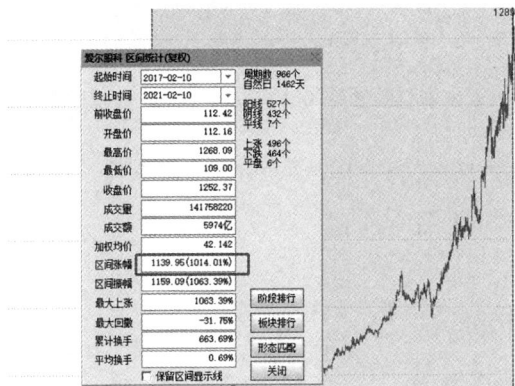

图 4-9　爱尔眼科涨幅（2017 年 2 月 10 日—2021 年 2 月 10 日）

这4年几乎一路上涨，而在2021年2月18日之后的10个交易日连续下跌，短期跌幅接近25%（见图4-10），那么爱尔眼科还是好公司吗？我明确告诉你：当然还是好公司，而且跟前段时间没有任何差别。

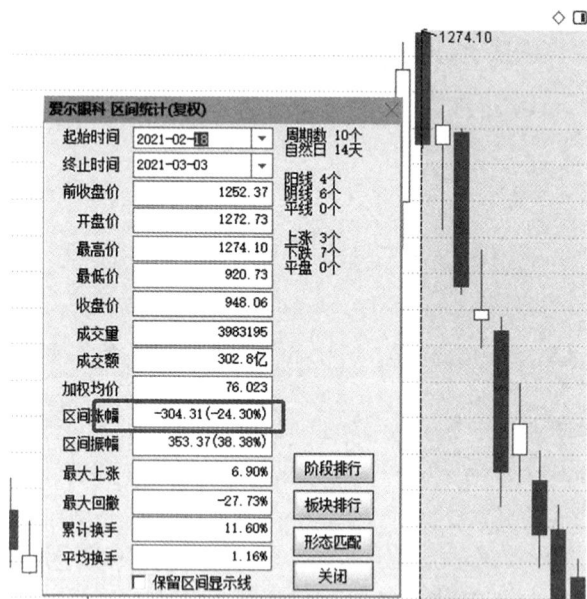

图4-10　爱尔眼科跌幅（2021年2月18日—2021年3月3日）

3. 晨光文具：2017年7月到2021年1月，3年半时间上涨超过了480%（见图4-11）。

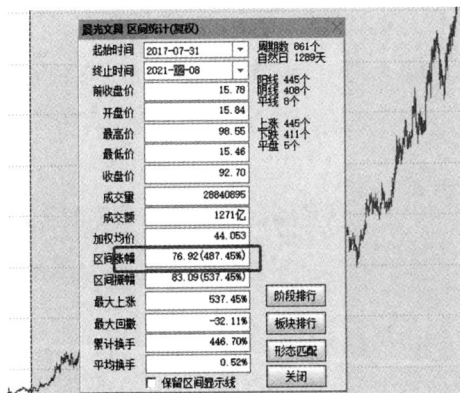

图 4-11　晨光文具涨幅（2017 年 7 月 31 日—2021 年 2 月 8 日）

这 3 年半几乎一路上涨，而在 2021 年 2 月 18 日之后的 10 个交易日连续下跌（见图 4-12），短期跌幅近 21%，这是晨光文具近 4 年来首次大幅下跌，它还是好公司吗？我明确告诉你：当然还是好公司，而且跟前段时间没有任何差别。

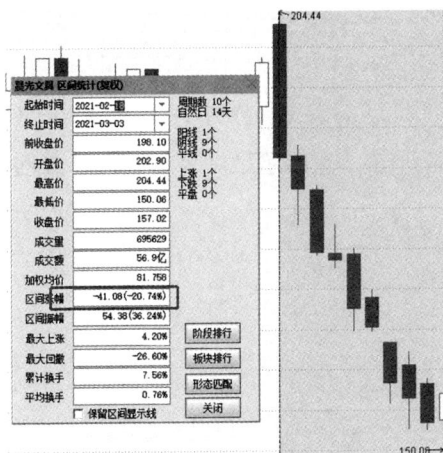

图 4-12　晨光文具跌幅（2021 年 2 月 18 日—2021 年 3 月 3 日）

4. 贵州茅台：2016 年 2 月到 2021 年 2 月，5 年时间上涨超过了 1100%（见图 4-13），也就是涨了 11 倍多，不愧是牛股中的牛股。

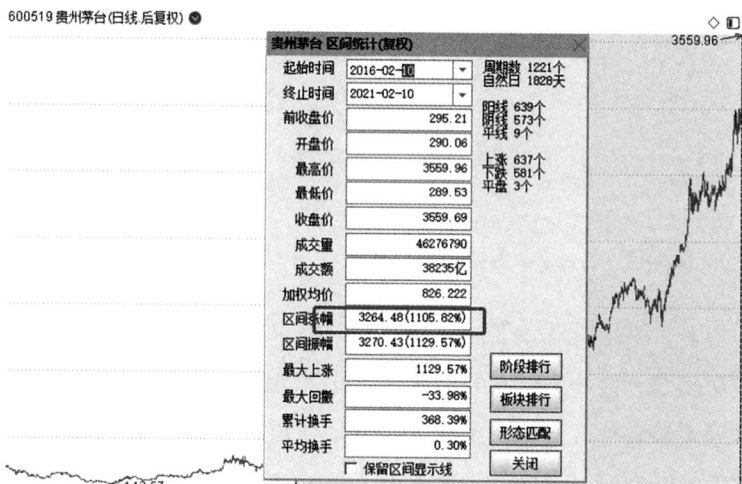

图 4-13 贵州茅台涨幅（2016 年 2 月 10 日—2021 年 2 月 10 日）

而贵州茅台在 2021 年 2 月 18 日之后的 10 个交易日连续下跌，短期跌幅将超过 17%（见图 4-14），那么贵州茅台还是好公司吗？我明确告诉你：当然还是好公司，而且跟前段时间没有任何差别。

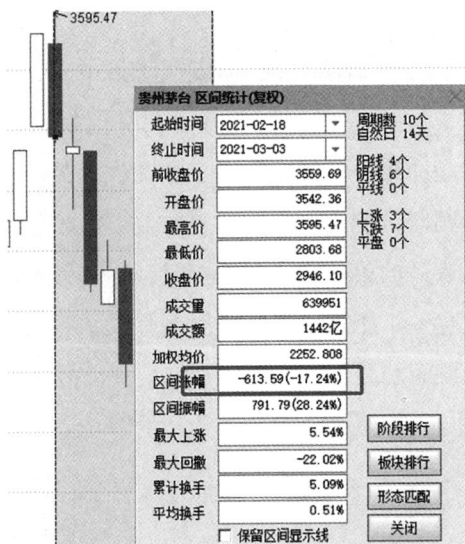

图 4-14　贵州茅台跌幅（2021 年 2 月 18 日—2021 年 3 月 3 日）

　　我不再一一罗列了，讲了这么多只想告诉各位读者：好公司不会因为市场的波动而变成差公司；相反，烂公司不会因为股价的上涨而变成好公司。二级市场的波动只是集中反映了当前投资这家公司的投资者的情绪，不代表公司的阶段性经营出现任何问题。想明白这个道理，我们的情绪就不会被二级市场的波动所左右，更不会让自己的投资决策受到影响。

　　当然，我在本节罗列的公司虽然短期跌幅都已经比较大了，但是不代表现在买入，明天就能赚钱。相反，这些公司一旦进入了调整阶段，这个周期可能是半年、1 年甚至是 3 年。但是我要说的是：长期来看，在下跌的时候建仓一定会比上涨的时候买入赚的多得多。这背后的逻辑是什么呢？我给大家举个例子，比如，海天味业。

图 4-15 中，第一个框的买入点是上涨途中，第二个框的买入点是下跌途中，同样持有到 2019 年 9 月，同期收益率情况是多少呢？哪怕你是在第一个框的第一个圈圈位置买入，虽然跟在第二个框的几个圈圈位置买入相比，总收益可能相差无几，但是当股价走到你买入后的第一个回调低点时，你从买入到上涨至高点获得的利润就会一下子跌没了，还反倒亏损了，大部分人这时候都很容易因崩溃而割肉。

图 4-15　海天味业日线图（2018 年 4 月—2019 年 9 月）

还有就是，获得同样的收益，持有时间多出几个月甚至几年，从资金利用率上来看也是少赚了。具体我们分两种情况探讨。

第一种情况：假如在 2018 年 6 月海天味业上涨途中买入，持有到 2019 年 9 月，1 年 3 个月时间，获得 40.7% 的收益率，见图4-16，年化收益 27%，当然也不错。我们再对比一下第二种情况。

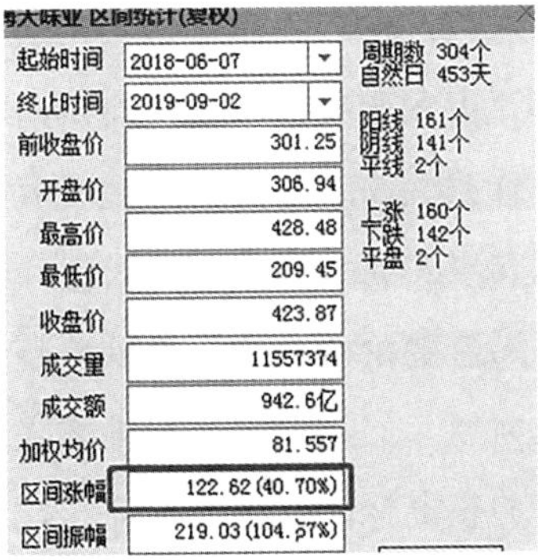

图 4-16　海天味业涨幅（2018 年 6 月 7 日—2019 年 9 月 2 日）

第二种情况：假如在 2018 年 10 月海天味业下跌途中买入，同样持有到 2019 年 9 月，10 个月时间，获得 91.63% 的收益率（见图 4-17），年化收益率约为 110%，跟第一种情况对比，年化收益率高出了几倍。最关键的是，由于股价处在下跌途中，风险完全释放，所以后续继续下跌的时候，账户收益波动的幅度很小，即使出现极端情况也不至于让人情绪崩溃，持仓更容易拿得住，安全边际很大。

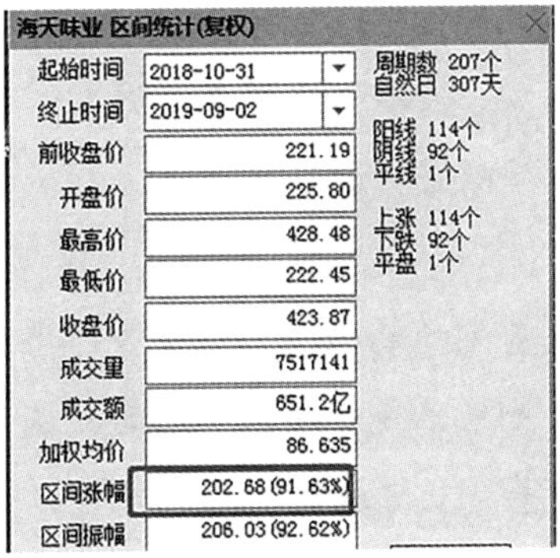

图 4-17　海天味业涨幅（2018 年 10 月 31 日—2019 年 9 月 2 日）

以上两种情况说明，在下跌途中购买价值股更安全，获利也更丰厚。所以我建议大家要关注质地优良的价值股，特别是对那些股价调整幅度超过 20% 的好公司，一定要持续关注。在必要的情况下，可以先买入 100 股或 1000 股试仓，这会让你更好地跟踪这些好公司。如果这些价值股的股价跌幅超过了 50%，那么就应该果断加大买入力度，然后就是稳稳地拿住，不要卖出，除非你有更好、更确定的投资标的。如果能完全按以上方式操作，这辈子你不需要很努力就会很富足，而且是稳稳的幸福！

精选留言

吾股丰登：

这些价值股都是好公司，任何下跌都是好机会，但我就是没钱买入。

十点：

那就努力去工作赚钱，不要在股市荒废光阴！

霍明：

老师一边说持股不动，一边说调整几个月起，这是最让我们困惑的，不能先止损，等调整好了再买入吗？

十点：

持股不动是指我们前期布局的低估价值股，当然持有不动。涨到天上去的价值股，如果你是 3 年前买入的，这点跌幅算什么？好公司就应该继续拿着，长期持有。

Wxb：

十点老师，您好！我也准备长期定投基金，心中的困惑是，随着定投时间的推移，投入的本金积累得越来越多，未来肯定会遇到大盘泥沙俱下、阶段性大跌 30% 以上甚至腰斩的时候，考验人性，考验定投初心，那么这时候该如何应对？

十点：

那个时候就果断加倍定投！

杨双狗 sw：

虽说投资只需做好 3 步：第一，选公司（品质）；第二，估值；第三，买入持有（时机）。但仅仅第一步就非常的困难，选行业、选公司就难倒了大批人；看好某个企业之后还得学会估值，耐心等待买入的机会，因为市场会调整，这一等或许就是几年；买入之后还得接受市场的波动与调整，可能面临深套，然后等待盈利。如果买入之前没有闲置的资金，这一切也是徒劳。难怪十点老师认为 90% 的人只适合定投指数基金，竭力呼吁散户购买指数基金。

牛市买股为什么会亏

牛市买股票为什么亏钱？先给大家看一下 2006—2007 年大牛市的走势（见图 4-18）。

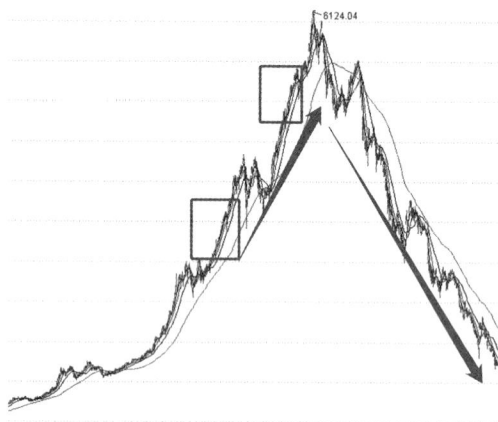

图 4-18　2006—2007 年大牛市走势

80% 以上的散户都是在 2007 年上半年和下半年两波大行情的赚钱效应传播下，被诱惑到股市的。而 2006 年的这波涨幅是基本刚走出 6 年前 2001 年大牛市的 2245 点高点。大盘向上突破 2245 点已经是 2006 年的 12 月了，所以大部分散户是带着怀疑的眼光看着股市从 998 点涨到 2245 点的，然后终于忍不住冲了进去。刚开始进去真的赚钱了，而且是日进斗金的状态，基本是一天涨 2% ~ 3%。

如果你投入 10 万元在股市，一天赚 2000 ~ 3000 元，这钱赚得这么快，哪还有心思上班？那时候一般工人一个月工资也就是 2000 ~ 3000 元。记得当时我投入股市 50 万元，一天赚 1 万 ~ 2 万元，感觉全世界都是我的了，真想把工作辞了，全身心去做股票，因为上班的时候没法看盘，有时候会感觉少赚很多钱，其实这是一种错觉。就像这次疫情大家都宅在家里，可以天天看盘了，交易得更频繁了，钱反而亏得更多了。盯盘未必对你做股票有利，反而有害，因为人性的弱点还是很明显的，面对每时每刻的波动，交易冲动也会随之而来，所以避免频繁交易最好的办法就是：不看盘！何况牛市里面赚得最多的办法就是悟股，让泡沫带着你的账户起飞。

如果你是在 2007 年下半年进场的，那么没几个月，股市突然下跌了，你根本不会相信牛市就这样结束了，但事实上确实是这样。2007 年 10 月 16 日上证指数创出 6124 点的新高后，市场就开始下跌，到 13 年后的 2020 年初，上证指数也才 2800 点；即使是 2015 年的大牛市，上证指数也没能再达到 6000 点以上。当时经历了将近 2 年的牛市后，大家根本不会相信市场已经步入熊市，我记得 2007 年春节，当时我一个同学跟我说，市场已经是熊市，我打心底里都不信他的话。因为很多人都在鼓吹中国股市会上 1 万点，回头看看，你知道了谁在睁眼说瞎话。所以芒叔曾说："看新闻不如看旧闻。"大家可以去找出 2006 年、2007 年的旧闻看看，会很受启发。

如果你选择在 2008 年大熊市里面买股票，那么 2009 年就可以赚得盆满钵满，即使你 2009 年不卖出股票，后期基本也最多跌到你的成本价附近，亏钱的概率极低。如果你选择分批定投买入价值股，只要公司基本面没有大的变化，你就只是赚多赚少的问题。如果你选择在 2007 年买入股票，那么大概率你会被套到 2008 年割肉离场。一开始买入的时候市场或许会让你尝到点甜头，这会诱惑你加大投入力度，从此你也就进入了万劫不复的境地，最终会因为严重亏损而丧失对股市的信心，让你一生远离这个财富的加速器，这比亏钱本身更可怕。

精选留言

涣群：

经过很多次的教训。前天又进场了。我发现大多数的贪婪和恐惧情绪其实都是每天盯盘导致的！普通人本来就克服不了这个影响，所以不如不去看。本来我们自身也无法控制走势，看与不看也没多大意义，只会徒增烦恼。追求本来就该发生的事要比追求应该发生的事要顺心得多！

十点：

你的理解非常到位，坚持这个方向，只要你是在股价便宜的时候买入的，剩下的事情就交给时间。

价值投资也要忍受市场的波动

在本节我要详细回答一个粉丝的留言，因为这个粉丝的想法具有非常普遍性，而且也是致命的误区。

粉丝留言原文如下。

十点老师，我持有一只价值股一个多月了，本来盈利快 1 万元了，收益率有 50% 以上，现在收益率只有 20% 多了，快回到成本价了，心里很后悔，总想着"要是之前高点抛掉，现在再买回来该多好啊"，感觉坐了过山车。如果继续跌回到成本价或由盈利变亏损的话，这个股票就真拿不住了，看来做价值投资真的很考验一个人的定力啊！

首先这位朋友肯定尝到了长期持股的甜头，然后觉得价值投资真的好，其次他完全误解了价值投资也要忍受波动的现实。

并不是只要做了价值投资，就会平稳赚钱了。价值投资的核心是：长期的确定性，注意是"长期"。比如，我们一直让大家买指数基金，并不是买入指数基金后，我们的投资就会像银行存款一样，每年都固定会产生收益，而是与股市一样要经历波动。所以如果你是短线思维，那么买入后很可能会在亏钱时卖出。但是如果你拉长到以 10 年为单位，买入指数基金几乎一定会赚钱，亏损的概率极小。因为社会经济在发展，社会财富总体肯定是越来越多，所以指数也会总体上涨。道琼斯工业指数在过去的 100 年中上涨了 300 倍，所以巴菲特说道琼斯工业指数 100 年后会达到 100 万点。这不是瞎说，而是几乎可以肯定的事情。因为现在 3 万点，涨到 100 万点，只涨 30 多倍，前 100 年涨了 300 倍，后 100 年涨 30 多倍还是很容易实现的，除非地球毁灭了。而买股票就不一定了，一个公司过几年可能就倒闭了。

所以我们要买价值股，但是大家要注意的一点是，价值股也会跌，所以选择买卖点很重要，这个只能靠自己把握。当然，如果你买入的是真正的价值股，即使买点不好，长期看，只是什么时候涨回来的问题，不会有永久性的亏损。有时候买入一只价值股之后股价跌了是好事，因为你可以持续以更低的成本买入。所以我建议大家如果感觉把握不好买点，就分批买，这是最保险的做法。因为我们没有人能够预知未来，靠预测做投资，迟早会翻船。

　　一般人买入价值股后，最好的办法是长期持有，期间的波动不用理会，我们最短也要以年为单位进行业绩评估。比如在本节开头提出问题的这位粉丝，他在 2019 年买入一只价值股后获得了 50% 的收益，然后股价跌下来了，但还有 20% 的收益。如果他把年化收益率预期放低，就不会有这种焦虑了。我们要认识到，能长期获得 20% 年化收益率的人，只有股神，市场波动产生的账面收入根本不是你的钱，不能算作自己的收入。因为长期来看，你短线买进卖出肯定没有长期持有赚得多。

　　所以我们要认清现实，赚真正属于自己的钱，放低预期，踏实投资，忽略波动，至少以年为单位去看投资收益。

　　我前面与大家探讨的做价值股波段的方法，是在长期持有总股数不变的前提下，用额外的资金去顺势低估加仓、高估减仓。而不是去预测股价获得超额收益，这是不可能完成的任务。这个方法也是建立在价值股长期上涨的前提下的，市场必然会波动，那么跌下来低估的时候我额外买一点，涨上去高估了，我再卖掉额外买的部分。绝不动长期持有的总份额，这样万一买错了，大不了我长期持有的股数增加了，不会有额外的损失。

　　最后请记住，企图抓住市场的每个波段的想法，结果几乎总是如"水中捞月"，竹篮打水一场空，不要去做这种不切实际的无用功，踏踏实实工作，长期投资价值股，放低预期，赚该赚的钱，人自然也会变得更快乐！

精选留言

云开雾散：

中国平安是价值股中的好股，可是很难拿得住，因为它盘子特别大，轻易不涨，短期几乎一直都不涨，看到大盘和别的股涨很难受的。

十点：

近 10 年涨了将近 6 倍，你还觉得没涨？那是因为你期望太高了，你拿的那些所谓天天涨停的小盘股，最后真正能拿到手的盈利有多少钱？

玉如意：

老师您好，我一直定投基金，请问一下，定投基金能用您说的方法吗？也就是底仓不动，额外一部分资金做波段，谢谢。

十点：

ETF 也可以，但是波动收益如果抵不上手续费，那么就意义不大了。

不要误会高分红

　　在第二章里我说过可以买入长年稳定高分红的公司，但是大家不要进入一个误区，所以在本节我要特别强调说明一点：**如果**

长期投资这种公司，那么收益将无法跑赢沪深 300 指数或者中证 500 指数。

所以我建议大家不只是长期投资，还可以在价值股被严重低估的时候买入，既可以拿高分红，又可以耐心等待股价回归价值之后获取波动部分的收益。这样两部分收益加起来可以获得超过指数的收益，而且冒的风险极低。下面以工商银行为例来说明。

工商银行从 2006 年上市到 2020 年，复权后的总涨幅是 137.35%（见图 4-19），总共是 14 年时间，年化复合收益率为 6.3%，略高于理财收益，但是远低于大部分宽基指数基金。

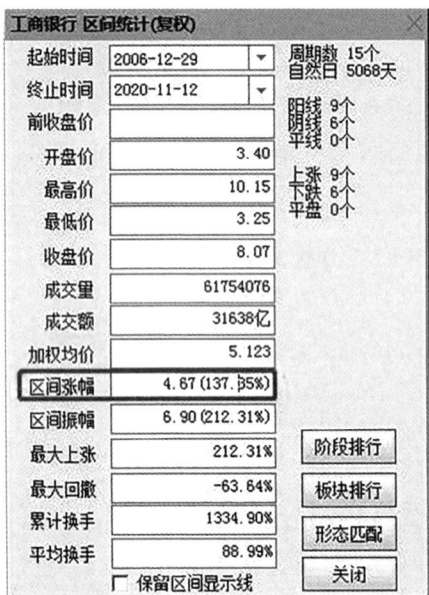

图 4-19　工商银行涨幅（2006 年 12 月 29 日—2020 年 11 月 12 日）

我们再看沪深 300 指数。沪深 300 指数从 2005 年推出到

2020 年，复权后累计上涨了 392.18%（见图 4-20）。15 年时间，年化复合收益率为 11.21%，而且实际的增强类沪深 300 指数基金还有更高的收益。就算 11.21% 的年化收益率，也是大大超越了长期持有工商银行的收益率，所以，你还要劳心费神地看盘吗？

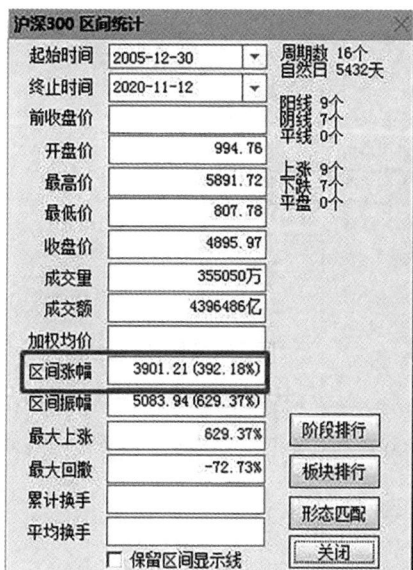

图 4-20　沪深 300 指数涨幅（2005 年 12 月 30 日—2020 年 11 月 12 日）

我们再看中证 500 指数。中证 500 指数从 2007 年推出以后到 2020 年，复权后累计上涨了 234.63%（见图 4-21）。总计 13 年时间，年化收益率 9.72%，而且实际的中证 500 指数基金还有更高的收益率。就算 9.72% 的年化收益率，也超越了长期持有工商银行的收益率。

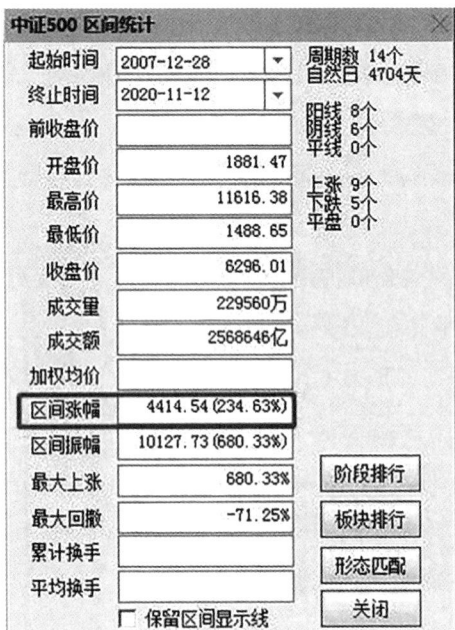

图 4-21　中证 500 指数涨幅（2007 年 12 月 28 日—2020 年 11 月 12 日）

创业板指数的 10 年年化收益率也有 10.56%，也超过了长期投资工商银行的 6.3% 的年化收益率。

这些例子再一次证明，大家真的不用纠结，投资宽基指数基金即可！而且从长期来看，这些指数基金的年化收益率差异也不大，只要是宽基指数，都有 10% 左右的年化收益率，而且还比较稳定。

那么我在本书第二章为什么说可以去投类似工商银行这种的高分红公司呢？这个投资原则是：在低估的时候买入，在合理估值的时候就要卖出！这样可以获得低估值波动收益＋高分红收益，两个收益叠加，大概率可以超越同期指数基金的收益，而且也比较稳。比如，长期投资工商银行的股价上涨年化收益率确实是 6.3%，但如果你在历史上低估的时候买入，那么收益率完全就不是这个水准了（见图 4-22）。

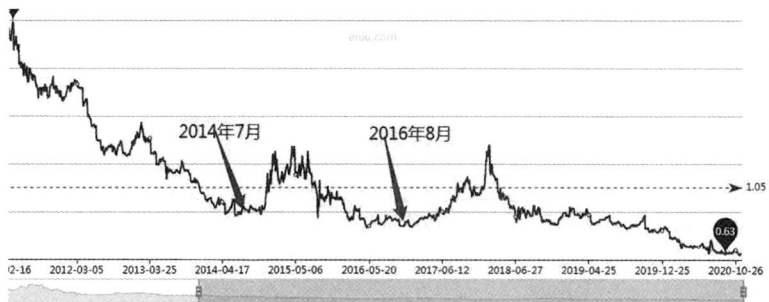

图 4-22　工商银行股价走势（2011—2020 年）

回顾工商银行在 2011—2020 年的走势，我们发现有两次低估买入机会：第一次是 2014 年 7 月，工商银行的市净率跌到了 1 以下，这是股价第一次跌破每股净资产，市场第一次严重低估。如果当时买入，持有到 2015 年市净率上升到历史平均水平 1.5 左右、估值趋于合理的时候清仓出局，那么可以获得多少收益呢？分红 + 股价波动，总计可以获得 42% 左右的收益率（见图 4-23），而时间只有 5 个月时间。

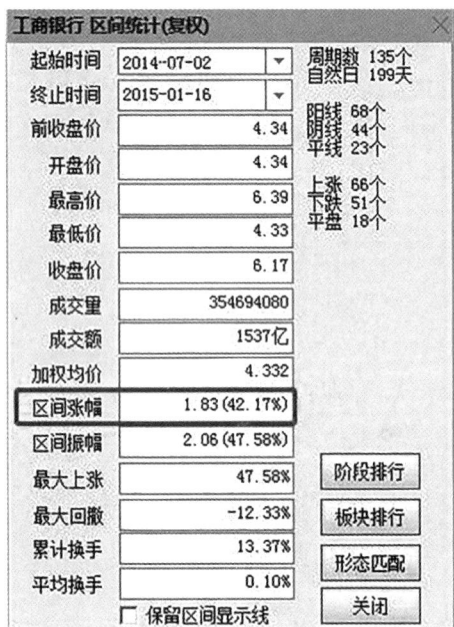

图 4-23　工商银行涨幅（2014 年 7 月 2 日—2015 年 1 月 16 日）

第二次机会时我们保守一点，从市净率还是第一次跌到 0.9
的时候（大概在 2016 年的 1 月）买入，然后市净率回归到 1 左
右的时候（大概是 2017 年 8 月）卖出，期间经历了 1 年半时
间，总收益率可以达到 40.36%（见图 4-24），年化收益率大约为
25%，远超指数基金的投资收益。

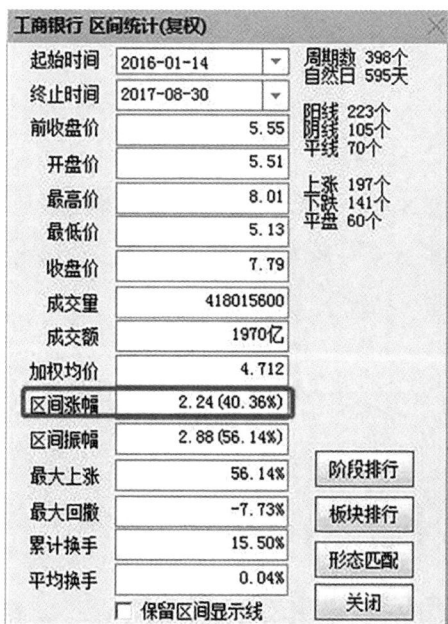

图 4-24 工商银行涨幅（2016 年 1 月 14 日—2017 年 8 月 30 日）

所以，利用市净率的估值方法，购买长期稳定经营的一般性企业，赚市场波动 + 高分红的钱，也是可以跑赢指数基金的。

为什么要让大家买入稳定高分红的股票？主要原因是市场低估了这些高分红的公司后，什么时候涨起来，你根本无法预知。但是如果你买入的价格足够低，现金分红又很高，那么我们就能进退自如了。

精选留言

诗情画意：

老师您好，我已逐步减仓了短线炒作概念的股票，已开始买入基金，包括追踪沪深300、上证50、创业板等指数的近10只基金，基本是定投，虽然量买的不多，但比较杂。请问老师，持有基金多少只比较合适？请指教！

十点：

一只。

不要误入"小道消息"的陷阱

在本节，我们来讲一下靠"消息"和"关系"炒股的问题。

不会抓大放小，你永远赚不到钱！为什么这么说？听我细细道来。

请大家仔细回忆一下，因为看到某条消息而卖出一只"牛股"的情况多不多？比如有消息说一家上市公司的高管在卖出股票，让你认为这家公司不行了，然后你也卖出了这家公司的股票。

比如，海康威视有一个早期投资的大股东，赚了很多钱，由于个人财务安排，他不断地减持，结果股价越减越高。

还有一个典型的案例是微软的比尔·盖茨，早期盖茨的持股占比60%，之后他持续减持，现在盖茨的持股比例已经不到5%。但是微软的市值从几十亿美元涨到了2021年的将近2万亿美元，假如盖茨没有减持，他将拥有超过1万亿美元的个人财富。但是盖茨减持微软不代表不看好微软，他卖出微软股票是为了给梅琳达·盖茨基金会捐钱。对盖茨来说，钱增值多少不是他的第一选择，做慈善捐赠才是他的第一选择。

所以每个人减持股票的原因完全不一样，我们不能根据这样的消息来投资，否则会受到太多误导。

常常有人会因为一条不好的消息而卖出好公司的股票，最后往往是追悔莫及。比如，曾经有一个人手里有很多贵州茅台的股票，后来因为听到贵州茅台公司前董事长被审查的消息而卖出了贵州茅台的股票，结果贵州茅台的股价节节攀高。一家真正的好公司不会因为一个人的去留而改变；相反，因为一个人的去留而改变基本面的公司绝对不是好公司，百年企业史已经充分证明了这一点。关于这一点大家可以去看《基业长青》这本书，书里已经写得非常清楚，这就是读书的作用。

还有的人认识某个企业高管，因为听说了公司里面的一些人事纷争之类的问题而抛出股票，结果这家公司的股票继续大涨。这让我想起了曾在丽江碰到的某家饭店的老板，据说他曾是某大型上市公司的高管，现在已经离职了，原因是企业内部派系斗争得很厉害。但是这家企业近7年股票上涨了20倍，如果这些高管能够认识到自己供职公司的价值，以他们几百万元的年薪，只要拿出一年的工资投资于自家公司的股票，几年后都可以身家上亿了，不至于跑到丽江开饭店，自己还亲自做服务员。当然，在丽江开饭店有情怀在里面，但是肯定也有赚钱因素。

还有就是朋友关系甚广的人，消息太多，而且很多都讲得有声有色，貌似还挺靠谱，结果他们也是栽在"消息"里面。但斌曾在《时间的玫瑰》这本书里面讲到一个故事，说的是北京的一位郭大哥，1992 年就曾拿出 50 万元资金让但斌做股票，在那个年代就能拿出那么多钱，这位郭大哥绝对是一个成功的商人。这位老兄在北京的朋友关系甚广，认识很多上市公司的高管。结果 15 年后又跑去找但斌，自己亲自操作的股票还是没有赚到钱。如果他能摒弃关系，通过正道买入好公司，持有 15 年，那么这 50 万元投资所得的收益恐怕就是一个天文数字了。

记得巴菲特曾说过这样一句话："即使美联储主席亲口告诉我未来的货币政策，也不会影响我买卖股票的决策。"意思说得很清楚，买卖股票的决策是基于自己对一家公司的认知做出的，而不是基于某个消息。虽然证券市场不可避免地存在这样那样的"内幕交易"，但是真正从市场赚大钱的主流资金都是依靠买入好公司并长期持有来获得收益的。

其实，在资本市场，作为散户的你我，我们的小资金有很大的优势，进出自如。在大资金的建仓期，一只股票至少上涨百分之几十，减仓期又会再跌百分之几十，去头去尾，中间这一段肯定比我们小资金赚得少。如果你的投资理念转变了，对应普通人来说，证券市场是少有的不需要通过关系就可以赚钱的地方。比如，你只要坚持长期定投指数基金，就能大概率地稳定盈利，那么剩下的任务就是努力工作赚更多的现金去买更多的指数基金，若干年后，你自然可以得到丰厚的回报，几乎不会有意外，更没有亏钱的可能。

但是，你如果不转变观念，天天想着通过内幕消息甚至公开的财经新闻找到可以快速"发财"的牛股，期望暴富的奇迹发生在自己身上，那么你很可能一辈子都会碌碌无为。

还有，上市公司高管也未必有炒自己所在公司股票的优势，因为他们离得太近，看不清，甚至放大了某些缺点，反而拿不住自家公司的股票，所以我们普通散户买卖股票未必比他们差！

最后，总结一下：我们做股票投资未必要完全了解一家公司的每个细节，一方面你很难做到完全了解；另一方面，真正了解这些细节之后，一些信息对你可能反而会有误导。我们要做的就是抓大放小，不要用放大镜看一家公司。只要是人经营的公司，你放大一看都会发现不少问题。就像我们看一个人一样的，只要这个人本质不坏，三观积极向上，至于说话让人不太舒服或者穿戴不太整齐的毛病，不影响他是一个好人的事实。看一家上市公司也一样，只要这家公司不犯原则性错误，比如财务造假、违法赚钱等，有些小问题都不算大事。

那些子虚乌有的小道消息就更不值得一提，不应该是你们买卖股票的依据，更不要去主动打探内幕消息来买卖股票。因为利用内幕消息炒股的结局只有两个：要么亏钱，要么坐牢。

踏踏实实，好好学习，多看好书，提升自己的认知能力，然后抓大放小，对未来充满信心，不要悲观，这样你将一生平安，财富也会围着你"赚"！

精选留言

衣迹：

能否代问芒叔一下，如何对中国上市公司的管理层作出判断？这是巴菲特的重要参考指标，但是看准人，特别是人品，是很难的，芒叔会把人也作为选股的参考指标吗？谢谢！

十点：

这是必需的，这也是我们俩都十分认同的评判一家好公司的标准：创始人和高管团队都具有高尚的品格！

第 五 章

价值投资心法

怎么在股市里面不亏钱

在本节开头，我先分享一位粉丝的留言，值得我们每个人深思。

做投资时不要每天被各种各样的消息左右，按照自己的认知和策略去坚定执行，长期看，输少赢多是必然的；同时，更要放低自己的预期收益，这很关键！

这段话中有三个非常重要的观点，说明这位粉丝已经领悟到了投资的真谛，尤其是价值投资的真谛，并且能够清晰表达自己的理解和感悟，更是难能可贵。下面我就借他的话再展开讲一下我的观点，因为我认为如果每个人都能体会到这三个观点，赚钱无忧也！

第一个观点：投资时不要每天被各种各样的消息左右。大家有没有发现，当你买入一只股票后，发现自己很容易被各种消息环绕，尤其是坏消息居多，几乎没什么好消息。这到底是怎么回事呢？其实这就是一种认知上的偏差，因为你在买这个股票之前，对于与它有关的消息都是视而不见的，根本不会关注；而你买入这个股票后，总是有这样那样的消息，尤其现在是大数据时代，各种软件会根据你的关注点给你推送相关的消息。在这些消息里如果坏消息居多，会导致你的错觉，认为这家公司不行，这完完全全是一种认知偏差，其实只是你买入这只股票后，大数据才会给你关于它的一切消息。而且，你主观上也会更关心与它相关的消息，特别是坏消息，这是你怕亏钱的心理在作祟！另外，我们对待买入的公司股票与我们对待身边的人一样，要有一颗宽容的心。因为经营公司是非常不容易的，尤其是经营上市公司，每天都在发生各种各样的事情，我们要允许管理层犯错误。只要没有"财务欺诈"这种原则性错误，我们都可以谅解，然后看公司整体的业绩情况，不用在意其中的细节。哪怕你真的是这家公司100%股权的持有者，你也要大度地允许管理层犯错误，这样他们才能展开拳脚大胆创新工作，否则死寂一片，最后公司也会倒闭。

第二个观点：按照自己的认知和策略去坚定执行，长期来看，输少赢多是必然的。这句话的意思是如果你的认知清晰了，遇到大跌的机会只要坚定执行原有的策略即可，这一点特别关键。比如你理解到贵州茅台的生意模式，知道5000年酒文化无法改变，国酒茅台的品牌形象无法从消费者的心目中消失，你就不会因为一些行业调整而不看好贵州茅台。相反会在它因为一个突发事件而股价大幅下跌的时候，坚定地持续买入。只要有这样的执行力，长期看，赢的概率远大于输的概率，赚钱便是自然而然的事情。

第三个观点：在资本市场更要放低自己的预期收益，这很关键！

这位粉丝把这一点用"很关键"强调了一遍。我可以很明确地讲，这一点真的很关键，如果不理解这一点，上面两条你都是白做的。芒叔也经常强调："放低预期是投资的必要心态"。他经常把最坏的结局告诉大家，哪怕此前 10 年一直做得不错，也不要拿历史业绩去预测未来业绩；相反，他会强调不可能持续做到一样好。同样的话，巴菲特也说过。

这些坚定的价值投资者，表达了同样的观点，就是放低预期，面对现实，时刻保持风险意识。当你放低预期后，你才会踏踏实实去赚市场里面属于你的、确定性高的钱。动不动就想翻倍、翻几十倍，不屑于每年赚 10%，甚至很多人幻想每天赚 10%，这都是一些不切实际的空想，扰乱了你的心智。看到自己不但没赚钱，炒了 10 年股票还亏了钱，在这样的现实面前，你能不焦虑吗？

我再强调一下最后一点：放低心态对大多数人来说是放低到什么程度呢？答案是："零收益"。没错！你没有看错，就是不赚钱，但是绝不能亏钱。我已经反复强调过了，我们首先要学会如何在股市中不亏钱。如果你花了一二十年还未解决这个问题，那么建议你放弃股票投资，立刻把股票清空，不管你之前亏了多少，你做下去只会越亏越多！

现在放弃，改变思路，拿出三分之一的钱一次性买入指数基金，如果大盘继续下跌，再用三分之一的钱买入，直到买完。然后接下来就拿出自己每月收入的一部分定期买入，直到牛市来临，停止定投，开始分批卖出。

把上面这段话读上 3 遍，在自己头脑里面再想 3 遍，你就能解决投资亏钱的问题。做到零收益的预期，剩下的都是惊喜！

精选留言

康：

老师，请问沪深 300ETF 类基金和沪深 300 增强型基金的区别。

十点：

增强型指数基金会修正高估的品种，所以相对风险更低，收益更高，目前市场上 90% 的增强型指数基金的收益率高于非增强型。

轻舟已过万重山：

这是非常正确的投资方法，也是最简单的投资逻辑，但很多人认为太简单，体现不出自己的水平。在现实中有太多的人看不上这年化 15% 的收益！

炒股不去做这 4 点，赚钱真不是问题

我观察了一下，很多炒股的人都是偷偷摸摸在做，怕领导知道，怕同事知道，怕家人知道，真的不容易。有的人甚至怕同事知道了取笑自己，我认为这种想法一定要打消掉。当你在乎身边人的看法时，本身你的心术也是"不正"的，说白了就是你心

虚。有句话叫"身正不怕影子斜"，只要你做正确的事情，根本不用怕别人说三道四，如果你整天活在别人的评论中，那么你的生活不仅痛苦，而且一生将一事无成。所以你要从内心先确定你做的事是对还是错。炒股这件事本身是正确的事，如果你认为是错误的事，那么你就不应该去做，而不是因为怕别人取笑而偷着做。

我们做事有个最基本的原则就是：做正确的事，把事情做正确。炒股这件事，是为了获得投资收益，这肯定是正确的事、合法的事。但是，你得用正确的方式去做，如果你依靠短线投机博弈，看小道消息买卖股票、融资买股票、贷款买股票，那么我非常明确地告诉你：这些都是错误的行为。所以不要用错误的方法去做正确的事，我们应该把正确的事做得更加正确。而价值投资是正确的股票投资方法，即用自己的闲钱长期投资一家值得投资的公司，获得长期的回报。同时利用业余时间去学习，而不要在工作时间去盯盘，大盘一跌还影响工作情绪，这是违反职业道德的。

你拿着单位的工资，干自己的私活，我对这样的人很看不起！下班回到家还时时刻刻想着股票，熬夜复盘，看各种网上乱七八糟的消息，企图一夜翻本，这都是错误的行为，而且影响家庭关系，为了股票不管老婆孩子，也不做家务，还大把大把亏掉家里的钱。请问：哪个家人会支持你去做这样的错误行为？

所以你只要做正确的事情（以价值投资的方式做股票），然后你的行为（不融资、不投机、用闲钱）也是把事情做得更加正确，就根本不用在乎别人的话。这样长期坚持下来，大概率会成绩斐然，哪怕别人暂时会不理解，最终你自然会得到所有人的认可。更何况别人认不认可你，真的没那么重要，自己把生活过好才是根本！我们总是觉得别人盯着自己，其实没那么多人关心我们的行为，就像我们也没那么关心自己的同事、同学过得好不好一样。哪怕我有几十万粉丝，我也从来没觉得有人盯着自己。

说到这里顺便夸几句十点嫂，这个道理还是她教给我的，我在刚大学毕业的时候也在意面子，在意别人的看法。后来她给我分析，她说面子都是我们自己给自己压力，每个人都误以为自己是这个世界的中心，其实大家都在忙自己的事，根本没人盯着我们。她真的是一语点醒梦中人，从此以后，我似乎没有任何思想包袱，无论别人怎么看，怎么评价，我都专注于自己想做的事情，关键是专注于正确的事情，若干年后成绩自然出来了，生活也过得很快乐！

大家如果偷偷摸摸炒股，顶着亏损的压力，到家了还强颜欢笑，炒股那么多年，还是亏钱，无论自己怎么学习，怎么看公众号都没用，到底怎么样才行呢？我今天郑重其事地跟大家说说这个问题。就像巴菲特和芒格一样，先排除几个不能去做的事情，你离正确的事也就不远了。芒格说过："如果我知道这一生会死在哪儿，那么这个地方我一辈子都不会去。"《反脆弱》的作者塔勒布也持有同样的观点："要避免一些犯大错误的行为"。芒格曾经在一次大学毕业典礼的演讲中，讲得不是成功学，而是如何让自己成为一个失败者的"秘诀"，他罗列了几条，比如，不讲真话、乱穿马路、吸毒、酗酒、嫉妒等。他说只要你做到以上几条，保证你过上痛苦的一生。他还举了身边一些真实发生的例子，因为这些人做了这些事情而过上了痛苦的生活。其实我们在投资领域也一样，如果你要继续过痛苦甚至是感觉无脸见人的炒股生活，那么请继续做现在的短线博弈，追热点、听消息、企图暴富。那我们到底应该避免哪些事情来改变现在的投资生活呢？我来讲 4 条，希望你把这 4 条抄下来贴在自己的床头，时时刻刻提醒自己。

1. 不要听任何人推荐股票。如果你的股票是听人推荐买的，那么一波动你又要问别人，是不是该卖了、还会涨吗、怎么办等一连串问题，而给你推荐股票的人也不知道你是怎么想的，有时甚至人家就随便一说，你却把他当专家，结果你在惆怅中买入，在痛苦中交易，最后亏钱是必然的结局。即使这个人很厉害，推荐给你 3 只股票，有两只赚钱，1 只亏钱，最后你还是有可能倒亏。所以没有一个人能靠买卖别人推荐的股票赚钱，你也别妄想了。还有就是每个人对亏损的承受力不一样，别人推荐给你的股票也许放 3 ~ 5 年能赚钱，但是你买入后亏了 10% 就受不了了，割肉卖出，结果你还是亏钱出局，所以靠别人推荐选股票真的是不会有好收益。只有你对一家公司足够了解，靠自己的认知买入的股票，你才不会被市场左右，一直坚定自己的看法，才能等到柳暗花明又一村的时候。这也是我为什么经常跟大家说：我永远不会推荐股票，推荐股票绝对害人，推荐好货绝对帮人！

2. 不要做短线交易。首先，短线交易极其耗时间、耗精力；其次，成功的概率相当低。有人统计过，每 1000 个短线交易者，赚钱的人大概只有 2 ~ 3 个，其中只有一个人的收益会超越理财收益，而超越理财收益的这个人需要在 5 ~ 10 年中每天付出 10

个小时以上的交易和复盘时间，再加上有盘感方面的天赋。

如果你一生要去追求成功概率低于千分之一的短线交易，那么你很可能是一辈子一事无成。首先，你很可能没有这个天赋；其次，把同样的时间和精力花在别的地方，你必将有大的成就。有人统计过，只要你的投资周期是以年为单位的，就这么一个小小的改变，那么你将超越90%散户的业绩。不信大家可以试试看，实在不信，你可以用模拟账户买个长期看好的股票，放一年看看是亏还是赚，比你自己炒短线股的业绩更高还是更低。最后，中国股市也将完成去散户化的过程，流动性也不会像以前那样大，所以大量做短线的交易的人这几年明显感觉到变化了。

3. 不要杠杆交易。这点特别重要，我身边就发生了两个活生生的案例，投资者由于杠杆交易爆仓而跳楼自杀的案例也是比比皆是。为什么杠杆那么恐怖？杠杆就像毒品一样，用好了有瘾，用不好跳楼。比如你自己用10万元资金炒股，亏了60%还有4万元本金。如果买的是价值股的话，还有涨回来的可能。但如果加了10万元杠杆资金进去，那么炒股的总金额有20万元了，如果市场向下波动50%，你就会亏损10万元，而借给你钱的人不会让自己再亏下去了，所以会强制平仓，你必须卖出持有的股票，他好收回借给你的10万元，这样你自己的本金就永久地损失掉了，真正是血本无归。碰到市场波动大，股票出现连续跌停的情况，你可能一下子亏70%，那么你总的亏损要达到14万元，你借来的钱也亏掉了4万元。这样一来，你不仅本金血本无归，还欠别人4万元，因为你融资炒股属于借贷关系，你仍然是要还的，最后的结局是你身无分文，还欠了债，这也是为什么有些人爆仓后选择去跳楼，真的是走投无路了。本来炒股是为了改善生活，结果搞得命都搭进去了，何必呢！

4.用闲钱投资。如果你用有急用的钱去投资，你无法预知市场什么时候会涨起来，所以很可能为了拿回这笔钱而让亏损无法挽回。如果是用闲钱，你的心态也会更好。否则股市还没有涨起来，那么你每天的心情就会很糟糕，甚至痛苦不堪，这样赚钱也没意义。

其实只要做到以上4条，你在投资的道路上就不会遇到大问题。选择去做力所能及的事情去做，比如如果现在还没有选股能力，那么就老老实实选择指数基金定投。拥有认清自己的能力比什么都重要，不要认为自己对所有公司和行业都了解，即使是股神巴菲特也是知道自己有能力圈边界的，他一生只钻研几个方向的几家公司。我们的基金经理芒叔每天看20万文字的资料，但也只研究2～3个行业。巴菲特对不了解、不明白的事情坚决不做，谁劝都没用，哪怕他最好的朋友比尔·盖茨让他买微软的股票，他都没有买，因为他当时认为自己不了解科技公司，他很清楚自己的能力圈。这也是巴菲特在2000年科技股泡沫破裂时毫发无损的最主要原因。

其实在股市里面，赚钱的机会每天都有，只要你做到不亏钱，那么剩下的几乎都是赚钱的机会。我经常跟大家说，你如果每天想着抓住每一波行情，怕踏空，结果几十年了你还是亏钱，涨涨跌跌，能保本已经很难得了！你真的还不如什么机会都不要抓，起码不会亏钱。如果你几年去抓一次机会，还可以赚很多，比如选择在熊市时买入指数基金或者价值股，然后就什么也不做，等到牛市的时候卖掉，或者行情起来一点卖掉，起码还是赚钱的。像现在这个时期，你买指数或者价值股放几年，只要你不要去频繁进出，不看盘，就当买了一个债券，到期再去取钱出来，起码是可以赚钱的，还没那么耗费精力。

希望以上内容可以给你带来启发，总结一下就是：化繁为简，坚持价值投资，以年为单位进行投资。把股票当作债券，3年为一期，到期再去取，你会有很大的惊喜。然后，把时间和精力花到本职工作上，花到家庭生活上，和家人一起享受美好人生。过几年你会发现，投资也赚钱了，家庭也和睦了，孩子也培养好了，一切都顺了。而每天大盘的涨跌再也不会影响你的心情了，工作也越来越有成就了。

精选留言

玉如意：

看有些朋友问："如果从 2015 年开始定投基金会咋样？"我来一个现身说法，我炒股快 20 年了，一直亏损，后来我从 2007 年股市 6000 多点时开始定投沪深 300 指数基金，最高 1.45 元，最低 0.42 元，每月定投 1000 元，到 2017 年，因为要买房才赎回，净赚 8 万多元。请朋友们算算，我亏吗？

十点：

很好的现身说法，如果你多投点，10 年后就可以实现被动收入超越工资收入了。

拥有"人弃我取"的逆向思维

根据券商的股民大数据：2020 年大概有 65% 的散户是亏钱的。我统计了一下我的粉丝在 2020 年的盈利情况，其中 25% 是亏损的，13% 的人收益不如银行理财产品，收益率真正超过 5% 的只占 63%。当然，比全国的散户赚钱的比例还是高出了 40 个百分点，所以总体成绩还是不错的。

亏损的这些朋友，如果你们在 2020 年初能够听我的话，全部定投指数基金，那么 2020 年你们都可以步入盈利行列。不过没关系，通过走这样的弯路，你才会从内心明确自己的正路是什么，否则总是会不死心，想着要"炒股票"。特别是那些股票收益没有超过指数基金收益的人，你们也要反思。说实话，如果碰到震荡市，你买基金赚的这些钱肯定抵消不掉股票亏掉的钱。不过，值得欣慰的是，这两年我还是改变了很多人的投资思路，真的很高兴！

这里我要重点提醒大家：市场现在很热了，有些涨到"天上"去的公司千万不要去碰。市场从来就没有只涨不跌的公司，在股市要长存，就要拥有"逆向思维"，做到"人弃我取"，赚钱的总是少数人。我给大家算笔账：比如热点版块再涨 50%，之后很可能跌 50%（别觉得不可能，去年涨 100% 以上，今年继续再涨 50% 之后跌 50% 是很正常的），假如你投入 10 万元，经过这一轮涨跌之后，变成了 7.5 万元，累计亏损 25%。**而如果你现在选择冷门版块，特别是估值已经很低的版块，向下空间最多**

10%，即使市场不涨，你也最多亏 10%，10 万元本金至少还剩下
9 万元。假如有幸涨 20%，再跌 10%，那么最后剩下 10.8 万元，
至少还是盈利的。如果市场开始反弹，资金发现热门版块涨不动
了，开始关注这些低估的好公司，那么现在的热点到那时就变成
了人人嫌弃的公司。看看历史上的案例都是这样发展过来的。

　　2018 年，洋河股份持续下跌，跌到了 2020 年 3 月（见图
5-1），从 150 元跌到了 80 元，跌幅将近 50%。我在 2020 年 3 月
19 日发了有关价值股分析的文章：称洋河股份是便宜版的贵州茅
台（见图 5-2）。

图 5-1　洋河股份日线

价值股：洋河股份是便宜版的茅台！

原创　十点价值　十点价值股　[2020-03-19]

图 5-2　2020 年 3 月 19 日的分析文章

　　那时候我说，洋河股份的管理和业绩都很好，**现在市场就是
抛弃它**，迟早有一天价值会被发现，我们就是越跌越买。那个时

候，估计很多人都在追其他的热点，每天辛辛苦苦看财经新闻、各种公众号，哪个热就追哪个，哪个涨得多就追哪个。总之，不相信自己的眼睛，只相信别人的"发财机会"。结果一地鸡毛，2020 年一年下来可能还亏钱！而当时被市场抛弃了几年的洋河股份迎来了历史性的大底，最终市场还是聪明的，从 2020 年 3 月持续涨到 2021 年 1 月，涨幅近 3 倍，见图 5-3。**巧合的是，2020年 3 月 19 日我发布文章这天，洋河股份创下了 80.34 元的最低价，这绝对是巧合，不是我有什么本事，我只知道这个位置的洋河被严重低估了。**

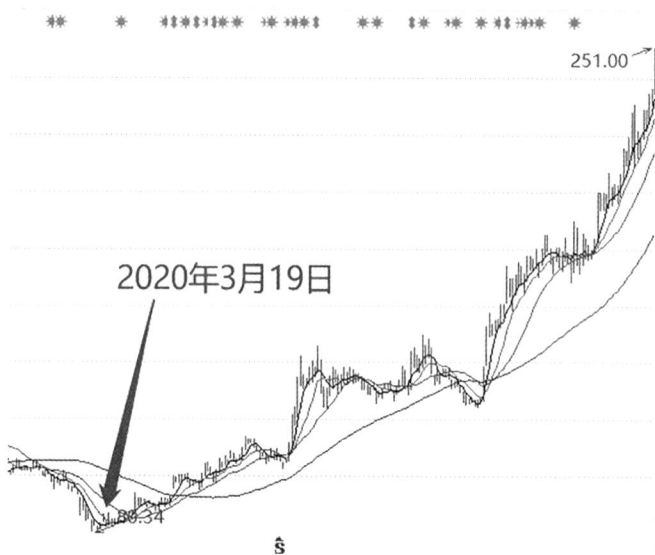

图 5-3　洋河股份走势

当时我在文章的结尾还明确指出了估值情况，15 倍市盈率的好白酒公司只有在 2011 年出现过，2020 年 3 月却又出现了，见

图 5-4。

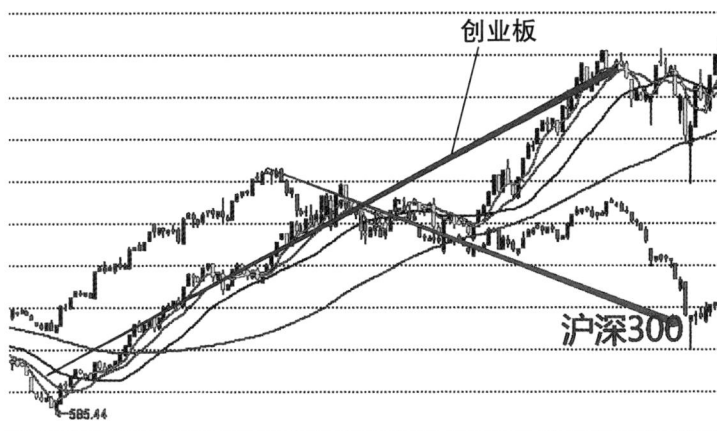

图 5-4　2013 年前 8 个月创业板指数和沪深 300 指数走势

巴菲特说过一句话："100 年来华尔街没有新鲜事！历史总是惊人地重复着，只要人性的弱点未灭，在股市中这样的事情还会不断重演！2010 年，当时医药股也非常热，而银行股则被市场抛弃。结果在之后的 2011 年，银行股跌 5%，医药股跌 30%；2012 年，银行股涨 13%，医药股涨 6%。当时芒叔买了招商银行，几年不涨，那段日子也是后来经常听他提起的艰难时光，但是他坚持住了，没有去随波逐流，才有了后来的稳定收益。

而很多散户追来追去，看似抓住了发财机会，但是赚钱机会一个都不属于他们，股票炒来炒去可能还是在亏钱。我们按照上面的数据计算一下，假如 2010 年同样投入 10 万元，两年后的结果如下。

追热点买入医药股：总资产 =10 万 ×（1–30%）×（1+6%）=
7.42 万；买入人人抛弃的银行股：总资产 =10 万 ×（1–5%）×
（1+13%）=10.735 万，收益远超过追热点。关键二者一个赚钱，
一个亏钱，这就是天壤之别。

凡事都是盛极而衰，大好之后便是大坏。理性也许会迟到，
但是从未缺席过。2013 年前 8 个月，创业板指数大涨将近 70%，
而同期沪深 300 指数下跌了 8%。

但是当时看上去非常赚钱的那些热门创业板公司，很多都是
昙花一现。所以我不建议大家去买创业板的热点公司，长期看风
险极大，因为没有历史经营数据证明，它们可以持续赚钱。我建
议应该更多地关注那些 10 年后还会大概率很赚钱的公司，比如
与生活相关的消费品，牛奶、白酒、榨菜、酱油、醋、房子等，
这些行业的龙头已经持续盈利了一二十年了，继续盈利下去的概
率很大，只要有便宜的买入机会，就要毫不犹豫地入手，然后长
期持有。

我们再回到 2013 年，当时地产公司也是被抛弃的对象，政
府也是宏观调控，结果呢？在 2013—2019 年，银行和地产行业
的龙头公司几乎都涨了 300%，而这些曾是热点的手机游戏、互
联网金融、电影传媒公司跌了 50% 以上，很多龙头公司甚至跌幅
超过 90%，惨不忍睹，哀鸿遍野！

我们看万科 A 当时的情况，跌得好惨的，我放大 2013—2014
年的跌幅如图 5-5 所示。

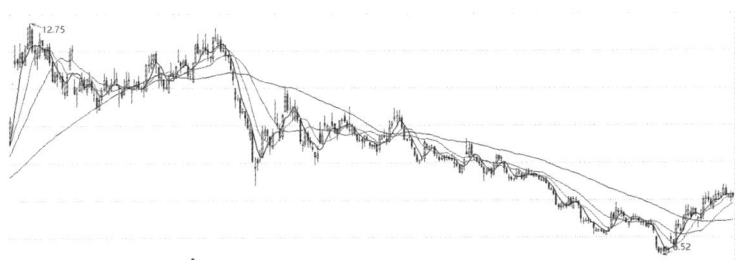

图 5-5　万科 A（2013—2014 年）跌幅放大图

感觉是世界末日了，前复权价格从 12 元跌到 6 元，跌幅高达 50%，绝对是遭人嫌弃的股票。但是同时期万科的业绩呢？ 2013 年利润为 151 亿元，增幅 20.46%；2014 年利润为 157 亿元，增幅 4.15%。赚的都是真金白银，增幅也不低，但却被市场冷落了，所以有时候市场错得很离谱。

不过，市场很快就纠正了回来。

2014—2018 年，4 年时间，万科 A 涨了 5 倍（见图 5-6）。

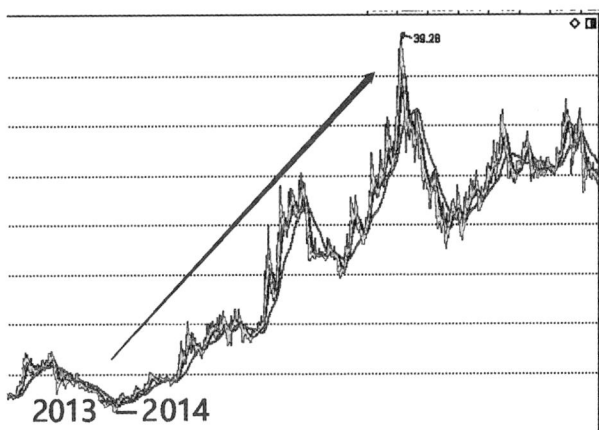

图 5-6　万科 A 走势

如果你在 2013 年买了万科 A，那么你最多时可能还"深套"50%，但这是价值投资者的必须要经受的考验。只要记住："我不能随波逐流，我要做到人弃我取、逆向思维。"那么你就会成为最终的赢家。希望我的这些提醒能让大家沉住气，不被市场的热点吸引而"上当受骗"。我们一定要积极拥抱低估品种，并且选择能真金白银赚钱的好公司，坚定远离高估品种，特别要远离只有概念没有业绩的"垃圾公司"，做一个股市的"常胜将军"，而不是以一时的涨跌论英雄。因为理性也许会迟到，但从未缺席过！

精选留言

振华律师委托：

真的很谢谢你，是你让我改变了对股市的看法。

只做确定性高的事情，才有未来

只做确定性高的事情，才有未来！怎么理解这句话呢？说白了就是不要投机，只做投资的事情。如果下面两种情况摆在你面前，你会如何选？

第一种：收益率是 10%，确定性在 90% 以上。

第二种：收益率是 50%，确定性在 30% 以下。

你如果毫不犹豫地选择第一种，那么说明你已经是一个坚定的价值投资者了。如果你要考虑第二种，那么你就是一个投机者。当然，如果你把大部分资金投入第一种，小部分资金投入第二种，那也算是一个合理的配置资产的方式。

大多数人在股市里长期赚不到钱，或者说赚到了钱很快又赔回去了，根本原因是做了确定性很低的事情。比如他们的预期收益是买到涨停板，也就是一天 10%，其实他们的内心还想更高，因为中国有涨跌停板的限制，那么买到涨停板的概率是多少呢？我给大家算算：目前沪深两市总股票数量大概有 4083 家，每天涨停家数平均大概是 30 家，那么涨停的概率是 30/4083=0.73%。问题是买到跌停板的概率也在 0.5% 以上，所以一抵消，总体还是赚不到钱。每年股票连续两天涨停的概率是多少呢？剔除刚上市的新股买不到之外，最多平均每天 5 只涨停，也是就是连续 2 天涨停的概率是：5/4083=0.12%。连续 3 天涨停的概率不到 0.01%，超过 1 周连续涨停的概率几乎为 0。一个事实的数据摆在这里，如果你期望这样的奇迹发生，那么一辈子注定会碌碌无为。或者说，你为这样的概率去努力，结局注定是竹篮打水一场空！

段永平跟一个围棋大师下棋，段永平认为一步棋走错了，大师告诉他："其实你一开始就错了，所以后面再努力也都不会改变结局。"我们的人生何尝不是这样？很多人一开始就错了，所以注定结局不会好。而且就因为一开始错了，结局才不好。投资道路更是这样，一开始选择了短线交易的方向就错了，注定结局是亏钱，因为你赢钱的概率只有 0.1%，你觉得你会是那个幸运儿吗？

为什么投资一定要做确定性高的事情呢？原因很简单，如果确定性低，那么就会是亏亏赚赚、来来回回，长期看还不如银行存款赚得多，那又何必呢？我们来投资市场是为了赚钱的，花了精力，结果收益还不如银行存款，为什么不去把钱存银行呢？有些人觉得炒股好玩，纯粹为了玩，那不在我今天的讨论范围。我想 99% 的人来股市都是为了赚钱的，所以本节谈的这个话题很有意义。

曾有个粉丝给我留言，具体如下。

> 我投资的目的就是能跑赢大盘，能高于银行定期存款利息或理
> 财收益就行，不追求大富大贵，能日积月累地慢慢增长就行。

这位粉丝的目标是：跑赢定期存款和理财产品。这个预期可以说是非常低了，甚至是最低了，再低她就不用来股市了，直接买理财产品就好了。如果内心真的是这样的预期，换作我，肯定选择确定性更高的投资方式。因为买价值股，尤其是只买一只价值股，还有暴雷的概率，只是概率高低的问题，理论上每只价值股都存在暴雷的概率。当然，价值股的好处就是可能会跑赢指数基金。但是长期来看，至少 50% 的价值股依然跑不赢沪深 300 指数基金。两个概率一叠加，那就更低了，假设价值股暴雷和业绩下滑的概率是 10%，跑赢指数基金的概率是 50%，那么真正能够跑赢指数基金的概率只有 50% × 90%=45%。当然，你如果会给一家公司估值，选择低估的时候买入，这个跑赢的概率会上升到 90% 以上，那我还是鼓励你做价值投资。否则，对于绝大多数人来说，定投指数基金是确定性最高的投资方式。至于像上面这

位粉丝的预期收益情况，选择一只价值股和选择指数基金长期投资，哪个确定性更高？大家应该都能回答这个问题了！

精选留言

Stay hungry，stay foolish：

关注你之前我就定投了中证红利、中证 500、央视 50 的指数基金，已经投了 2 年多了，是不是要卖了中证红利和央视 50 换沪深 300 定投更稳妥？请求回复，谢谢。

十点：

不用，长期看，这几个指数的涨幅差别不大。

W：

沪深 300 指数跑赢了大部分的主动管理型基金，只是定投指数基金等于没有操作，没有操作等于无脑，很多人以为自己有脑。我认为最好的操作只有两种，一是定投指数基金，二是与伟大企业共同成长。心态要调整好，生活不是只有投资。

Doris：

十点老师，请教一下，我目前手上有 30 万元，之前准备提前还房贷，后来认真学习了老师的文章，现在想买指数基金，我是一次性买入还是分几次买呢？今年学习了老师的文章，已经开始每月定投沪深 300 指数基金，只是因为每月要还房贷，用于定投的钱不太多。谢谢老师费心指点。

十点：

如果心里没底，就多分几次投入！

放弃预测和择时，你就很难亏钱了

跟大家谈个有趣的话题：一个以预测大盘为主要内容起步的公众号"拾个点"，将全力劝告大家不要做预测。听起来很有趣吧？自己打自己脸！没什么，因为错了就要改嘛！为什么这么说？说实话我也是在两年前才悟透价值投资的道理，这都是芒叔的功劳。

很多年前刚认识芒叔时，**他就告诉我不要靠预测做投资**，我一开始还不以为然，觉得他说"大话"！后来慢慢发现，他讲的这个道理是真理，而且是常识性的真理！**凡是依靠预测做投资的，最终的结局都是收益归零**。除非他半途"下车"，也就是说赚到钱之后立即不干投资了，因为只有这样才能保住胜利的果实。**如果长期靠预测做下去，迟早有一天会因为一次预测错误而前功尽弃，甚至倾家荡产**。而如果是不靠预测做投资，总是做一些确定性高、风险低的投资，那么财富总是在积累、上涨，依靠复利的神奇力量，不知不觉就可以走到财富的巅峰。并且，靠运气赚的钱也是不确定的，今天运气好能赚钱，明天运气差也一样能亏钱。

真正的价值投资就是要依靠投研分析去赚确定性高的钱，比如仓位策略、预测策略都要放弃，专注在对公司生意本身和当前公司估值的研究上。所以巴菲特曾表示："在商学院里，学生们花大量精力学习期权定价，这完全是浪费时间，做投资只需要学习两门课程：（1）如何给公司估值；（2）如何看待市场波动。商学院的教授懂那些复杂的公式，学生们不懂，不讲这些东西，教授干什么去？做一个成功的投资者，不需要学期权定价这些东西，关键是要知道如何以便宜的价格买公司。一个投资者，必须有一个不被市场左右的心态。**一个投资者，必须养成良好的思维习惯，并且有意识地让自己远离市场，避免市场对自己的影响。**"最后一句值得我们每个散户朋友深思！

"不去预测市场"还有一个最大的好处就是避免被"黑天鹅"事件灭掉。比如 2015 年的股市暴跌，如果你买入的是投机类型的热门股票，再加杠杆，那么在 2015 年大盘连续几天跌停的情况下，你根本毫无还击之力。如果你仅凭历史经验，觉得这种小概率事件不会发生，因为历史上从未发生过如此大的短期跌幅，那么你将面临灭顶之灾。这就是 2015 年那么多规模上亿元的大户亏损巨大的主要原因。**如果你不去预测市场，只买严重低估的优质品种，而且不加任何杠杆，哪怕 2015 年的那种跌幅，你依然会毫发无损，而且很快你将从中受益。**因为很多价值股，在股市暴跌的时候跌幅也超过了 50%，但是由于你没有杠杆，只是出现了短期的账面浮亏。股灾之后，这些价值股又涨了几倍，因为股灾让大家都明白了不能再投机了，要去买价值股了，所以你反而从中受益。**这就是著名的"反脆弱"原理，是我和芒叔都强烈推荐大家看《反脆弱》这本书的原因，它可以说是无价之宝。《反脆弱》帮你解决的不仅仅是投资问题，更重要的是生活问题。**

我已经认识到，相对价值投资者来说，长期看预测是无效的。对应短线交易者来说，预测有一定的盈利概率提升作用，但那是需要具备千分之一的人才具有的短线交易天赋的。对普通人来说，预测只会适得其反，让他越亏越多。

放弃预测和择时，你就会走向持续盈利。我们在考虑一个投资的时候，一定不要把最乐观的情况强加进去，否则就没有反脆弱性，只要碰到一次意外，你的复利就被打断了。而如果我们能够把最坏的情况考虑进去，留出足够的安全边际，那么即使这种情况发生了，我们也已经做了应对的准备，不会损失很大，同时，还会不断获得惊喜，真正实现快乐投资！

想要预测股票下一秒的走势、明天的走势、下个月的走势，这是几乎不可能做到的事情。但是我们可以根据自己所学的知识，大致判断价值股现在的位置是相对低位还是高位，这样我们就可以在相对低位选择买入，在相对高位选择卖出。

我们永远无法做到买在最低，卖在最高。但大部分散户都在追求这个事情，最好能够买在每天的最低点，然后在最高点卖出，如果卖出后股票下跌了，他会很开心，反之就很郁闷。很多人一生都在追求这个事情，所以大部分时间是很痛苦的，因为99%的时间是做不到这一点的。

我们要让投资快乐起来，首先就要抓大放小，只要我们买在相对低位，你不要纠结还有更低的价格，如果这只股票符合你的预期收益就直接买入，不要预测会不会有更低的价格。等股价符合预期股价就要直接卖出，而不是等待那个最高点（可能也就是差几分钱），结果错过最佳卖点。任何想要买在最低点、卖在最高点的心理，都是内心的预测心理在作祟（一厢情愿），而且总是会高估自己的预测能力，把自己当作了"神"，结果当然是只有失望，所以投资的过程痛苦不堪！而判断个股的长期相对低位和高位，比较容易，根本不需要太多高深的知识点，使用以下两个方法均可。

1.跟着大盘判断，如果现在是大盘相对低位，那么对应的个股处于低位的概率很大。比如在2008年、2010—2013年、2015年下半年、2018年的大熊市的时候等。我们随便拿一只价值股就可以说明，比如格力电器（见图5-7），在这些年份都是建仓的好机会。其他的价值股，大家也可以去对照，90%以上都差不多。

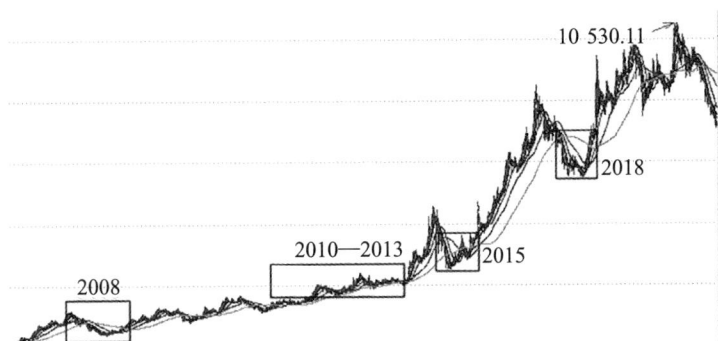

图5-7　格力电器走势

2.判断价值股的相对低位，这个比较难一点，需要大家对一个行业、一家公司有很深的理解。一般这种公司往往会走出独立行情，尤其是大盘好的时候，它可能并没有涨起来，但是公司很好，就是资金短期没有关注到。

还比如2018年的分众传媒，盈利下降，市值跌到了500多亿元，而分众传媒一年的利润原来有50多亿元，也就是正常利润的10倍市盈率，增长率有30%左右。后来因为行业不好，还有搅局者，这是短期的，尤其广告行业的低迷也是短期现象。我们判断未来分众传媒在盈利不变的情况下，20倍市盈率是正常的，也就是说分众传媒至少值1000亿元，现在只有500多亿元，具有足够的安全边际和很高的潜在收益率，完全可以果断买入。结果不到一年，分众传媒的市场涨到了1600亿元，一年不到，收益率达到300%。如果能做到这样，那么肯定是利润最丰厚的，但是一个人一辈子能够理解这样的公司有1~2家已经够了。所以不要贪心，能够理解几百家公司的人，全世界范围还没有，巴菲特做了一辈子价值投资也才理解了二十几家公司，所以不要试图去做一件你无法完成的事情。我们分析过38家价值股，你能搞懂1家就够了。

我再说简明一点：对于普通人而言，你根本不需要那么多本事，只要学会一条，就是在沪深300指数市盈率低于历史平均水平的时候一次性买入沪深300指数基金，就可以获得年化超过10%的收益率，碰到牛市还能获得惊喜。而这一切不是靠预测，靠的是对策。只要想好最坏的情况能否承受，降低预期，买在相对低位，那么未来获得10%左右的年化收益是非常确定的。

大家记住：只要有了一个对指数市盈率大势的判断，在相对低位的时候，你就大胆地一次性买入，接下来卖不卖无所谓，长期持有也可以。不用管每天"央行的政策"是怎么样的，那不会影响大盘整体走势，只会影响几天的走势。而判断走势，不是靠预测，是靠认知能力，有了相信指数一定会上涨的常识，那么你的未来就不是梦。否则，你做了10年"美梦"，期望通过股市发财，最终都是竹篮打水一场空！

精选留言

5元：

价值投资就是看一只股票的长期价值，当然会有预期，不是吗？

十点：

何为预期？就是根据现阶段市场运行的结构特点和历史规律，提前发现转折点和空间位置的几种可能的情况，找出概率较大的作为条件依据，提前做好布局和对策，减少临机错判。

何为预测？意思是预先测定或推测，看似和预期的意思相同，实则不然，预测是已经基本认定会那样，所有的对策都是基于预测而展开，赌注就下到了这里。预期是假如市场顺应预期就参与，如果背道而驰就躲避，只参与看得懂的股票。预期与预测的心理状态不同、行动目标不同，结果自然就不同。

星星娶月亮：

感觉我这样的小白还是坚持定投指数基金吧！不看盘、不炒股、卸载软件，5年、10年后再来找自己之前播下的种子。虽然挺难，努力改变吧。

十点：

你要慢慢感悟，会做到的，我也是这样过来的。

对创业和做股票同样有用的方法

    1998 年 5 月的一个周五下午，应华盛顿大学的邀请，微软创始人比尔·盖茨和投资大师沃伦·巴菲特在同学们面前进行了一场世纪对话。主持人给他们俩每人一张纸，要求用一个词概括自己成功的秘诀。他们俩竟然心照不宣，不约而同地在纸上写下了同一个单词。这一老一少，两任全球首富，年龄相差 25 岁，从事完全不同的行业，但是他们写下的单词一模一样——Focus，也就是"专注"。这不是一种巧合，而是一种必然，更是一个常识，我们每个人都要深刻领会这个常识。如果你还是刚出校门、初入社会的人，早早领会这个常识，你会比一般人成功得早、过得好。如果你已经退休了，保持专注度会让你过得轻松和快乐！

    大家仔细回忆，巴菲特和比尔·盖茨几十年都在做自己一生追求的一件事情，一个做价值投资，一个做软件。当然比尔·盖茨现在主要是做慈善，也是非常专注，做得非常出色。大家发现一个问题没有？能保持专注度的人，一定能认清自己的不足，这样别人干得再出色，赚钱再多，他也一定不会受到诱惑也去做别人的事情。我们普通人恰恰相反，经常认为自己什么都懂，什么都可以做，结果可能一事无成！小时候我学过一篇课文叫《小猴子下山》，寓意深刻，小猴子是典型的不专注的代表，看到什么好就去干什么，结果丢了西瓜捡了芝麻。还有《小猫钓鱼》的故事，当时读到这些故事的时候没有这么深刻的体会。我们很多时候做股票就像小猴子一样丢了西瓜捡了芝麻，也像小猫一样三心

278

二意，几天不涨就想换一只股票。所有这些不专注都源于自己的无知，认为自己无所不能。有时候我们总是不承认自己不会的事情，所以我建议各位，从今天开始重新认识自己，看看自己到底擅长什么，不擅长什么，从你擅长的事情里面，挑出自己感兴趣又擅长的事情，然后集中所有力量去做，最后你就能成就非凡的业绩。

我跟大家讲一个身边的案例，那就是我的妻弟。他初中毕业做了十多年厨师感觉厌倦了，想换行业。我给他分析：做了十多年厨师，人到中年想转行，你觉得你哪方面能跟别人去竞争？虽然做厨师确实很辛苦，但是除了这个行业你比一般人强，其他方面你真不行！除非你再愿意从头开始积累10年，可是你正在上有老下有小的阶段，能够熬得住这10年吗？而且还有房贷压力，所以现实已经不允许你再折腾了！这也是人在年轻的时候可以多闯，到了一定年龄不敢闯的根本原因。但是我让他换一种方式，不一定要在厨房做厨师，可以发挥自己所长，厚积薄发，保持自己的优势。我建议他做一款牛肉酱，因为他对烹饪还是有一定的天赋和经验的，我只告诉他做牛肉酱，然后他很快就做出来了。我和十点嫂一遍一遍地吃，吃到认为其他牛肉酱无可替代时，又让身边的朋友吃，直到没有一个人觉得不好吃，最后邀请了一批粉丝吃，之后就一发不可收拾了，大家吃得欲罢不能。

其实选择做牛肉酱这个方向很简单，他有十多年的厨师功底，还有最重要的就是：专注！他花了6个月时间专注做一样食品。不要牛肉酱没做好就去做番茄酱了，这样永远做不出来。只要专注只做一款牛肉酱，你可以把所有工作的焦点聚焦在上面，你会做得越来越好。如果你不是专注做一件事情，就无法做到深入，也无法做得精细。老干妈一款酱一年可以赚几十亿元，所以我让他用自己的名字命名自己的酱，一方面是为了品牌培养；另一方面我是想告诉他，你自己的酱刻上自己的名字，就得为自己的"脸面"负责到底！此生就做好这款牛肉酱，可能的话，未来传给儿子也是这款牛肉酱，也许会改变家族的命运。能够做到专注，就是你最大的核心竞争力。在日本，几代人只做一个产品的人很多，据说有个奶酪店开了180年，整个一条街的店铺都是一家的。这些店铺都是用做奶酪赚来的钱一点点买下来的，然后整个家族就靠卖奶酪的现金流和店铺的租金，生活得很幸福。所以我们只要做到专注，真的不一定要一下子做多大的生意。这与我们的价值投资理念如出一辙，看似很慢，其实比做短线快多了，何况做短线大概率还会亏钱或者原地踏步，资产永远增加不了。

真心建议想创业的朋友，不要去追逐热点，看别人做什么赚钱就做什么，最后亏钱的人永远是你。这又和我们做价值投资一样，你追热点买股票还不如选择一个自己理解的价值股长期持有。我们创业也一样，你从自身出发，找到自己的优势之处，换一种思路去做市场真正有需求的东西，然后专注做下去。特别是跟我妻弟一样，已经不年轻的人创业，更不能冒险，一定要做自己的优势方向，把事情缩到"针眼"，专注到极致去完善。这时你会发现，别人真的没那么强，大公司都无法跟你竞争。不信，你们完全可以去试试，因为这样的创业往往投入成本不大。最后，再强调一下我的观点：专注比能力更重要。我们做股票也一样，连巴菲特都只能专注地做几家公司，何况是我们普通人呢？你还要上班，哪有那么多精力？巴菲特说，你不要试图理解几千家公司，其实你一生只要理解几家公司就可以了，为自己减负，提高专注度，最后就能赚钱。大家如果有时间的话，可以去看一下巴菲特的采访视频，了解股神最精华的成功秘诀。有人花几千万元去跟股神吃顿饭也就是去听这些话，只是他们是亲耳现场听到罢了。比尔·盖茨是巴菲特的铁杆朋友，但巴菲特都不会去买微软公司的股票，所以你也不要试图通过毫不相干的人得到点消息就想在股市里面赚大钱，如果你无法理解任何公司的生意模式，那么就专注去理解指数基金的价值投资模式，同样可以超越90%的普通人，然后通过复利增长赚到大钱！不要试图找到一只"黑马"发大财，那你还不如去买彩票！以上文字，你不管是创业还是做股票都值得去反复阅读，这都是本人20年摸爬滚打总结出来的实战教训！

大佬分享的公司估值方法

最近一段时间，我系统地听了段永平近10年的所有访谈内容，反反复复听，至少听了10遍，感觉领悟不少干货。诚如段永平所说，"听巴菲特的分享很享受。"我感觉听段永平的分享也是非常享受的，真的一句废话都没有，而且每一句都是值得反复琢磨的金句，每一句都会让人豁然开朗并有与之产生共鸣的感受。十多年前段永平先生写的他对苹果公司的理解，非常适合大家学习其中蕴含的价值投资思路。段永平在 2011 年上半年投入巨资买入苹果公司的股票，一直长期持有到现在。

2011 年上半年是苹果公司最不确定的时期，创始人乔布斯病情已经很重（2011 年 10 月去世），很多人都觉得苹果公司没有了乔布斯股价马上就会下跌。那时候苹果公司的市值是 3000 亿～4000 亿美元，而段永平在那个特殊的时期没有盲从于大众的观点，他认为苹果公司会是全世界第一家市值达到 1 万亿美元的公司。这种高瞻远瞩的看法，很快变成了现实，不知不觉，截至 2020 年 8 月 8 日，苹果公司的总市值已经将近 2 万亿美元，比段永平预计的 1 万亿美元又翻倍了。

有时候我们用过去的眼光看未来，会很局限。比如 20 年前，当沃尔玛市值突破 2000 亿美元的时候，大家都觉得不可思议！认为如果一家公司涨到了 2000 亿美元就觉得到顶了，不可能再高了，结果呢？ 2020 年市值最高的公司已经 2 万亿美元了，未来你怎么能说一家公司的市值不可能达到 20 万亿美元？ 200 万亿美元？ 就像现在（2020 年 8 月）我们看贵州茅台的市值接近 2 万亿人民币了，大家都觉得贵州茅台的股价到顶了，一家卖酒的公司怎么可能超过 2 万亿人民币呢？ 我觉得就 2020 年 8 月的美股中概股公司来比较，阿里巴巴和腾讯的市值都超过了 7000 亿美元，折合人民币差不多 5 万亿元。而我们的 A 股，市值超过 1 万亿人民币的公司只有 5 家，总市值前十的大公司最后一家市值才 4000 多亿人民币，市值最高的贵州茅台也才 2 万亿人民币，不到阿里巴巴或腾讯的一半（见表5-1）。所以中国A股现在的空间还很大，未来的空间更大，因为全世界市值最高的公司还在涨。

表 5-1　总市值前十的公司（2020 年 8 月）

单位：元

序号	代码	名称	总市值
1	600519	贵州茅台	20 576.02 亿
2	601398	工商银行	17 891.59 亿
3	601288	农业银行	11 374.45 亿
4	601318	中国平安	14 103.21 亿
5	601628	中国人寿	11 178.69 亿
6	000858	五粮液	8190.97 亿
7	600036	招商银行	9336.39 亿
8	601857	中国石油	8290.85 亿
9	601988	中国银行	9891.43 亿
10	603288	海天味业	4882.70 亿

当然，我们不仅仅是比拼市值，更重要的是公司可持续的盈利能力。大家要提升对一家公司市值规模的认识，哪怕苹果公司的 2 万亿美元市值也绝不是顶峰。随着通货膨胀和公司盈利能力的提升，这些好公司的优质资产肯定会越来越贵。未来一定会出现市值 20 万亿美元的公司，但不一定是苹果公司。就像 20 年前的沃尔玛是全世界市值最高的公司，站在 20 年前展望未来，可以预期一定会出现市值 2 万亿美元的公司，但不一定是沃尔玛。20 年后的今年果然出现了市值 2 万亿美元的公司，确实也不是沃

尔玛。

在改革开放初期，"万元户"就是有钱人，而现在呢？如果当初用局限的眼光去看待未来，你肯定觉得这辈子要能够赚到一万元就心满意足了。就像我读书刚毕业那会，有一次跟十点嫂散步聊天：如果能够买一辆摩托车，然后家里再有50万元存款，我的人生就达到巅峰了。现在想想真的太幼稚了。所以凡事要以发展的眼光看问题，不要老是站在现在的角度看未来，要站在未来的角度看未来。你站在现在的角度看，很多公司都太贵了，如果你站在10年后的角度看现在，好多公司都太便宜了，这就是不同角度看问题的差距，站在未来才能找到今天的"牛股"。2018年我们分析的那些价值股，两年后回头去看看，当时的价格已经在"山脚"上了。而当时还有很多人给我留言，说我是让他们去接盘，也有人说我居心叵测，想"谋害"大家。我当时把留言都展现出来并且置顶了，两年后去看看也是非常有教育意义的，而在当时我不想做任何解释，因为我做事问心无愧，让时间来证明我的初心。

精选留言

杨双狗 sw:

还是不太明白段先生是从哪些角度去估值的！他只是说出了一个大概的数字，但他的依据是什么？以及他是从哪些方面去判断的？如果一个公司值5000亿美元，那我肯定也清楚它的价格在3000亿、4000亿、2000亿美元是便宜的，但是从哪个角度去判断它大概值 5000 亿美元呢？

十点：

估值重要的是估计的准确，不要错误的精确！

Panda Allen：

很多人因为没有好的投资方向或者就业机会而内心充满恐惧和焦躁，然后又来到股市，希望得到安慰，希望证明自己……今年股市，大起大落，各种培训机构蜂拥而至，当然我也去学习了，在这个时候遇到您，像被泼一盆冷水，让我清醒……

十点：

面对现实，自己对自己诚实是我们避免意外痛苦的根本保障！

"傻瓜式"价值投资方法

不会估值、不会看财报、不会选公司、怕踩雷、不想买指数，那还有什么方法可以做价值投资吗？答案是：有的！

今天我们就介绍这样一种"傻瓜式"价值投资的方法。

第一步：把投资周期拉长到以年为单位来做判断。有一句话叫：如果你以年为单位投资，那么你就超越了 90% 的人。我们绝大部分人喜欢做一件马上见效的事情，所以股市的短线炒作吸引了大部分进入这个市场的人，他们乐此不疲，哪怕亏钱也干得起劲！殊不知市场里面的"聪明资金"就是利用人性的弱点，让市场非理性波动而赚大家的钱。而这个市场里面真正"聪明的资金"，都是以理性的长期投资为基础，稳扎稳打赚钱的，根本不会受短期市场情绪的波动影响。而大家却被市场分分钟的波动所牵制，做出非理性的频繁的交易决策，高买低卖。如果能够远离市场每分钟的波动，拉长到以年为单位来理性看待一家公司的价格波动，99.99%的人不会做这种高买低卖的"白痴"交易行为。我们来看一下对同样一家公司的不同视角。

图5-8的日线波动，是不是会让你寝食难安？

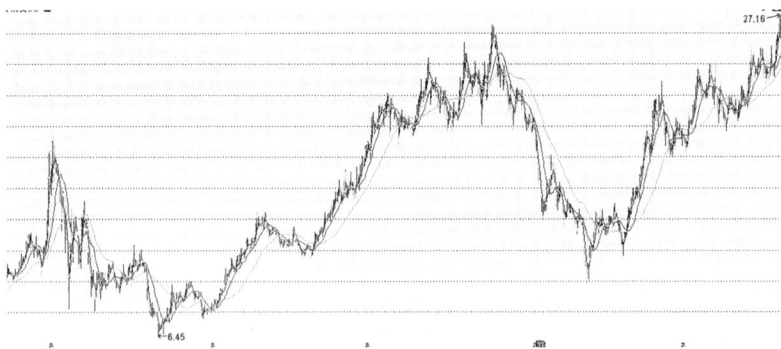

图5-8　某股日线图

图5-9的年线波动，是不是可以让你对什么时候是最好的买入点一目了然？

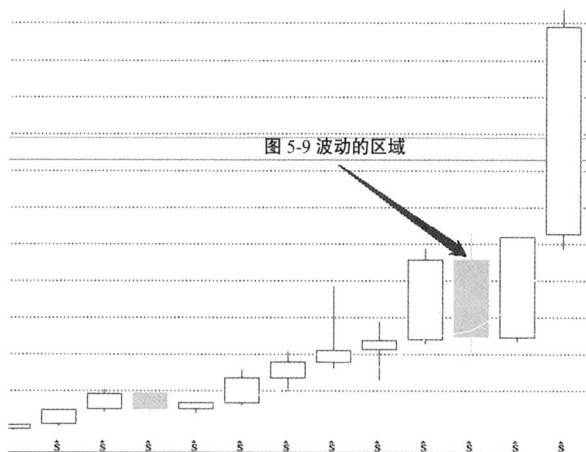

图 5-9 波动的区域

图 5-9 某股年线图

第二步：寻找年线收阴的年份。把我们以往分析过的所有价值股调成以年为单位的 K 线图，如图 5-10 到图 5-14 中的 K 线图。

中国中免 (年线,前复权) [?] MA MA5:148.06↑ MA10:82.63↑

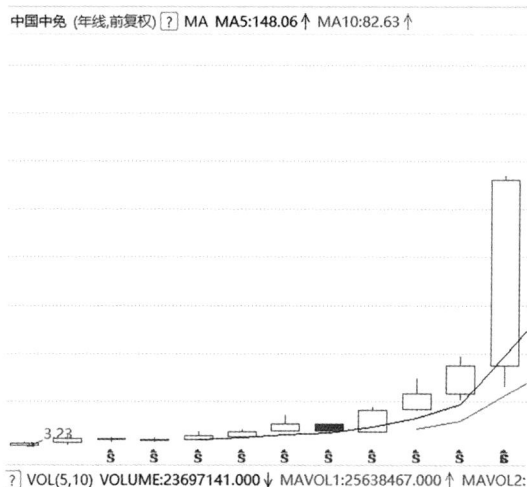

3.23

[?] VOL(5,10) VOLUME:23697141.000↓ MAVOL1:25638467.000↑ MAVOL2:

图 5-10 中国中免年线图

洋河股份 (年线,前复权) ? MA MA5:142.46↑ MA10:91.87↑

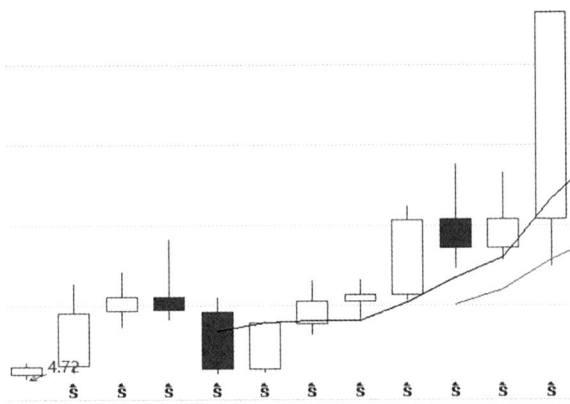

图 5-11　洋河股份年线图

爱尔眼科 (年线,前复权) ? MA MA5:2.04↑

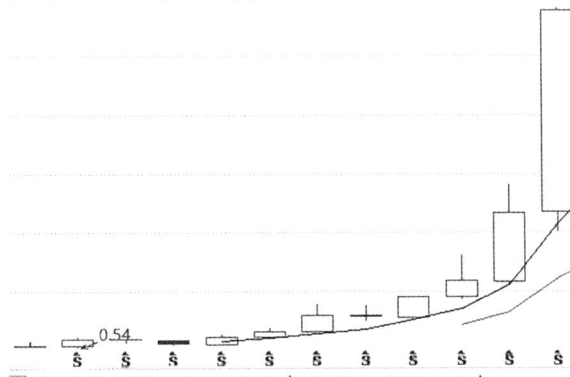

图 5-12　爱尔眼科年线图

伊利股份 (年线,前复权) ? MA MA5:-0.95↑ MA10:-2.47↑

沪股通　融资融券　设置地

51.03

−4.76

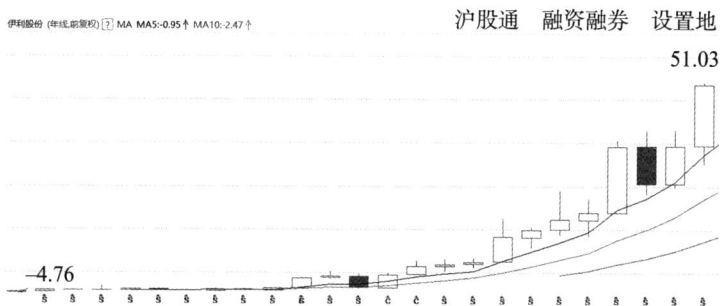

图 5-13　伊利股份年线图

海天味业 (年线,前复权) ? MA MA5:81.42↑

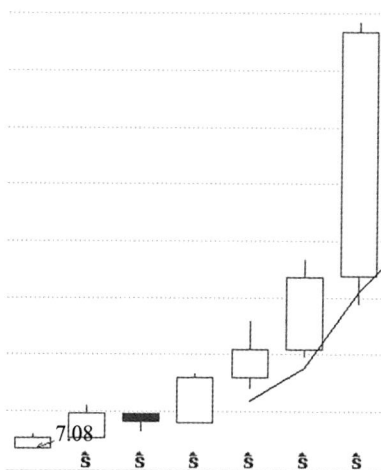

7.08

图 5-14　海天味业年线图

　　看了以上价值股的年线图，大家有没有发现，这些价值股的一个共同特征是长期股价一直向上，但凡历史年份中有收阴的时候，都是买入的绝佳时刻。这就引出了我们第三步的具体方法。

第三步：每年 12 月的最后一个交易日去查看所有你关注的价值股，是否有年线收阴的公司，如果找到了，就全仓买入。然后关闭账户，等到第二年 12 月的最后一个交易日，如果涨多了，可以卖掉一些；如果没怎么涨，可以继续持有；如果跌了，可以继续买入。除非这家公司基本面发生重大的变故。一般的经营性困难则无伤大雅，可以大胆地持有，甚至还可以加仓。如此反复，每年卖掉前一年涨得多的价值股，买入前一年跌得多的价值股，不知不觉你的账号总资产会越来越多。而你一年只要操作一次，平时可以努力工作赚更多的现金收入，买好公司时便有更多的筹码！

那么什么样才叫"涨得多"？什么样才叫"跌得多"？

一般情况是这样的：如果历年平均涨幅都在 20%，今年突然上涨了 50%，甚至 100%，那么很可能涨得过高了，下一年回落的概率很大。同时再看看这家公司的净资产收益率，如果没有大幅提升，那么这种上涨一定是透支了未来的业绩。

第四步：在选择买入的公司时，再加一个过滤条件：看看公司的分红记录，是不是长年很稳定。可以先排除中间间断过分红的公司，这样的公司经营稳定性不够，极有可能出现连续下跌两三年的情况，会影响你单年的收益率。而且连续稳定的分红也说明公司的现金流充沛，利润也是真实的。

另外，大家还可以注意：公司如果频繁拆股送股都是资本套路，要小心，真正的好公司不屑玩这种套路。比如巴菲特的伯克希尔哈撒韦公司从不拆股，所以单股股价高达 30 万美元。总之，没有一个 100% 没问题的好方法，投资路上重在提升自己的认知，鉴别真伪，这样成功概率才会越来越高，投资赚的钱自然也越来越多。在投资路上犯错误是难免的，巴菲特也是犯过很多错误才成为了股神，比如他全资收购伯克希尔哈撒韦这家纺织公司就是巨大的错误，损失很大，但不致命。大家不要怕犯错误，只要不断提升自己的反脆弱性，不犯致命性的错误，那么你会越来越强大！

本节介绍的这个方法可以让你省时省力实现较高收益，从长远来看，这个方法的风险极低，因为这些好公司经过一年的调整，业绩在持续增长，最后市场一定会矫正错误估值而上涨，这个周期也许一年，也许两年，甚至三年也是有可能的，但是时间越长，矫正的概率越大，所以跟普通价值投资方法一样，需要以年为单位进行长期投资。

当然，这个方法是以价值股没有踩雷为前提条件的，如果碰上有财务欺诈行为的公司，那么一样会亏钱，而且会亏很多，这就是风险所在。那么，还有没有风险更低的"傻瓜式"价值投资方法呢？答案是：有！下面我就要详细介绍这个方法——阴阳法买银行股。

具体方法就是，在年线收阴的年末买入，在年线收阳（一般涨幅超过10%，这个可以自行设定预期收益率标准）的年末卖出。由于上市的银行基本都是大行，经营稳定，几乎没有倒闭的可能，也没有财务造假的可能，所以长期看，相对风险极低，比如工商银行（见图5-15）。

工商银行（年线，前复权）MA MA5:4.89 ↑ MA10:3.73 ↑

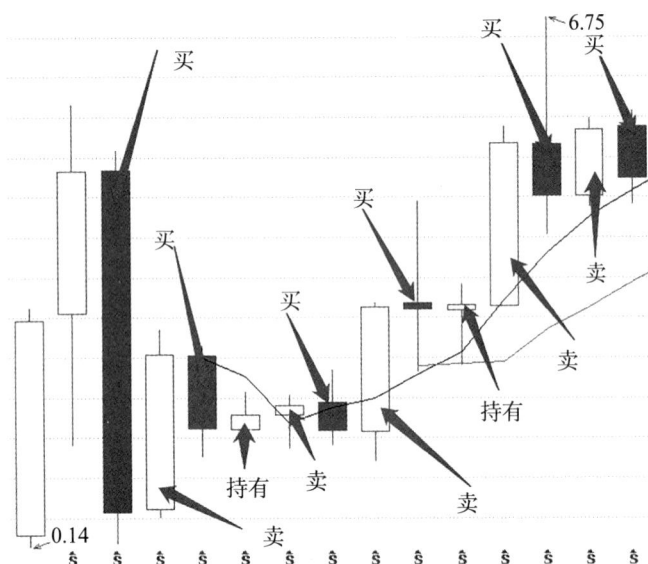

图 5-15　工商银行年线图

图 5-15 为工商银行的年线图，我们可以根据当年收阴收阳的情况，年末操作一次买卖，如果严格按照我们设定的方法操作，从 2008 年到 2019 年，可以获得多少收益呢（以 10 万元初始资本为基数）？

2008 年年末买入 10 万元；

2009 年年末获得 53.74% 收益，并全仓卖出，总资产约为 15.3 万元；

2010 年年末买入；

2011 年年末获得 3.97% 收益，继续持有，因为没有达到一年 10% 的预期收益率，总资产约为 15.9 万元；

2012 年年末获得 2.41% 收益，继续持有，因为没有达到一年 10% 的预期收益率，总资产约为 16.4 万元；

2013 年年末获得 −4.43% 收益，继续持有，因为没有达到一年 10% 的预期收益率，总资产约为 15.6 万元；

2014 年年末获得 34.39% 收益，全仓卖出，总资产约为 21.2 万元；

2015 年年末买入；

2016 年年末获得 1.11% 收益，继续持有，因为没有达到一年 10% 的预期收益率，总资产约为 21.2 万元；

2017 年年末获得 33.18% 收益，全仓卖出，总资产约为 28.3 万元；

2018 年年末买入；

2019 年年末获得 11.13% 收益，全仓卖出，总资产约为 31.5 万元。

以上数据清清楚楚地展现了整个买卖过程，用这个阴阳式买卖工商银行的方法，每年操作一次买卖，而且不需要盯盘，从 2008 年到 2019 年，11 年时间可以获得 2 倍的收益，但事实就是这样！如果从 2008 年年末买入，长期持有到 2019 年，收益大约是 135%，相比较，这个差距还是比较大的。

如果再加上资金在空闲时间买入年化收益率 5% 左右的理财产品，那么最后的总资产是约 42 万元。11 年时间获得 320% 的收益率，而且风险极低，花费精力极少，只需要你按照规则来操作，任凭风吹浪打，胜似闲庭信步。这 11 年间发生了那么多大事件，但是你可以轻松赚你的钱！

那如果买入其他银行股会不会有这个效果呢？我们再看一下建设银行，如图 5-16 所示。

建设银行（年线，前复权）MA MA5:6.08 ↑ MA10:5.66 ↑

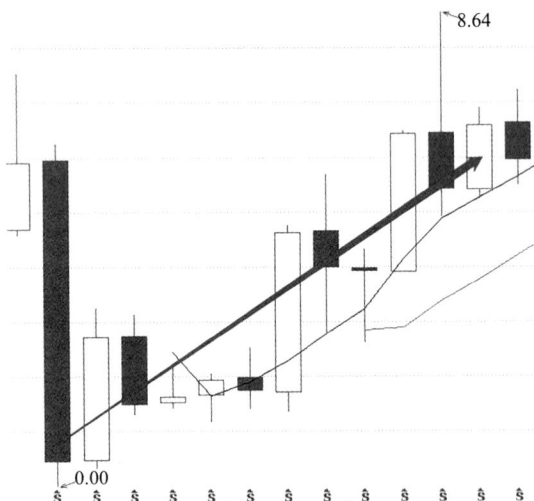

图 5-16　建设银行年线图

我们不一一列出来计算了，大家可以根据工商银行的方法自行计算，大致的方法就像我前面计算工商银行收益那样。我粗略计算建设银行从 2008 年开始，按阴买阳卖的"傻瓜式"价值投资方法，可以获得大约 313% 的收益。

而如果用传统的方法买入并长期持有的话，11 年可以获得 163% 的收益率，两者相差 150 个百分点，效果还是显而易见的。

同样，如果再加上资金空闲时间买入年化收益率为 5% 左右的理财产品的收益，那么最后的总收益率应该是 357%。

另外，中国银行、中国农业银行，都可以用类似的方法买卖，大家可以自行计算结果，我就不一一计算了。

精选留言

海阔天空：

老师，现在我的股票持仓大多是您介绍的价值股了，总共有十几只了。看不过来，总想出掉几只，最多拿三四只就好，可是都觉得好，不知留哪几只，老师能帮我选三只重点吗？

十点：

这是个难题，其实也简单，方法就是：这里面哪个公司生意模式你最能理解，哪个就是你自己的价值股！坚定持有你能够理解的公司。

兜好 MUM：

选招商银行这种非国有银行可以吗？还是说这种傻瓜式操作选四大行更稳当些呢？

十点：

其实稳定经营的公司都可以，只是国有大行波动小，确定性更高而已！

陈智（Ricky）：

十点老师，非常感谢您一直以来给散户指路，我有两个疑问您可否解答下，多谢。1. 时间点选择上为什么选年线？如果选年报或半年报发布后的时点会是什么情况？ 2. 这种投资方式选银行股是不是为了波动小？波动小的话是不是必须消费品行业的波动更小，比如海天味业？

十点：

第一个问题：习惯上时间点按年设定会更容易理解，也更容易评测一家公司高估还是低估。第二个问题：银行股的好处是不会倒闭，企业经营成熟，资本市场不会给超额的估值，所以会比较有规律可循，而其他公司，尤其是高成长的公司，大概率会出连续年线都是阳线的情况，你提到的海天味业就是这样的情况，所以这个方法不适合。

要模糊的准确

上一节的内容，我曾以文章的形式发布在公众号上，当时引起了巨大的反响，后台留言非常多，大家似乎看到了希望。我很明确地告诉大家，如果你真的能够按文章里说的严格执行，最后大概率会获得远高于定投基金的收益。

很多人开始奇怪："之前反复让我们定投基金，怎么现在变了？"其实不是改风格了，而是方法升级了。当你还处于长期亏损的泥潭时，你应该老老实实定投，先解决亏损的问题。然后通过解决亏损问题，切实尝到价值投资、长期投资的甜头，接下来的升级才能从内心去改变，才可能达到一年执行一次操作的高要求。放任一年市场的风云变幻不管，尤其在大牛市和大熊市中，市场每天都在给你巨大的诱惑，但你却纹丝不动，这需要非常高的抵抗力和定力，一般人是做不到的。只有坚定的价值投资者，尝遍股市的辛酸而回头的人，才能深刻领会这个一年操作一次的方法的好处。否则，你很快会被市场的波动吸引进去而失去理智。

巴菲特曾说，拿着钱什么都不做是最难的！巴菲特都觉得很难，对大家会容易吗？而我们这个"傻瓜式"价值投资操作方法就是拿着钱一年一动不动，你说难不难？很多人一天不看盘、一天不操作都很难，更不要说一年不动！价值投资从某种程度上来说就是"化繁为简"，坚定理念，言行一致！所以每次的粉丝见面会，我和芒叔并没有向大家推荐股票，而是在十多个小时的时间里一直在反反复复强调价值投资的理念，从多个维度、多个角度给大家分析理念的重要性，这种当面的交流远比大家看我文章效果更好。很多朋友通过一次见面会真的可能改变一生的命运，因为当面的交流可以让大家切实感受到我们对价值投资的信仰。

我再次申明：我讲的这个"傻瓜式"价值投资方法仅限坚定的价值投资者使用，如果你还对价值投资一知半解，甚至持怀疑态度，特别是还没有解决亏损的问题，那么你还是老老实实去做指数基金定投，这样对你的情绪干扰最少。而这几年长期定投指数基金或者买入价值股长期持有的这两类人都已经赚到钱，并且他们也能悟到长期价值投资的好处，这部分人可以去体验这个"傻瓜式"的价值投资方法。这种方法可以让你更节约精力，更明确买卖点，有更高的预期收益。而不是像之前做股票那样总是买也问别人，卖也问别人，中间波动还得问别人，这个方法解决了这一系列的问题。

另外，我要说明一个问题：前复权和后复权存在的计算误差。曾有粉丝给我留言说，用前复权和后复权分别计算的同一区间内的工商银行的投资收益差别很大。下面我来具体解答一下这个问题。

如果是前复权，2009—2019 年总收益计算结果是 577.11%（见图 5-17）。

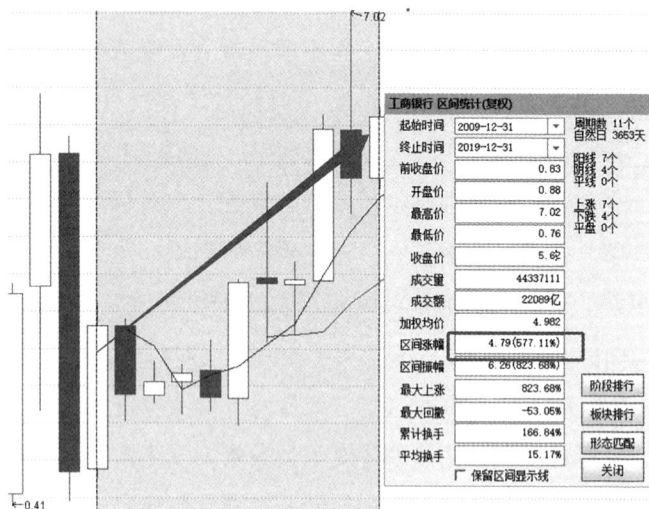

图 5-17　工商银行区间涨幅统计（前复权）

如果是后复权，2009—2019 年总收益计算结果是 135.50%（见图 5-18）。

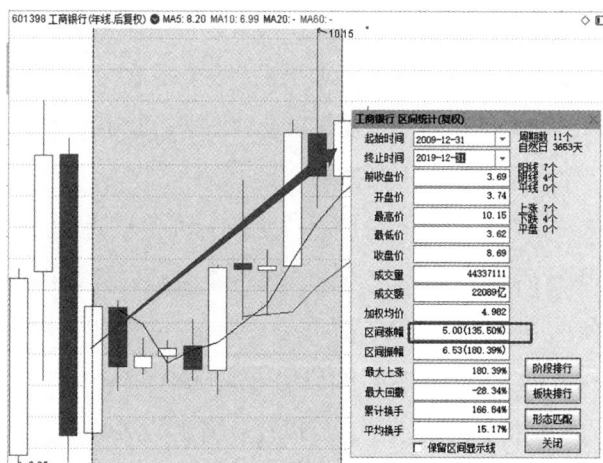

图 5-18 工商银行区间涨幅统计（后复权）

如果是不复权，2009—2019 年总收益计算结果是 66.10%（见图 5-19）。

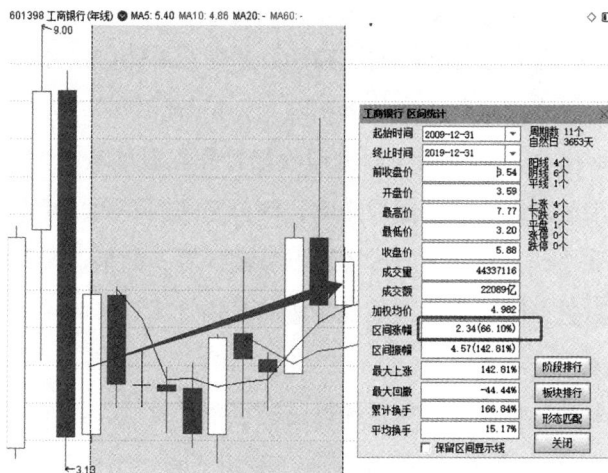

图 5-19 工商银行区间涨幅统计（不复权）

那么到底哪个方法更准确呢？其实全部是不精确的，主要是因为工商银行的分红比较多。如果没有分红，前复权和后复权方式计算出来结果都一样，不复权只是少了送的股票份额。

这是什么原因呢？我来解释一下。

假设一只股价为 1 元的股票，之前一周价格为 0.8 元，分红 0.5 元，除权后股价变成 0.5 元。如果是前复权，那么相当于除权后股价依然是 0.5 元，除权前也是 0.5 元，除权前一周为 0.3 元（0.8 元 –0.5 元）。计算期间涨幅为 66.67%（0.5/0.3–1）。由于高分红，前复权把分母变小了，所以计算出来的涨幅就特别大，这个误差很大！如果是后复权，那么相当于除权前股价 1 元，除权前一周为 0.8 元，除权后复权成 1 元，计算期间涨幅为 25%（1/0.8–1）。如果要计算期间涨幅，就要考虑除权涉及的分红或者配股，无论前复权还是后复权，计算的结果都是有偏差的，如果软件中有等比复权，用等比复权计算结果会基本正确。

前复权到底是怎么影响涨幅计算的呢？具体可以分为以下几种情况：只有派现时，会使涨幅变大；只有配股时，会使涨幅变小；同时有派现和配股（即派现除权日和配股除权日为同一日）时，如果派现影响大于配股影响，则会使涨幅变大，反之，则会使涨幅变小；只有送股时，不影响涨幅计算；如果送股和派现或配股同时进行时，则送股本身不影响涨幅计算，影响涨幅计算的仅仅是派现或配股。

再来看一看向后复权是如何影响涨幅计算的，具体主要可以分为以下几种情况：只有派现时，会使涨幅变小；只有配股时，会使涨幅变大；同时有派现和配股时，如果派现影响大于配股影响，则会使涨幅变小，反之，则会使涨幅变大；只有送股时，不影响涨幅计算；送股和派现同时进行时，会使涨幅变小，其中起主导作用的是派现。

我们也不用搞那么清楚，有大致一个数据参考即可。最正确的计算方法是不复权＋分红累计，这样计算出来是精确的数据。比如工商银行，2009—2019 年不复权的计算结果是总收益为66.10%，而这十年累计分红 2.78 元 / 股，这样区间末的股价应该是 5.88 元 +2.78 元为 8.66 元，而区间初始股价为 3.59 元，这样计算的区间涨幅为 141%，即（8.66–3.59）/3.59。

价值投资这个事情，大家尽量要把精力直接花到模糊的准确上，不要花到精确的错误上。比如对一家公司的估值，对一家公司的未来盈利额估计，都是大致估算即可，不用那么精确地去计算，只要知道大概原理即可。就像当年巴菲特对中国石油的估值，怎么计算都觉得不只 300 亿美元，然后就买了。实际情况就是：巴菲特看到中国石油的公开数据，不需要按计算器就知道当时的价格便宜了，而这一切买卖决策都是他在奥马哈的办公室完成的，他并没有来中国，更没有跟中国石油的任何人有过联系。还比如上次芒叔对一家房地产企业进行估值的时候，也是很简单地罗列了几大业务线，加起来至少值 1500 亿元，而当时的总市值只有 500 亿元，怎么算都是便宜的，就可以大胆买入。

实际计算结果可能没有那么精确，但是如果计算方向错了，你算得再准确也毫无意义。道理就是这样的，希望能给大家带来启发！

精选留言

杨双狗 sw：

我昨天用"傻瓜式"的方法看了一些食品和白酒行业公司的年线，它们连续几年都是向上的，这怎么操作？耐心等待回调吗？

十点：

我说过了，好的价值股不适合这个方法。

JackieChu：

说得很有道理，但人生有多少个 10 年可以让你等？

十点：

如果你的 10 年可以赚更多，大可不必按照我的理财计划做！我只给大部分在股市长期亏损的朋友作参考！

— 读者寄语 —

2020 年一次偶然的机会，我看到了十点老师的公众号文章，那是一篇呼吁提高基层教师收入水平的文章，当时我就被十点老师这种正能量和博爱之心所深深地感动和吸引了，随即我又翻看了老师写的很多篇其他文章，所有感受可以总结为一句诗——蓝田日暖玉生烟。自此我就仿佛收获了一位良师益友，每天上午 10 点都必须要第一时间看老师新发布的文章。

市面上从来都不缺关于投资理财的书，但是通俗易懂、雅俗共赏，能将生活常识、正确的价值观和投资理财知识相结合的书却很鲜见。十点老师的有些文章我读过很多次，每次我都有不一样的理解和收获。同样，很多读者也在十点老师价值投资理念和自我修养提升建议的影响下，尝试换个角度重新审视自己的工作、生活、投资等方方面面的事务，找到了最适合自己的投资方式。

十点老师的书将"拾个点"公众号上几年的精华文稿收录其中，从价值观、生活态度、投资理念等多个维度，用精练的语言、身边的事例、正能量的观点，深入剖析和讲解了普通人如何通过"生活—投资—更好地生活"的路径过上财务自由的美好生活。投资本来就是反人性的，十点老师的这3本书可以让我们在焦虑和崩溃的边缘静下心来、潜心修炼，化解内心的浮躁，坚守投资的初衷，与时间为伴，静待花开。

——冯建梅

终于等到这3本书的出版，很荣幸能为这3本书撰写寄语。作者用平实的语言，分享了他宝贵的投资理念和投资经验，为普通人在基金投资策略的选择和执行方面提供了重要的参考建议。作者的文章里包含了诸多人生智慧，不浮不躁，内容很有温度，而且文字简单、易懂、不枯燥、干货多，值得阅读玩味。

——李女士

我曾经偶然读到过一篇十点老师的文章，从此一发不可收。听从十点老师的建议，我从短线操作一步步转向价值投资，理财思维也随之成形。因此，十点老师对我的启发是多方面的，不仅在理财方面，他对我的价值观、世界观都有触动，他让我学会在看问题时，有意识地从正反两方面去思考。比如，在阅读公众号文章时，我不只是阅读自己认可、追随的价值投资类文章，也会去看短线操作类的文章。阅读不同立场见解的公众号文章，可以让我不自缚于信息茧房中，这样对事件才会有一个立体的了解，不人云亦云，在投资上也才能坚持住自己认定的计划而不乱心。

因此，读十点老师的文章，我最深的感悟就是：人要活到老学到老，这真的会让生活充满阳光、让生命延长！

纸短意长，绵思不绝，我就不再多写了，且看十点老师的书，一定会让你受益匪浅！

——**人间有味是清欢**

我思考了很多很多，才发现十点老师在工作、生活、投资等方面的观念和感悟时时刻刻都在影响和激励着我，对我们年轻人的人生观和价值观有着深远的影响！十点老师是一位善良、有爱、有智慧的人，十点老师在微信公众号"拾个点"中发布的每一篇文章我都认真读过，在喜马拉雅 App 发布的每一个音频节目我都认真听过。现在十点老师的精华文章被集结成书，可以更方便地传播他的投资理念，推荐大家认真阅读并运用到生活中，相信大家会有更大的收获。

——ove@mo 刘晓燕

很高兴十点老师的新书即将出版，作为书稿整理的参与者之一，我感慨良多。认识十点老师的这几年，也是自己在价值投资的道路上不断学习、思考、总结的几年，从以前只知道短线炒股、做差价，到现在持股几年波澜不惊，慢慢享受企业的经营成果和红利分配，我的心境也淡定了许多。投资如同生活一样，都不是一朝一夕的事情，而是一辈子的事情。投资只能为你锦上添花，不能给你雪中送炭，不切实际的回报预期往往是悲剧的根源，梦想一夜暴富的人终究会被市场收割。希望在以后的投资道路上继续和十点老师及朋友们一起前行，收获属于自己的丰硕果实。

——章兵

时间过得很快，但也过得很慢。感觉过得快，是因为我已经记不清自己是从什么时候开始阅读十点老师的文章了，但我仍清晰地记得在 2019 年 5 月 11 日我参加了十点老师在杭州举办的粉丝线下见面会，见到了年轻有为的十点老师和芒叔。也是从那一刻起，价值投资的种子在我的内心扎根，慢慢地生根发芽。而感觉过得慢，是因为十点老师出书的过程一波数折，真是一个漫长的过程，好在这 3 本书现在终于要面世了，首先我要祝贺十点老师的新书即将出版发行，为迷途中的价值投资者指点迷津；同时也祝愿十点的粉丝们坚守初心，在漫长的价值投资道路上砥砺前行！

——鹏

之所以认识十点老师，是因为多年前曾看到他在公众号上讲解与短线相关的系列知识，我当时觉得甚好，还写了满满一本笔记，并实践操作，甚至买到过第二天即连续涨停的个股。因为是追龙头股，所以我每天都要看盘和操作，连在外地旅游也要时不时看看手机。犹记得那年我和朋友去爬华山，一天下来身体已经极度疲乏，但因追的个股当日跌停，所以晚上我还到网吧找电脑下载软件仔细复盘，判断第二日要不要止损，还因此被朋友嘲笑了好久。但这样天天追涨杀跌，一年半载地操作下来，劳心又劳力，不仅没赚到钱，还倒亏不少。

不知从哪一日开始，十点老师的公众号上不再发布短线操作的内容，而是开始介绍价值投资和指数基金定投，读着读着，我犹如醍醐灌顶，心想："股票原来还能这样做，还能像攒零花钱一样去攒基金。"于是我又开始记笔记，慢慢地降低操作频率。晚上我不再复盘寻找所谓龙头强势股，外出旅游时也不再频繁地看手机，该吃吃，该睡睡，该玩的时候就尽兴玩，每天不用复盘、看盘，感觉时间都多了不少。渐渐地，我的笔记越记越薄，操作也越来越少，尤其是在 2022 年，除了买卖新债，我几乎都没有操作个股。刚刚总结了一下，截至 10 月，2022 年没有亏损，还略有盈余。

都说股市是"七亏二平一赚"，我是属于"一赚"中的那部分人。因为要买房子，我在 2008 年卖掉了持有很多年的一只股票；还是因为要买房子，我在 2010 年又卖掉了仓位最多的个股，这两只股票都是我在 2002 年或 2003 年以极低价格买入的，只是因为需要买房子且股票有盈利，所以才卖掉的（应该都赚了很多倍，除了卖股票，我没有其他付首付的资金来源）。当时我不懂股票，只觉得自己很幸运，因为写这个寄语时我特意打开软件看了看，当时卖掉股票的价格几乎是历史最高价，而且其中一只后来还退市了。现在我跟着十点老师学习了很多价值投资方面的知识，才明白那时无意中的操作，不就是价值投资的体现吗？在市场低落时买入，坚定持有，直到价格体现价值或市场无比狂热时卖出。

——江莲

这是十点老师花费整整 7 年时间撰写，又经过精挑细选、反复打磨的一套理财观念大合集。从基金定投到价值投资，再到享受慢慢变富的过程，阅读这三本书，可以让我们的生活过得更有意义，让普通人不再为钱所困，能活出自己的价值。正如十点老师自己所说："这是投资与生活的完美结合。"这的确是一套让我们消除理财焦虑、重塑理财观念的好书。

——莫之睿

与十点老师结缘是我人生的一大幸事！感谢网络让我有幸认识十点老师，他让我重新开始阅读经典、名人佳作与传记，让我拓宽视野，更好地认识世界。他让我重新认识了投资，教导我只投资宽基指数基金，将投资的风险降到最低，获取长期收益。他的书深入浅出，让我进一步认识到股市投资盈利的本质，还让我明白：如果想要短期暴富，请远离股市；如果想要投机，也请远离股市。因为用短期投机方式做股票的人几乎都会以失败告终。

——何安利

看十点老师的文章让我受益颇多，很感谢有这么一个平台，让我能够了解价值投资、拥抱价值投资，希望十点老师输出的内容能被更多人所知晓。

——拆了东墙后来

要与对的人做伴要做对的事，与十点君相识是在西湖湖畔的线下见面会上。通过倾听十点君的演讲，我感觉他是我投资路上的那个领路人；通过阅读十点君的文章，我深刻理解了如何才能做对的事。

记得上学时，青岛一位挚友送我一句话："众里寻他千百度，蓦然回首，那人却在，灯火阑珊处。"自从接触十点君的价值投资思想后，我总会联想到王国维大师的人生三境界。"独上高楼，望尽天涯路"，恰似十点君畅谈的投资境界——价值投资，指明了光的方向，告诉我们对的事情该是什么样子。"衣带渐宽终不悔"，恰似十点君每天发布的与我们相伴的文章，告诉我们对的路需要一点点走下去，慢下来、静下心来，用慢思考的方式删繁就简，从投资前辈们的智慧中吸取能量，因为深度的意义远大于速度。在投资的路上，要锲而不舍地学习，也要耐心地等待，相信聚沙成塔的积累终会让我寻到灯火阑珊处的"那人"。

愿与十点君做一生智慧的朋友，与大家携手一生做对的事。

——古风

十点君所有从0到1的尝试，都让人佩服。这次新书出版的内容整理工作，我有幸参与其中，哪怕参与的是非常微不足道的一部分，也让我有了"与十点君有了联结"的自豪。我欣慰于借由十点君新书的出版，可以帮助到千千万万像我一样需要帮助、渴望成长的普通人。

——钱珑

—— 致　谢 ——

感谢以下粉丝参与书稿文章的整理

冯建梅	罗庆鹏	蒋明雷	古风
罗以为然	江莲	何安利	赵立国
石钟敏	王丽霞	LOVE@mo	北冥有鱼
周晋	李晨阳	Lee	沈春钰
章兵			

感谢以下粉丝报名参与书稿文章的修订

读星人	萧风	北北	顺祥
业精于勤	一苇渡江	菊花普洱茶	鱼
张晓波	Fiona	嫦	彩虹
北海	陈然	诗意	孔德东
徐建新	Onlook	无影	拾画
天天红	hollow	青水	朱先生
千里暖阳	居正	钉子	宁静致远
ripper	海阔天空	欢	浩

青弦	梅丽华	川坝滩	歌酒叁逗
Lily	yan	风之花	s liang H.
流水	HN	宝天曼山人	依杰
不侠不乐	如是	朝阳	强
zzZ	满天星	天使	阳
龙大叔	辈	老鱼三十	Bared
蒋绪军	天府康康	海棠	瑞宝
小胖仙	稻草人	幸福感之阳光鹏博士	
chemcyric	清沁	晴耕雨读	喜欢独处的猫
龟龟豆儿	蔡蔡	茗香绕衣	忘忧草
刘敏	释然	夏日清风	罗绿垚
耐心等待	大海	夏夜星空	哈哈
濮水画廊	凯	mangogo	燕子
雨露	wei ping	小橘	滕
叮当	93°	如风	欧达
赵力	赵春涛	张治广	adnmac
zhao	冯永东	安宁的宁	A 久利会计汪
白彬	北方	犇	奔跑的蜗牛
兵	冰心无泪	bing.Y	刘博
周凯生	彩色天空	彩英	沧海一笑
曹曹	草萌	cele	茶茶
超凡	超悦自己	陈 99	陈春坡
冯玉侠	澄明	陈工	橙子
陈洁	chen_qiji	晨星	孤影随行

春哥	春雨江南	慈书平	走走看看创世纪
崔喜君	淡定	丹桂飘香	Dawn
大舞台	邓子	定投张步亭	子午熹希
东方旭	冬眠	懂你	豆荚
敦明本初	杜堃	陆鹏山	fandh
fei.shi	飞天小翔	菲	斐
李金贵	肖峰	锋	追逐
Fishriver	高	和杰	顾国兴
贵州老鬼	haihuer	顶级气氛组	人生不相见
胡尽喜	昊	好心情	好运归来
harry	何文兵	HF	宏伟蓝湾
红霞	厚凡	HTony	Hu
浣福君	辉	黄小	火箭
王佳奕	J.CHEN	Jessie	陈惠芳
坚	杨志刚	蒋华江	江南
健团	贾西贝	进步	单恋一枝花蒋颖
金豆佳音	静谧	近看花开	汪建芳
开心苹果	kake	可可美	KEN
可妮兔爪爪	若尘	空心菜	落笔成剑
蓝精灵	老班阿鹏	老赵	梁琅
李航宇	李建	李杰	震泽银池
黎明	琳	李鼐财	聆听品茶
李鹏	刘慧	liujun	浏览天下
刘文骏	李显	李晓波	立行

立志	李志国	张细平	龙腾虎跃
龙行天道	乱云飞度	罗国飞	罗江敏
lyx	Maggie Ma	Maggie S	慢就是快
漫曼	Manny	赵艳霞	馒头
杨佳沁	蚂蚁快跑	Min	茗香
明心	皞	七月学长	MT
木愚	南坊青木	南飞燕	宁静
孙之烨	宁若	NL	Original
区永圻	彭崇信	刘平	平凡的世界
高小飞	愆	钱妈	青春作伴
轻风	清风飞扬	清风烟雨	清欢
青年	情义无价	七千岁	秋冬雨
RAMBLING	Raymond	日月星	冯巧
山气日夕佳	邵毅	水润无声	瘦是一种态度
顺利如意	silence	sim168	Sue
苏杭	suixin	随意	素俪
孙	孙大笑	孙桥	孙雯郁
孙岩	苏伟光	汤汤	Terry
天蓝蓝	天气很好	田秀芳	田野
照远行安	王舒颖	王彦宏	王志永
我是第一	Wqm	吴凯	无声的雨
赵雪	无与伦比	XCX	想个名字
湘江之水	识墨闻香	小呆呆	笑看未来
小美	晓平	小魏	谢良胜

心安	田从丰	郑泽洲	杏花
行云流水	心灵自由	宣兵多瞩	阳光无限
阳光正好	杨积慧	杨忠洋	野马
液态金属	易	壹力	英才书店张时亮
营长	银河	wxy121105	一言斋
Youhe	远航的帆	袁廷鑫	远影
冰点冷水	运动人生	愚傅	雨田
渔舟唱晚	YZF	翟	璋
Zhang	张建	张磊	张黎
张明珠			